SOUVENIRS
DU
RÈGNE D'AMÉDÉE VIII
PREMIER DUC DE SAVOIE

SOUVENIRS

DU

RÈGNE D'AMÉDÉE VIII

PREMIER DUC DE SAVOIE

MÉMOIRES ACCOMPAGNÉS DE PIÈCES JUSTIFICATIVES
ET DE DOCUMENTS INÉDITS

PAR

LE Mis COSTA DE BEAUREGARD

MEMBRE DE L'ACADÉMIE DES SCIENCES DE TURIN, DE LA DÉPUTATION ROYALE D'HISTOIRE,
DE L'ACADÉMIE ROYALE DE SAVOIE, ETC.

CHAMBÉRY
IMPRIMERIE DE PUTHOD FILS, AU VERNEY
—
1859

SOUVENIRS DU RÈGNE D'AMÉDÉE VIII

PREMIER DUC DE SAVOIE

GUERRE DE LOMBARDIE

ET

MARIAGE DE MARIE DE SAVOIE

AVEC LE DUC DE MILAN

(1426-1427)

SOMMAIRE

Les Visconti. — Guerre de Lombardie. — Lances et milices, leur équipement. — Indication des principales compagnies savoyardes. — Testament de Gérard de Ternier. — Souvenirs de Nicopolis. — Artillerie et maîtres des bombardes employés dans la guerre de 1426. — Fabrication de la Gandinette. — Archers picards. — Les ambassadeurs de Visconti au château du Bourget. — Conclusion du mariage de Marie de Savoie avec le duc de Milan. — Trousseau de la duchesse. — Fourrures. — Livrées. — Charges de la cour de Savoie réglées par les statuts dominicaux. — Altercation de Louis de Viry avec Charles de Chaffardon en présence de Charles III. — Missions diplomatiques confiées par Amédée VIII aux officiers de sa maison.

Jean-Galéas Visconti, premier duc de Milan, était mort en 1402 pendant qu'il assiégeait Florence. Cruel et perfide comme tous ceux de sa race, mais politique habile, ce prince était parvenu à un degré de puissance qui le laissait sans rival en Italie : il possédait toute la Lombardie, à l'exception de Modène et de Mantoue ; et, l'empereur Wenceslas lui ayant vendu en 1395 le titre de duc de Milan transmissible à ses descendants, Galéas fit comprendre dans ce nouveau duché les villes de Vicence, de Vérone, de Bellune, de Feltre, de Bassano, de Reggio et de Sarzana.

Plus tard, il acquit Pise et Sienne et soumit à sa domination Pérouse, Bologne, Spolète, Assise et Nocera, avec tout le territoire qui relevait de ces places importantes. Il unit sa fille Valentine avec un prince de la maison royale de France. L'éclat de sa cour et celui de son règne ne pouvaient être plus grands ; et, lorsqu'une mort prématurée vint le surprendre au milieu des succès de sa politique et de ses rêves ambitieux, la voix publique disait hautement que le titre de duc n'était plus en rapport avec l'étendue de sa puissance et la gloire de son nom.

Galéas-Marie Visconti recueillit seul le vaste héritage de son père ; il atteignait à peine sa treizième année lorsque mourut Jean Galeazzo, et, dix ans après, il périssait lui-même assassiné par Astorre, fils naturel de son grand-oncle Barnabò Visconti. Cette fin prématurée fut le juste châtiment des crimes de ce monstre, qu'on accusa d'avoir empoisonné sa mère et de faire nourrir ses chiens avec de la chair humaine. Après le meurtre de son frère, Philippe-Marie Visconti se fit reconnaître duc de Milan : il n'avait que 21 ans et devait continuer la triste série des tyrans que la race des Visconti a donnés à la Lombardie.

Haï, craint, méprisé tout à la fois par ses sujets et par les chefs des puissances qui l'entouraient, timide jusqu'à l'excès et d'une ambition sans limite, Philippe montrait tour à tour dans les actes et les habitudes de sa vie la faiblesse d'une femme et les passions de l'homme le plus violent. Superstitieux à l'excès, il avait une foi absolue dans les chimères de l'astrologie, et la frayeur qu'il éprouvait dans les ténèbres de la nuit arrivait jusqu'au délire; implacable dans ses haines, féroce et inexorable dans ses vengeances, profondément dissimulé, il usait indifféremment de la force, de l'artifice ou de la cruauté, pour réaliser ses projets et assurer ses conquêtes.

Ce prince avait la conscience de sa faiblesse; la méfiance l'éloignait des hommes, l'élan d'un cœur généreux l'épouvantait. Les historiens milanais assurent que, pendant les quinze dernières années de sa vie, il ne se montra jamais dans les rues de sa capitale. Son palais cependant, où il se rendait inaccessible, était loin d'être solitaire : il y menait une vie efféminée et honteuse, entouré de jeunes gens d'une beauté remarquable et vêtus avec élégance : *Per vices dispositi*, dit Pierre-Candide Decembrio, *continuo illi aderant sive mensæ, sive cubiculo, sive alibi constiterit, his non parentibus non fratribus loqui fas est* [1]. La faveur dont jouissaient ces favoris était si notoire que les courtisans s'empressaient de leur rendre les hommages dont ils se croyaient tenus envers leur invisible souverain.

Après la mort de sa première femme, veuve de Facino Cane, et qu'il fit décapiter sur un soupçon d'infidélité,

---

[1] *Philippi Mariæ, Mediolanensium ducis, Vita*, auctore Petro Candido DECEMBRIO; in fine operis Georgii Merule, antiquit. Vicecomitum lib. x. — Mediol., apud Malatestas, 1630, in-f°.

Visconti choisit pour concubine Agnès del Maino, d'une famille patricienne de Milan. A l'instar des sultans orientaux, il s'appliquait à la soustraire à tous les regards, lui assignant alternativement pour sérail ses châteaux d'Abbiate-Grasso et de Sussago, dont les gouverneurs exerçaient sur elle une surveillance rigoureuse [1].

C'est là qu'Agnès éleva tristement la belle et douce Blanche Marie, qui plus tard fut unie à François Sforza. Le mariage de cette enfant devint un des principaux instruments des manéges politiques du duc de Milan : le rompre et le renouer tour à tour était la préoccupation favorite de son esprit capricieux et sans foi.

Dans les annales d'un règne de trente-cinq ans, Philippe-Marie Visconti n'a pas laissé le souvenir d'un bienfait ou d'une action digne d'éloges; il eut le malheur si commun aux mauvais princes de trouver des complaisants vils et cupides, toujours prêts à encenser leurs passions et à obéir à leurs caprices : un Janino Riccio et un Oldrado Lampugnano, le premier valet de chambre, le second ancien précepteur de Philippe, furent les auteurs principaux des maux de son règne, et ont transmis jusqu'à nos jours l'infamie de leurs noms.

Il serait injuste cependant d'accueillir sans réserve tout ce qu'ont dit les historiens milanais du caractère, des habitudes et des vices du dernier Visconti : nous aurons

---

[1] Visconti écrivait, le 13 juillet 1425, au châtelain de Sussago :

« Volumus quod advertas et provideas opportuné, ut Agnes amasia nostra illic existens adpresens, resideat et maneat continuò in curtili in quo fons sita est, vel posteriori; neque ex eo unquam exeat vel discedat, neque possit se conferre nec conferat ullatenùs. » (*Memoria sulla storia dell'ex-ducato di Milano*, Michele DAVESIO; Milano, 1804, p. 26.)

occasion, dans la suite de ce mémoire, de prouver que Marie de Savoie, sa seconde femme, lui fut tendrement affectionnée, et qu'elle ne semble pas avoir été soumise aux persécutions jalouses que Corio et ses copistes ont dit qu'elle eut à subir. Un fait plus positif est que Philippe-Marie Visconti parvint à regagner par force ou par adresse une grande partie des conquêtes faites par son père Jean-Galeazzo, et que les ennemis de sa maison avaient arrachées aux faibles mains de son successeur. Bientôt son ambition rêva le sceptre de l'Italie; mais le roi d'Aragon, le duc de Savoie, les républiques de Venise, de Florence, de Sienne, les marquis de Ferrare et de Mantoue, justement alarmés, se liguèrent pour l'arrêter dans sa marche envahissante.

Le 11 juillet 1426, les puissances confédérées signèrent à Venise un traité d'alliance par lequel elles partageaient les dépouilles de leur ennemi avant de les avoir conquises : Milan, Pavie, Novare, Verceil, Tortone, Voghera, devaient appartenir au duc de Savoie. La part de ce prince était la meilleure; car Mainfroy de Saluces, Henri du Colombier et Pierre Marchand, ses envoyés, n'avaient pas eu de peine à faire comprendre aux États coalisés que le puissant concours du duc Amédée VIII dans la lutte qui allait s'engager devait assurer leur triomphe. Philippe-Marie Visconti dut se repentir alors d'avoir payé de la plus noire ingratitude les services du célèbre *condottiere*, qui, devenu son mortel ennemi, après avoir été longtemps l'âme de son conseil et son plus ferme appui, venait d'organiser la ligue redoutable qui menaçait son existence.

François Bussone, né de parents obscurs vers 1390, et célèbre depuis sous le nom de Carmagnola, ville de Piémont qui fut sa patrie, avait appris le métier des armes dans les camps de Facino Cane. Son courage, ses brillants exploits, sa haute fortune, sa fin malheureuse, lui donnent une place remarquable dans l'histoire de ces aventuriers qui couvrirent l'Italie de sang et de ruines aux xive et xve siècles. Guelfes et Gibelins, tour à tour vendant leurs services aux communes et aux princes qui leur offraient le meilleur parti, trahissant sans scrupule les engagements les plus sacrés, ne reculant devant aucun crime, ne connaissant aucun danger, tels furent les chefs de ces bandes mercenaires que M. le chevalier Ricotti nous a si bien fait connaître dans la *Storia delle Compagnie di ventura;* nous empruntons le récit qui va suivre à cet ouvrage remarquable.

Digne émule de Guido Torelli, de Braccio, de François Sforza et de Nicolas Piccino, Carmagnola, à la mort de Facino Cane, vint offrir ses services au duc de Milan, et bientôt parvenu par son mérite au grade de capitaine-général de l'armée de ce prince, il reconquit par une longue suite de succès Monza, Alexandrie et Parme, reprit à Malatesta Bergame et Brescia, Crémone à Fondulo, Plaisance à Philippe Arcelli, et soumit Gênes et tout son littoral à la domination milanaise. Mais, au lieu de la reconnaissance que méritaient de si grands services, Carmagnola ne trouva dans le cœur de Visconti que bassesse et jalousie. Riccio et Lampugnano, ses favoris, obtinrent l'éloignement du *condottiere* dont ils redoutaient la puissance. On lui donna le gouvernement de Gênes pour colorer sa disgrâce; il se plaignit, et, pour l'apaiser, Visconti lui promit le commandement d'une expédition qui se préparait contre Naples; mais Guido Torelli l'obtint à sa place. Bientôt l'ordre lui fut intimé de licencier les 300 lances qui formaient sa compagnie : c'était vouloir le séparer de ses amis les plus dévoués, des plus fidèles compagnons de ses périls et de sa gloire. Bussone comprit le danger et n'eut garde d'obéir; mais, irrité de tant d'injustice, il voulut revoir le duc de Milan et se justifier de ses injurieux soupçons : accompagné de quelques serviteurs, il quitte Gênes secrètement, arrive au château d'Abbiate-Grasso, où se trouvait Philippe, et sollicite une audience; on lui répond qu'il ne verra pas le duc, mais qu'il peut s'adresser à Riccio. Le capitaine insiste et reçoit un nouveau refus. Alors, transporté d'indignation, il reproche en termes amers aux conseillers de Philippe la bassesse de leur conduite, et, sa colère bientôt ne connaissant plus de limites, il s'écrie d'une voix tonnante : « Lâches, prenez garde d'avoir à vous repentir un jour de votre perfidie et de me conjurer bientôt avec larmes de revenir auprès de ce prince dont vous m'éloignez aujourd'hui par vos viles intrigues. » (Visconti, de l'embrasure d'une meurtrière, assistait à cette scène.) Puis, s'élançant sur son cheval, Carmagnola s'éloigne, traverse le Tésin et la Sésia, poursuivi par Lampugnano; arrive à Ivrée, où il se présente à Amédée VIII, lui peint avec chaleur les dangers dont le menace l'ambition de Visconti et le persuade de réunir ses forces à celles de Florence et de Venise pour lui faire tête et l'écraser. Ensuite il part, et, à l'aide d'un déguisement, franchit les Alpes

Pennines sans être reconnu par les Suisses, arrive à Trente et bientôt à Venise, où le sénat le reçoit avec honneur et écoute ses propositions. Pendant ce temps-là, le duc de Milan s'empara des biens du proscrit et tenta de le faire empoisonner; mais, échappé à ce danger, peu de temps après, le 27 janvier 1426, il fut élevé par le conseil souverain au commandement en chef des armées de Venise et commença les hostilités [1].

De son côté, le duc de Savoie, fidèle à ses engagements, réunissait une armée formidable sur les frontières du Milanais; et, tandis que le général vénitien s'emparait de Brescia, de Salo et de plusieurs places importantes de la Lombardie, Mainfroy de Saluces, maréchal de Savoie, battait Lancellot Guiniggi, que Visconti lui avait opposé, et envahissait le Milanais.

Philippe, effrayé de ses pertes, fit des propositions de paix que le pape Martin V appuya de sa puissante médiation; le sage Amédée VIII s'empressa d'y condescendre et députa auprès de ses alliés et du duc de Milan Henri du Colombier, seigneur de Vufflens, membre de son conseil, et Pierre Marchand, de Chambéry, jurisconsulte célèbre dont il avait éprouvé en maintes occasions délicates l'adresse et le dévouement. Ils partirent d'Ivrée le 11 octobre 1426 avec une suite de onze chevaux et se rendirent à Venise, où, le 31 décembre suivant, ils signaient avec les ambassadeurs de Milan, de Florence et les provéditeurs de Saint-Marc, un traité qui assurait au duc de Savoie toutes les conquêtes qu'il avait faites en

---

[1] Ricotti, *Storia delle Compagnie di ventura*, t. II, pag. 14, 15, 16, 17, 18.

Lombardie depuis le commencement des hostilités. Une partie des troupes de la confédération fut alors licenciée ; mais les Milanais ayant, par un élan généreux, offert à leur souverain de lever et d'entretenir à leurs frais vingt mille hommes pour continuer la guerre contre Venise, Visconti rompit le traité et enleva Casal au marquis de Montferrat.

Les Vénitiens alarmés s'empressèrent aussitôt de rechercher l'appui de leurs anciens alliés et députèrent au duc de Savoie le provéditeur Contarini, qui fut reçu en audience solennelle au château de Thonon le 5 juin 1427. Outre les membres ordinaires de son conseil, Amédée VIII avait appelé auprès de lui dans cette occasion importante tout ce que la magistrature et la noblesse de ses États comptaient de plus illustre, pour délibérer sur les propositions de l'ambassadeur de Venise. Cette grave assemblée se prononça d'abord pour le maintien d'une neutralité armée; mais bientôt le duc de Savoie crut devoir prendre une part plus active aux événements de la guerre, un hérault d'armes porta son défi au duc de Milan [1], et les lances savoyardes couvrirent de nouveau les rives du Tésin. L'événement justifia la politique d'Amédée VIII : Carmagnola vainquit à Macalò, le 11 octobre 1427, les plus célèbres capitaines de l'Italie, Malatesta, François Sforza, Guido Torelli et Piccinino. Alors, Visconti épouvanté voulut à tout prix enlever aux Vénitiens leur plus

---

[1] *Déclaration de guerre faite au duc de Milan par Amé, duc de Savoie, et réponse de Philippe Visconti* (doc. n° 1). Extrait des manuscrits réunis par Guichenon et conservés dans la bibliothèque de la Faculté de Médecine de Montpellier.

puissant allié; il demanda la paix au duc de Savoie et offrit de lui céder la ville et le comté de Verceil, s'il consentait à abandonner la ligue. Amédée prêta l'oreille à ces propositions; mais, ayant de puissants motifs pour suspecter la loyauté de son adversaire, il exigea que Verceil lui fût remis avant l'exécution d'aucun article du traité, et le mariage de Marie, fille d'Amédée VIII, avec le duc de Milan, fut le gage de cette paix.

Si nous avons succinctement narré les causes et l'issue de cette guerre dont tous nos historiens et ceux de l'Italie ont parlé avec plus ou moins d'exactitude, c'est dans l'intention d'ajouter, aux récits qu'ils nous ont laissés, quelques détails encore inédits. Ces détails, sans doute, n'offrent pas en eux-mêmes un haut intérêt historique, mais ils ont à nos yeux celui de présenter un rôle assez complet de la noblesse de Savoie au commencement du xve siècle et de donner une idée de la puissance relative des familles qui la composaient.

Vers la fin de juillet 1426, les grands baillis de Vaud, d'Aoste, de Bresse et de Savoie transmirent aux châtelains de ces provinces l'ordre de convoquer pour la *chevauchée* de Lombardie le ban et l'arrière-ban de la noblesse, et le duc Amédée VIII, pour donner à ses vassaux les plus puissants un témoignage particulier d'affection et d'estime, leur notifia lui-même les motifs de cette guerre par un bref muni de son *scel*. On trouve dans les comptes des trésoriers de cette époque la dépense des messagers qui portèrent les lettres du duc aux seigneurs de Challant, de Coudrée, d'Aix, de Montmayeur et de La Baume. Le rendez-vous de l'armée fut donné à Chambéry et fixé au 3 août pour la première *monstre*. A la voix chérie de leur prince, à cet appel d'honneur qui jamais ne retentit en vain dans la fidèle Savoie, les chevaliers poussent leurs cris de guerre, l'aigle des Montmayeur, la croix des Alinge et des Compey, le lion des Chissé, des Menthon, des Blonay, et autres glorieuses bannières flottent sur les tours antiques des donjons féodaux. A ce signal bien connu, tenanciers et vassaux revêtent l'armure des combats, et bientôt 593 lances de *purs Savoisiens*, comme disait Froissard, sont prêtes à franchir les Alpes sur l'ordre de leur souverain. Ces lances, suivant l'usage alors adopté en Italie, se composaient de trois hommes d'armes à cheval; plusieurs cependant n'en comptaient que deux : la paye des premières fut fixée à 20 florins par mois, et celle des secondes à 13. C'était le salaire généralement accordé aux *condottieri* par les puissances qui les prenaient à leur solde, et ce fut à ces conditions qu'Amédée VIII traita avec le comte de Fribourg et de Neuchâtel, qui fit *monstre* à Chambéry le 5 août 1426, conduisant sous sa bannière 76 lances à trois chevaux, 14 lances à deux chevaux, et 42 arbalétriers [1]. On trouve dans les documents de cette époque les trois hommes de la lance distingués par des noms divers, savoir : le *chef de lance*, le *coustiller* et le *page*, soit dans les enrôlements italiens *il capo di lancia, il piatto e il paggio*. L'armure de cette milice d'élite, vérita-

---

[1] Libr. magnifico dono comiti Friburgi et Novi Castri pro 76 lanceis qualibet cum tribus equis, pro 14 lanceis qualibet cum duobus equis, pro 42 balisteriis cum equo et balista, 7,425 fl. 6 den. 2/3 gross. p. p. Computatis pro qualibet lanceà trium equorum 20 fl. p. p. per mensem, pro qualibet lanceà duorum equorum 13 fl. p. p. per mensem.

ble nerf des batailles, se composait d'une cuirasse, pour l'ordinaire recouverte d'une cotte d'armes armoriée, du heaume ou casque garni de sa visière et chargé d'un timbre ou cimier, d'un gorgerin ou hausse-col, de brassards, cuissards, grèves et gantelets de fer, et enfin des éperons, signes distinctifs de la chevalerie lorsqu'ils étaient dorés. Les pièces d'offense étaient l'épée, dont la poignée souvent figurait une croix, la lance garnie d'un fer acéré et d'une banderolle d'étoffe éclatante, le poignard ou miséricorde ; enfin, à l'arçon de la selle pendait une lourde masse d'armes. Les seuls chevaliers, dit Sainte-Palaye, avaient le droit de barder de fer leurs chevaux de bataille [1] ; mais cette assertion est complétement erronée. Parmi toutes les preuves qui peuvent le démontrer, nous citerons seulement un article du code dressé par la république de Florence pour régler l'enrôlement des troupes qu'elle prenait à sa solde. *Leurs chevaux devront avoir des bardes ou une croupière de fer ou de maille* [2]. Outre ces lances, un grand nombre d'archers, d'arbalétriers, de brigands, de pavésards ou pavescheurs, recrutés en Savoie, en Piémont et à l'étranger, vinrent grossir l'armée ducale sous la conduite de leurs connétables *(connestabuli)* ; les pavésards *(pavesardi)*, ainsi nommés d'une espèce de bouclier, *pavesium*, qui faisait la pièce principale de leur équipement, étaient armés d'une lance ou demi-pique ; quelquefois, au lieu du pavois, ils portaient pour

---

[1] *Mémoires sur l'ancienne chevalerie*, t. 1ᵉʳ, p. 329.

[2] *Et eorum equi habere debeant bardas aut gropperiam de ferro vel de maglia.* (RICOTTI, *Storia delle Comp. di ventura*, vol. II, p. 315.)

arme défensive la targe ou la rondache [1]; ils combattaient à pied comme les brigands, qui tiraient leur nom d'une cuirasse légère ou corcelet de fer qu'on appelait *brigandine*. Le Piémont, le comté de Nice et les vallées de la Provence qui lui sont limitrophes fournirent à l'armée ducale de nombreuses bandes de cette milice qu'on désignait quelquefois sans distinction d'équipement sous le nom de *clients*. Pierre Avogadro de Valdengo, qui marchait sous la bannière d'Aimon de Châteauvieux, commandait 35 clients. Parmi les autres chefs d'infanterie piémontaise, nous remarquons Antoine de Montbel, *connestabulus peditum*, qui présenta 47 arbalétriers à pied et 159 brigands; Louis et Antoine Castellengo, connétables de 22 arbalétriers à pied et de 39 pavésards; Jean Bouczan de Cavallermaggiore, Manfred de Raconis, Henri Duc, de Sommariva, enfin le capitaine Montayre, connétable de 100 *bons brigands* [2].

Les archers et les arbalétriers tenaient le premier rang dans la milice à pied; leur salaire était plus élevé que celui des pavésards et des brigands : ils recevaient de 5 à 6 florins par mois, suivant la qualité de leur équipement, tandis que la solde des derniers dépassait rarement 4 florins par mois. On accordait une estime méritée aux arbalétriers génois, qui se trouvèrent souvent en corps considérables au service des souverains étrangers. On

---

[1] Guillelmus Boscherj de Villario Fouchardi connestabulus decem peditum pavesardorum qui cum suis pavesiis, lanceis, targonibus et rodallis domno servierunt. (Compte de Michel de Ferro, 1427.)

[2] Anthonellus de Montayre capitaneus centum peditum sive centum bonorum brigandorum. (Doc. n° 2.)

sait que 6,000 hommes de cette infanterie, placés à l'avant-garde de Philippe de Valois à la funeste journée de Crécy, furent écrasés par la fougue inconsidérée de la chevalerie française. Les archers portaient d'ordinaire pour armes de défense une jacque ou cotte de mailles avec la salade ou bassinet de fer ; celles d'attaque consistaient dans un arc de fer ou de bois nerveux muni d'une corde de chanvre *femelle*, avec les flèches et le couteau. Quatre archers seulement sont inscrits sur les rôles de l'armée de Lombardie dans la campagne de 1426 ; ils appartenaient aux compagnies de Michelet Grésy, de Rumilly, et de Geoffroy, bâtard de Villars. L'arbalète à cric, armée de son carreau ou *vireton*, dont le tir était beaucoup plus sûr et plus meurtrier que celui de l'arc, commençait, à cette époque, à devenir en Italie l'arme exclusive de l'infanterie. Il y avait aussi des arbalétriers à cheval ; tels furent ceux que le comte de Neuchâtel et Jean, bâtard de Clermont, conduisirent à leur suite à la guerre de Milan. Ce dernier marchait avec 35 lances et 9 arbalétriers sous la bannière de Rodolphe d'Alinge, qui lui-même avait enrôlé 20 lances. Ce seigneur, chef d'une des plus anciennes et des plus puissantes maisons de Savoie, présentait ainsi à la *monstre* une compagnie, *comitiva*, composée de 55 lances et de 12 arbalétriers à cheval : c'était la plus nombreuse après celle du comte de Fribourg. Aussi le duc Amédée VIII, voulant reconnaître le dévouement dont le sire de Coudrée fit preuve dans cette guerre, lui fit remettre 300 florins d'or par le trésorier général comme don *gracieux : pro serviciis in novissimâ armatâ dni et exercitu laudabiliter et in magno apparatu fideliter impensis.*

Le même compte mentionne un autre présent de 1,000 florins d'or fait à Nicod de Menthon, conseiller ducal; mais il révèle en même temps une circonstance qui nous paraît en rabaisser singulièrement la valeur : c'est que ce don ne fut accordé au chevalier que sur les instances répétées qu'il fit pour l'obtenir. Les faveurs des princes ont du prix lorsqu'elles sont le témoignage de leur estime et la récompense du mérite ; mais il sera toujours honteux de les solliciter, plus honteux encore de faire payer à prix d'or des services rendus à son souverain et à sa patrie.

Parmi les noms des gentilshommes qui servirent en 1426 sous les bannières de Rodolphe d'Alinge et du bâtard de Clermont, plusieurs se sont honorablement perpétués jusqu'à nos jours dans les provinces du Genevois et du Faucigny ; tels sont ceux de Favre, de Bénevix, de Cornillon et de Chissé.

On appelait lances de compagnie celles qui se présentaient enrôlées sous les ordres d'un chef au rendez-vous fixé par le chef de l'armée, et, par opposition, lances brisées *(spezzate)* celles qui y venaient isolément. La plupart des gentilshommes qui firent les deux campagnes en 1426 et 1427 y parurent en lances brisées. Ce fait semble prouver que le nombre des familles féodales de la Savoie véritablement puissantes était, à cette époque, assez limité. Alors, comme toujours, la noblesse de cette province se distinguait moins par ses richesses que par son humeur belliqueuse, ses sentiments d'honneur et son dévouement à ses princes. Tout seigneur suzerain avait le droit de lever bannière et d'obliger ses vassaux à le suivre dans ses entreprises de guerre; leur concours plus ou moins considérable marquait le degré de sa puissance : or, le document que nous citons mentionne seulement 11 bannerets commandant à plus de 10 lances[1] ; mais il présente un grand nombre de petites compagnies marchant sans chef et composées de gentilshommes guerriers que rapprochaient les liens d'une ancienne fraternité d'armes ou ceux de la parenté ; souvent même ils se refusaient à ces associations, et, fier d'un isolement qui prouvait son indépendance de toute sujétion féodale, l'orgueilleux châtelain quittait son vieux manoir pour venir seul se ranger sous la croix blanche de Savoie.

D'après le recensement que nous avons fait avec le plus grand soin sur les comptes du trésorier général et sur ceux du trésorier des guerres, l'armée qui fit la campagne de Lombardie en 1426 comptait 1,367 lances, dont 593 appartenaient à la Savoie, 186 au Piémont, 150 au Bugey, 171 à la Bresse, 41 au pays de Vaud, 34 à la vallée d'Aoste, 97 aux auxiliaires étrangers, parmi lesquels le comte de Fribourg et de Neuchâtel à lui seul figure pour 79 ; enfin, nous avons classé dans une dernière catégorie 95 lances dont les chefs nous sont inconnus.

Le Piémont ne fut représenté dans cette guerre que par un faible contingent, et, sur les 186 lances qu'il envoya à l'armée, 36 appartenaient aux seigneurs de Saluces, et 26 au prince de la Morée. La Savoie fournit à elle seule près de la moitié de la gendarmerie. Dans aucun temps, cette courageuse et fidèle province ne cal-

[1] Voy. doc. n° 2.

cula ses sacrifices quand il s'agit d'accroître, au prix de son sang, la gloire et la puissance de ses souverains. Lorsque ceux-ci l'eurent abandonnée pour fixer leur résidence au-delà des Alpes et travailler plus efficacement à leur plan d'agrandissement en Italie, la Savoie vit graduellement diminuer son influence, et pourtant ce fut cette influence qui conserva pendant longtemps à la nation piémontaise un caractère bien distinct de celui des populations italiennes avec lesquelles elle est en contact, et qui peut-être fut le secret de sa force et de son ancienne prospérité.

Après la compagnie du seigneur de Coudrée, les bandes savoisiennes les plus importantes furent celles de Clavin du Clos, d'Humbert de Seyssel, seigneur d'Aix, du seigneur de Miolans, de Jean du Fresnay, et d'Amé de Viry, neveu du célèbre capitaine qui répandit tant de lustre sur sa famille. Gaspard de Montmayeur, maréchal de Savoie, ne présenta que six lances à la *monstre*; mais, eu égard à sa haute dignité, la sienne fut payée comme cinq, et Amédée VIII accorda la même faveur à Pierre de La Baume, le plus puissant de ses vassaux de Bresse, qui fournit à l'armée quarante-sept lances garnies. A la tête des bannerets du Bugey marchait avec trente-six lances Humbert de Luyrieux, seigneur de la Cueille. Les principales compagnies vaudoises étaient celles de Guillaume du Colombier et de Jean de Gingins, seigneur de Divonne; enfin, les seigneurs de la vallée d'Aoste qui se firent remarquer comme les mieux accompagnés furent Amédée de Challand et Jean Sariod, conseigneur d'Introd. Dans la série de ces noms illustres manque celui du sire de Ternier, qui comptait parmi les grands vassaux de la monarchie : l'honneur et la fidélité étaient, dans sa famille, héréditaires comme la puissance ; il figure dans presque toutes les expéditions guerrières des règnes précédents ; le 3 août 1412, on le retrouve encore signant un traité avec le comte Amédée VIII, au sujet de la juridiction du château de Gaillard [1]. Son absence des rangs de l'armée dans cette campagne importante nous étonnait, et cherchant à en découvrir la cause, nous l'avons trouvée dans un document dont les curieux détails pourront nous faire pardonner peut-être une courte digression.

Le 13 juin 1418, huit ans avant l'époque où se passèrent les événements qui nous occupent, Gérard de Ternier, chef de cette illustre maison, dictait ses dernières volontés dans la salle seigneuriale du vieux château du Châtelard. Mourant sans héritier direct de sa puissance et de son nom, il voyait dans la force de l'âge finir ses jours passés dans les périls de la guerre et les nobles exercices de la chevalerie ; les atteintes de la maladie qui le conduisit au tombeau n'avaient point détruit dans son âme les illusions de sa grandeur passée, et son testament est un monument remarquable des mœurs de cette époque, où l'expression d'une foi sincère s'alliait sans scrupule aux écarts les plus étranges de la vanité.

Gérard avait épousé Catherine de Montchenu, et marié sa sœur au chef de cette famille, l'une des plus illustres

---

[1] Compte de noble Guigonnet Maréchal, de Chambéry, trésorier général, n° 57.

du comté du Genevois[1]. Les dispositions de son testament prouvent qu'il attendait la naissance prochaine d'un héritier de sa fortune et de son nom, car il institue cet enfant posthume dans la possession de ses châteaux et seigneuries de Ternier, de Gaillard, de la Bâtie-Meiller, du Châtelard, du Wuache, de Pontverre et de Troche; mais il appelle son neveu Richard de Montchenu à recueillir son héritage dans le cas où sa veuve donnerait le jour à une fille. L'événement sans doute justifia cette prévision, car la succession du puissant chevalier parvint à l'héritier substitué, qui prit avec elle le nom et les armes de Ternier.

Gérard ordonna que son corps fût déposé dans l'église des Frères Mineurs de Genève, au tombeau de ses prédécesseurs; il voulut être revêtu d'une robe écarlate et chaussé de brodequins rouges garnis de leurs éperons (*socularibus rubris et ferrocatis*). Les quatre ordres de Saint-Jean, de Saint-Dominique, de Saint-François,

---

[1] La maison de Montchenu a produit plusieurs personnages célèbres, entre autres Jean de Montchenu, commandeur de Saint-Antoine de Ranvers, vendu aux intérêts de Louis XI, et principal conseiller de l'évêque de Genève sous l'orageuse régence d'Yolande de France; Pontverre, capitaine des gentilshommes de la cuillère, tué à Genève le 2 août 1529; Marin de Montchenu, maître d'hôtel et favori de François Ier. Ce prince racontait un jour, en présence d'André de Vivonne, gouverneur de Guyenne, un de ses plus loyaux serviteurs, les circonstances de la bataille de Pavie; il vantait les qualités de son cheval et la trempe de son armure : « Vous étiez très bien accoustré, Sire, lui répondit le vieux guerrier, mais vous obliez la meilleure partie de vos harnois, le cœur de vostre noblesse que si long-temps avez mécontentée pour satisfaire des favoris comme Bonnivet, Montmorency, Brion et Montchenu; si vous eussiez aussi prisé vos autres gentilshommes, ils eussent crevé auprès de vous, et possible n'eussiez été pris. »

de Saint-Victor, les croix des sept églises paroissiales de Genève et les prêtres de toutes les paroisses comprises entre le mont de Sion, le mont Salève, le pont d'Arve et le Rhône, devaient avec *solennité et dévotion* suivre son convoi funèbre; il demanda que son cercueil, recouvert d'un drap d'or et accompagné par quatre chevaliers, fût entouré de quatre-vingts torches ardentes pendant le trajet du lieu de son décès à celui de sa sépulture.

Mais ce fut dans la cérémonie de ses obsèques solennelles *(sepultura)* [1] que l'orgueilleux seigneur voulut rivaliser avec le faste des rois. Il enjoint à son héritier de la faire célébrer quatre mois après son décès et d'y appeler les évêques de Lausanne, de Belley, d'Aoste, de Grenoble, les abbés d'Hautecombe, de Saint-Sulpice, de Chésery, d'Entremont, de Tamier, de Syon, de Saint-Maurice et de Bellerive, ainsi que le prévôt de Montjoux (Saint-Bernard); il demande le chapitre de Genève, tout le clergé de cette ville avec les quatre ordres et les sept croix des paroisses, vingt prieurs et de plus mille prêtres *célébrants messe*. Il veut que deux cents torches de cire, du poids chacune de trois livres, brûlent sur son tombeau pendant l'office divin; que vingt-cinq pauvres, vêtus et chaussés de drap blanc *(inductis*

---

[1] Il faut se garder, dans la lecture des anciens documents, d'attribuer au mot *sepultura* le sens qu'il paraît naturellement présenter; on commettrait une grave erreur si on croyait fixer la date d'un décès par celle de la sépulture; ce mot, dans le langage des documents du moyen-âge, signifie exclusivement la messe de commémoration et les cérémonies qui l'accompagnaient. Or, ces cérémonies pouvaient avoir lieu longtemps après celles de l'inhumation *(intumulatio)*.

vestibus caputiis et caligis panni albi), portant chacun sur le côté gauche de la poitrine un écusson armorié aux armes de Ternier, tiennent en main des torches ardentes pendant l'élévation du corps sacré de Jésus-Christ ; qu'un drap d'or couvre son cercueil, et que huit écussons d'or battu, émaillés aux couleurs de ses armes, en ornent les angles et la bordure, et, puisque Jésus-Christ Notre-Seigneur, dit le testateur dans ses instructions, « nous a accordé dans le siècle l'honneur d'avoir et de « porter bannières, pannonceaux et étendards qu'avons « déployés *en maintes places tant contre les payens, sar-* « *rasins, infidèles qu'autres nations guerroyantes*, nous « prescrivons ce qui va suivre pour l'honneur de Dieu « tout-puissant, de Marie, sa benoîte mère, et de toute « la cour céleste [1], voulant que nos dispositions profi- « tent aux R. R. frères Mineurs, et espérant *que N.-S.* « *Jésus-Christ ne saurait être déplaisant de la pompe de* « *notre sépulture de laquelle nous détachons notre esprit en* « *toute humilité.* » Après ce singulier exorde, le chevalier prescrit les offrandes et l'ordre dans lequel elles seront présentées. C'est d'abord une épée brillante et nue *(ensis clarus et nudus)* que doit offrir son héritier universel, ou, à défaut, son plus proche parent ; en-

---

[1] It. vult, ordinat et jubet id testator, quod in ejus sepultura attento quod dnus noster Jesus Christus sibi dedit honorem in hoc seculo portandi et habendi banneriam, pelmonos et estendardos deplicatos in diversis plateis cum magno comitatu gentium armorum, tam contra paganos, Sarracenos, et alios infideles quam alias plurimas gentium armorum copias quod sit ad laudem Dei omnipotentis glorie que beate virginis totius que curie celestis. (*Test. de Gérard de Ternier, arch. du Cte Menthon d'Aviernoz.*

suite deux chevaux de bataille, couverts de housses de brocard traînantes jusqu'à terre et chargées d'écussons d'or battu aux armes du défunt; puis deux chevaux drapés d'étoffe rouge, montés par deux gentilshommes revêtus de leurs armures et coiffés d'un bonnet ou chaperon de pourpre sur lequel on lira brodées en or, comme sur la housse des chevaux qu'ils conduisent, les lettres symboliques : *La plus B. L.*, devise des seigneurs de Ternier. Après eux paraîtra un coursier découvert, monté par un homme d'armes tenant un pennonceau chargé d'écussons d'or; puis un cheval drapé de noir, avec un cavalier vêtu de noir portant une bannière de même couleur; homme, cheval et bannières, couverts comme toujours d'écussons armoriés; puis un autre destrier découvert, monté par un homme d'armes, qui portera un étendard chargé de la devise et autres ingénieux emblèmes. Enfin six chevaliers offriront des bannières aux armes de Ternier, et deux grands éventails *(flabelli)* richement garnis de plumes.

Tous ces divers objets, chevaux, riches étoffes, présentés par des gentilshommes à l'offertoire de la messe, resteront en toute propriété aux révérends Frères Mineurs. Ensuite le testateur fixe à deux écus d'or le droit d'assistance des évêques et celui du prieur de Montjoux; il assigne un écu d'or aux abbés, un florin aux prieurs, six sous aux chanoines, quatre sous à tous les autres prêtres séculiers ou religieux, et trois deniers par tête aux pauvres qui se présenteront à l'aumône le jour de ses funérailles; il veut qu'un repas convenable soit servi *(bene et condecenter)* aux évêques, abbés, prieurs, chanoines, prêtres et clercs qui y interviendront, de même qu'à ses parents, amis et autres gentilshommes; il nomme pour ses exécuteurs testamentaires Jean de Bertrandis, évêque de Genève, le prieur de Montjoux, Boniface de Challant, maréchal de Savoie, Mermet de Ville, et Hugues de Lucinge; enfin il supplie le duc de Savoie, en considération de ses fidèles services et de ceux de ses prédécesseurs, de se charger lui-même de faire célébrer ses obsèques dans tout l'appareil qu'il a prescrit, si son héritier venait à oublier cette obligation, et dans ce cas il veut que tous ses biens soient mis à la disposition du souverain qui fera prélever sur le produit de leur vente les frais de sépulture, et se réservera deux mille florins d'or *(pro pœna et labore !)*.

Nous avons cru devoir faire ici l'analyse du testament de Gérard de Ternier, ne pouvant l'insérer en entier parmi les preuves de ce mémoire, car la copie que nous en avons sous les yeux fourmille de fautes et de lacunes. Au reste, il n'est pas le seul exemple de la magnificence extraordinaire déployée dans les funérailles de certains personnages illustres, il paraît même qu'une étiquette constante en réglait le cérémonial d'après le rang et la dignité du défunt; ainsi on observe une frappante analogie entre les honneurs funèbres rendus à Bertrand Du Gueslin, connétable de France, et la pompe des obsèques qu'Amédée VIII fit célébrer, dans l'abbaye de la Chassagne, le 20 mars 1415, pour honorer la mémoire d'Odon de Villars, son gouverneur: treize cent cinquante-sept chapelains et religieux y assistèrent, et l'on présenta dix chevaux à l'offertoire de la messe[1]. Ce noble témoignage de l'estime d'un grand prince pour un fidèle serviteur est glorieux pour l'un et l'autre, mais le faste tout égoïste du seigneur de Ternier ne révèle que les sentiments de son âme orgueilleuse.

Gérard ne figure point au nombre des chevaliers qui suivirent le comte Vert dans son expédition d'Orient, et puisqu'il déploya sa bannière contre les *Sarrazins et autres infidèles*, ainsi qu'il nous l'apprend lui-même, ce fut sans doute dans la guerre malheureuse que termina le désastre de Nicopolis, en septembre 1396. On sait que les comtes de Nevers et de La Marche, Philippe d'Artois, connétable de France, les sires de Coucy et de La Trémouille, avec l'élite de la noblesse de Bourgogne, y tombèrent au pouvoir des Turcs, et que le féroce Bajazet souilla sa victoire par le massacre de plus de trois cents chevaliers qu'il fit égorger sous ses yeux; les historiens qui rapportent ces événements ont successivement répété que le comte de Nevers, avec huit prisonniers des plus illustres, purent seuls racheter leur vie par une lourde rançon; mais ce fait est inexact, comme est injuste le silence des écrivains français au sujet d'Humbert, comte de Romont, fils naturel d'Amédée VII [2]. Ce jeune prince conduisit à l'armée

---

[1] CIBRARIO, *Dei governatori dei principi di Savoia*; pag. 6.

[2] Le comte de Romont eut pour mère Françoise, fille de Pierre Arnaud, de Bourg. — On trouve dans un compte de Pierre Andrevet, trésorier de Savoie : Libr. Francesie filie quondam Petri Arnaudi de Burgo matri Bastardi de Sabaudia et Johanne filie dicte Francesie, dono sibi per domnum graciose facto, pro duabus vestibus panni viridis per eas emendis, ut per litteram domni de mandato solvendi datam Burgi die 2ᵈᵃ mensis maii anno domni 1400 12 fl. p. p.

de Hongrie les meilleures lances de Savoie ; noble émule de la vaillance des La Trémouille et des Coucy, il partagea le triste sort de leurs armes, et tomba aux mains de Bajazet avec soixante-dix gentilshommes, débris de la phalange glorieuse qui combattit sous ses ordres dans cette funeste journée. Guichenon cite une lettre écrite à l'empereur turc, par le duc de Savoie, le 1ᵉʳ mai 1397, pour lui demander de traiter en prisonniers de guerre le comte de Romont et les soixante-dix Savoisiens, compagnons de sa captivité [1] ; nous avons nous-même rencontré, dans un compte de Pierre Andrevet, le payement de cent soixante ducats d'or fait à Jean de Pitigni, écuyer d'Amédée VIII, que ce prince envoyait en Turquie, pour y recueillir des informations positives sur le sort d'Humbert, et négocier sa délivrance avec celle des autres nobles du comté de Savoie [2]. Cette preuve suffit pour démontrer l'exagération des chroniqueurs français au sujet du massacre des prisonniers de Nicopolis ; l'ambassade de Jean de Pitigni fut sans résultat, comme l'avaient été, les années précédentes, celles de Hugonet de Montmayeur, de Baudoin de Ceva et de Jean le Boutellier, chevalier anglais [3].

---

[1] Guichenon, édit. de Turin, t. II, p. 16.

[2] Libr. Johanni de Pitigni scutifero dni dono sibi per dominum facto pro expensis per ipsum faciendis eundo ad partes ultra marinas et Turquie de mandato dni, pro sciendo certitudinem status bastardi de Sabaudia et aliorum nobilium Sabaudie comitatus ibid. detentorum, et pro ipsorum liberatione si fieri possit, liberanda : ut per litteram dni datam Cameriaci die quinta mensis martii anno dni 1401. 160 duc. auri. (Compte de Pierre Andrevet, trésorier général de Savoie, du 16 mai 1398 au 1ᵉʳ janvier 1400.)

[3] Compte de Pierre Andrevet, déjà cité.

Amédée VIII était tendrement affectionné au bâtard de Savoie, et mit tout en œuvre pour obtenir sa liberté; mais, malgré ses efforts, la captivité d'Humbert (que Gérard de Ternier partagea peut-être) se prolongea pendant sept années; il ne revit les fertiles coteaux du comté de Romont que vers la fin de 1403; le 11 décembre de cette année, le comte de Savoie lui envoyait au Château de Cerlier l'ordre de se tenir prêt pour une expédition de guerre [1].

Ayant eu occasion de mentionner l'expédition du comte de Nevers et le désastre de Nicopolis, nous croyons à propos de publier ici un document qui s'y rapporte : c'est le rôle des gentilshommes des Pays-Bas et de la Bourgogne que le duc Philippe le Hardi désigna pour accompagner en Hongrie Jean son fils, comte de Nevers. Cette pièce intéressante paraît encore inédite, elle existe dans les archives de Dijon, et nous en devons la communication à leur savant conservateur M. Rossignol.

L'énumération des chevaliers et gens de la maison du prince est précédée de l'énoncé suivant: *Cy aprez s'ensuyvent les noms de ceulx que monseigneur a ordonnez aler au voyage de Honguerie en la compaignie de Monseigneur de Nevers.* On trouve ensuite de laconiques ordonnances qui désignent Dijon pour lieu de rendez-vous, fixent la solde des chevaliers, assignent le 20 avril pour

---

[1] Libr. Petro messagerio dni misso a loco Rossilionis ad dnos episcopum Lausanne, baillivum Vuaudi et de Valuffino; bastardum de Sabaudia apud Cerlier existentem et plures alios banneretos Vuaudi, quos Domnus mandat pro guerra dicti Corna 4 gross.

jour du départ de l'expédition, et nomment les gentilshommes qui porteront la bannière et le pénon du comte
de Nevers. La dernière de ces ordonnances est relative
à la police du camp, elle est brève et énergique. Il y est
dit : *que gentilhomme faisant rumour perd cheval et harnois, et varlet qui feist du coutel perd le poing, et s'il robe
il perd l'oreille.* Tous les noms historiques de la Bourgogne
figurent dans ce curieux document[1].

La campagne de 1426 se termina, comme nous l'avons
dit, par la victoire de Mainfroy de Saluces, maréchal de
Savoie, sur Lancellot Guiniggi, par l'invasion du Milanais et le traité de Venise signé le 31 décembre. On ne
rencontre, du reste, dans les documents contemporains,
que fort peu de détails sur les événements de cette
guerre, l'infanterie y fut employée à garder les places
conquises et à surveiller les passages. Tronzano, Casanova, Santa Agata, Monteformoso, enlevés aux Milanais, reçurent de petites garnisons ; les points les plus
importants et les mieux défendus furent Gattinara et son
château, dit le château de Saint-Laurent. Antoine de
Castellengo y commandait vingt-deux arbalétriers et
trente-neuf pavésards. Deux autres chefs, Paul de Nice
et Armand de Laval, y eurent aussi sous leurs ordres
soixante-treize arbalétriers. Casanova était gardé par un
connétable savoyard, nommé Guillaume Monier, d'Aime
en Tarentaise ; l'attaque du château de *Ropolo* par les
troupes savoyardes, le 25 septembre, est le seul fait
d'armes dont nous ayons rencontré l'indication dans le

---

[1] Voy. doc. n° 3.

compte du trésorier. Le maréchal de Savoie en confia la garde à Pierre Beiami, podestat et châtelain d'Ivrée, qui se laissa surprendre quelques hommes, le 17 décembre, par la garnison ennemie de *Saliszalia*. (*Compte de Michel de Ferro, trésorier général.*)

Avec l'armée marchaient plusieurs pièces d'artillerie, conduites par les plus habiles bombardiers que le duc eut alors à son service. C'étaient Fyrilino de Maquadello, Jean de Berne, Martin du Terrein, de Saint-Maurice en Valais, Barduriat, Mathieu de Cremet, Mathieu de Liervis et Baudoin de Lucys qui fit partie de la garnison de Gattinara. Leur salaire fut fixé, comme celui des lances, à vingt florins par mois. L'art du maître bombardier consistait, à cette époque, non-seulement dans la connaissance du service et du tir de l'artillerie, mais encore à fondre et monter les pièces; ces deux sciences n'étaient pas distinctes. Les grosses bombardes prenaient quelquefois le nom du prince qui en avait ordonné la construction; ainsi une pièce énorme, fondue sous le règne d'Amédée VIII, fut appelée Madame Amédée, ses dimensions étaient telles que souvent les rues des villes qu'elles devaient traverser étaient trop étroites pour lui donner passage. Madame Amédée fut transportée du château d'Avigliana à Ivrée, par les soins de Philippe Guaschi, et figura dans la guerre de 1426 [1].

Madame Louise, autre bombarde dont il est fait mention au siége de Chivas, en 1435, avait reçu le nom du prince de Piémont; mais plus ordinairement ces pièces

---

[1] Compte de Guigonnet Maréchal, du 15 juillet 1425 au 8 janvier 1427.

retenaient le nom du *maître* qui les avait coulées. En l'année 1418, maître Pierre Gandinet eut à Chambéry, du duc de Savoie, l'ordre de construire une bombarde d'un calibre capable de porter une pierre de cent cinquante livres au poids de Bourg. La trompe ou partie antérieure de la pièce devait être de fer; le canon ou partie postérieure, de fer, de cuivre et d'un autre métal fondus ensemble [1]. Le prix de la matière et de la main-d'œuvre de maître Gandinet fut fixé à six cents florins, dont une moitié devait lui être immédiatement comptée, un quart était promis pour le moment où les travaux de fusion auraient commencé, et le solde à la réception de l'œuvre; l'épreuve de la pièce n'eut lieu qu'au mois de décembre 1424, en présence de Claude du Saix, bailli de Bresse; la bombarde la soutint honorablement, et lança, dans des essais répétés, à la distance prescrite, un boulet de pierre, dont le poids, duement vérifié, s'élevait à cent quatre-vingt-dix livres.

Cependant la Gandinette ne servit pas longtemps dans ses conditions primitives, elle fut refondue à Bourg, en 1443, par Jean Giles, maître bombardier de Mâcon, sous la direction de Jean de Lornay, qui en fit augmenter considérablement le poids et les proportions. *Soixante hommes*, dit le texte du compte, *vaquoient depuis dix heures devant mydi jusques près de neuf heures devant minuyt à mesner les soufles pour fere fondre le métal.* [2]

---

[1] Cujus prima pars vocata *trompa* sit de ferro, et pars posterior vocata *canon* sit de ferro et cupro et alio metallo fonduto et quæ portabit et projiciet unam lapidem ponderis unius quintalis cum dimidio ad pondus Burgi. (Compte de Michel de Ferro, 1427-28.)

[2] Suite du compte des héritiers de Jean Maréchal, trésorier-général de Savoie, du 3 novembre 1446 au 3 novembre 1447.

On trouve, dans ce document, des détails circonstanciés sur la fabrication de la Gandinette, ils pourront ajouter peut-être quelques notions à celles que l'on a sur les procédés employés au xve siècle pour la fonte et le montage de la grosse artillerie ; nous les publions sous le n° 4 des pièces justificatives qui accompagnent ce mémoire. La Gandinette fut employée au siège de Vimieux (Neuville-sur-Saône), dont les Ecorcheurs, sous la conduite du capitaine Simon, s'emparèrent en 1443.

Il est aussi question, dans les mêmes comptes, de la Bergerette, autre bombarde, fondue à Bourg par Claude Berger ; elle fut prêtée, en 1444, par le duc Louis, au dauphin Louis XI, et transportée à grands frais de Bourg à Montbelliard.

La campagne de 1427, dont l'heureuse issue donna à Amédée VIII la ville et le comté de Verceil, s'ouvrit dans les premiers jours de septembre ; d'après les comptes du trésorier des guerres, le contingent fourni par Amédée VIII à l'armée confédérée n'aurait été dans cette expédition que de sept cent-quarante lances et d'environ cinq cents archers ou arbalétriers. L'inspection des troupes savoyardes commença le 14 août sur trois points divers, savoir : Chambéry, Conflans et Saint-Maurice. La plupart des chefs de lances qui avaient fait la première campagne se présentèrent de nouveau, mais suivis de compagnies beaucoup moins nombreuses. Les plus fortes furent celles de Pierre de La Baume, de Philippe de La Marche, de Jean de Seyssel, seigneur de Barjact, de Mainfroy de Saluces, maréchal de Savoie, de Guillaume de Genève, et de Clavin du Clos qui commandait vingt-quatre lances et vingt-six arbalétriers à cheval.

Battu par les Vénitiens à Macalò, le 11 octobre 1427, Visconti fit tous ses efforts pour détacher de la ligue le duc de Savoie; ses propositions furent acceptées par ce prince sage et politique, et, le 2 décembre 1427, les commissaires d'Amédée VIII et ceux du duc de Milan signèrent, dans le palais épiscopal de Turin, l'important traité qui réunit pour toujours la ville et le comté de Verceil aux possessions de la Maison de Savoie. Humbert, comte de Romont, Mainfroy de Saluces, Gaspard de Montmayeur et Pierre Marchand, jurisconsulte, représentaient leur souverain. Les envoyés du duc de Milan furent l'archevêque de cette ville, Philippe Provana, Franquin de Castiglione, conseiller du prince, et Louis Crotti, son secrétaire [1]. Aux termes des conventions du traité, Verceil devait être remis immédiatement aux mains du duc de Savoie; Mainfroy de Saluces, chargé d'en prendre possession, y fit son entrée solennelle le 8 décembre 1427; la suite du maréchal se composait de cinquante gentilshommes chefs de lance [2], de quarante-cinq cavaliers qui faisaient partie de sa maison militaire, de soixante-seize clients (pavoisiers ou brigands), sous la conduite d'Eustache de Baloc, et de quarante archers picards. Ces derniers appartenaient aux bandes auxiliaires que le duc de Savoie avait obtenues de son neveu Philippe-le-Bon, duc de Bourgogne. Philippe Andrevet, chevalier savoyard, avait été chargé de les recruter et en prit le commandement; tous les chefs des compagnies et plusieurs des simples

---

[1] GUICHENON, édit. de Turin; t. II, p. 41.

[2] Voy. doc. n° 5.

archers étaient gentilshommes. Aussi, les sagittaires picards jouissaient d'une considération presque égale à celle de la gendarmerie ; leurs lances, composées de deux hommes, furent enrôlées à raison de quinze florins par mois ; et, à leur passage sur les terres de Savoie, on leur fit partout l'accueil le plus honorable ; ils s'arrêtèrent à Chambéry, dont alors étaient syndics Claude de Servage, damoiseau, et Martin Piochet, docteur en droit, qui s'empressèrent de convoquer le conseil des prudhommes. D'après leur avis unanime, les syndics offrirent à Philibert Andrevet, au nom de la commune, six moutons gras et dix charges de vin *par révérence et honneur pour le prince*, dit le texte du compte [1]. Les principaux connétables picards étaient Charles d'Apchiez, Philibert de Grandcour, Léger de Tinteville, Robert de Guiller, Ostin de Marête et Jean de Longibal. Amédée VIII, à la fin de la guerre, leur fit remettre à chacun des étoffes précieuses, en témoignage de sa satisfaction pour les services qu'ils avaient rendus, et Philibert Andrevet reçut un *don gracieux* de 500 florins d'or [2].

La remise de Verceil au maréchal de Savoie se fit avec une absence de cérémonial qui prouve que l'on n'avait rien stipulé à cet égard dans les articles du traité. Amédée VIII sentait l'importance de sa conquête et s'attacha

[1] Libr. pro precio decem sommatarum vini et sex muthonorum expeditorum presentatorum et datorum ob reverenciam et honorem illmi dni principis nostri Sabaudie ducis, nobili et potenti viro dno Philiberto Andreveti militi, capitaneo et conductori piccardorum armigerorum transeuntium per hanc villam 25 fl. p. p. (Compte des syndics de Chambéry, du 23 nov. 1426 au 23 nov. 1427.)

[2] Compte de Michel de Ferro, n° 74.

bien plus à l'assurer qu'à humilier l'amour-propre de Visconti par d'inutiles exigences ; deux trompettes et deux mimes de Bricnore della Scala (qui fut le dernier gouverneur de la place pour le duc de Milan), vinrent en silence à la rencontre du maréchal[1], et les clefs de la ville lui furent présentées par le clavaire du palais ducal. Les hommes de Sainte-Agathe, de Bielle et de Casanova, qui, sous le commandement d'Aimon de Broccio, avaient donné, dans cette circonstance, des preuves d'un dévouement sincère à leur nouveau seigneur, furent chargés de la garde du château et de la citadelle. Mainfroy de Saluces établit ensuite une forte garnison dans la ville et en confia les portes à des capitaines sûrs et éprouvés : un Dominique Braida fut choisi pour *connétable* de celle qu'on appelait alors porte Sicida.

Pendant que le maréchal de Saluces prenait possession du comté de Verceil, Philippe-Marie Visconti envoyait des ambassadeurs à la cour de Savoie pour y conclure son mariage avec la princesse Marie, fille aînée d'Amédée VIII. Ces ambassadeurs étaient Barthélemy Capra, archevêque de Milan, et le prieur de Saint-Antoine. Philippe leur avait adjoint deux de ses secrétaires, Louis Crotti et François Gallina, avec un nombreux cortège. Ils arrivèrent à Chambéry dans les derniers jours de décembre 1427, et Robert de Montvagnard, maître d'hôtel d'Amédée VIII, fut chargé par ce prince d'aller à leur

---

[1] Libr. ea die duobus tubetis et totidem mimis dni Bricnorii de Scala qui ad presentiam dicti dni marescalli silenter venerunt. (Compte de Michel de Ferro, 1429, n° 74.)

rencontre et de les conduire au château du Bourget. Depuis longtemps cette antique demeure, séjour alors privilégié de nos princes, n'avait réuni une société plus brillante : outre les nombreux officiers de la cour et la suite des ambassadeurs milanais, tous les seigneurs et nobles dames des châteaux du voisinage y étaient accourus sur l'invitation de leur souverain. Là se trouvaient Marie de Clermont Montoyson, épouse d'Humbert de Seyssel, seigneur d'Aix et de la Bâthie, Aimée de Montchenu, dame de Bordeau, Elisabeth de Chevelu, dame de la Serraz, et Marguerite de La Chambre, dont le duc, l'année précédente, avait traité lui-même le mariage avec Jean de Seyssel, seigneur de Barjact et de la Rochette, son écuyer favori. Amédée VIII, pour augmenter encore le brillant entourage de sa fille à la réception solennelle des ambassadeurs de Visconti, avait appelé auprès d'elle plusieurs châtelaines du Genevois : c'étaient Catherine de Compey, veuve d'Anthelme de Chignin, et les dames de Gruffy, de Crécherel et de Lullin. Malgré les rigueurs de la saison, les nobles voyageuses partirent d'Annecy à cheval, suivies de leurs pages aux livrées éclatantes ; Amédée de La Fléchère, écuyer du duc, avait reçu la mission d'aller à leur rencontre et de les escorter jusqu'au Bourget.

Au milieu de cette affluence extraordinaire, Robert de Montvagnard, grand-maître de l'hôtel, se trouva fort embarrassé pour recevoir dignement les hôtes de son maître ; on voit dans les comptes du trésorier que, pendant qu'il faisait transporter des lits et autres pièces d'ameublement du château de Chambéry dans celui du

Bourget [1], Guillaume de Renty, fourrier de la cour, se rendait à Lausanne, accompagné d'un clerc, pour emprunter à l'évêque sa vaisselle d'argent [2].

Amédée VIII voulut que sa cour parût avec éclat aux yeux des ambassadeurs de Visconti : il fit apporter de Thonon le magnifique manteau de drap d'or dont il se servait dans les occasions solennelles, distribua aux princes et princesses de sa maison des robes de velours et de soie, garnies de riches broderies et de précieuses fourrures ; les dames, écuyers, pages et serviteurs eurent part à ces largesses, et les ambassadeurs, comblés de présents, emportèrent à la cour de Milan les preuves et le souvenir de la noble hospitalité du duc de Savoie [3].

Plus de neuf mois furent employés à préparer le splendide trousseau de la jeune épouse. Louis de Savoie, son frère, futur héritier de la couronne, fut chargé de la conduire à Milan. Leur suite était nombreuse et brillante : on y remarquait Mainfroy de Saluces, maréchal de Savoie, Pierre Amblard, Jean de Compey, seigneur de Groffy, Amédée de Challant, Jean Maréchal, Pierre de Grolée,

---

[1] Libr. Mauritio chambrerio dni misso per ipsum a Burgeto apud Chamberlacum pro apportando certos lectos. (Compte de M. de Ferro, n° 72.)

[2] Libr. die decima quinta mensis decembris de mandato dni Guillelmo de Renty, forrierio pro suis, unius clerici et duorum equorum expensis fiendis eundo a Burgeto apud Lausannam quesitum veyssellam argenti quam dnus episcopus Lausanne mutuavit pro dno nostro in adventu ambasciatorum illmi dni ducis Mediolani, 6 fl. p. p. (Compte de Michel de Ferro, trésorier général, n° 72.)

[3] Parmi les objets offerts en présent aux ambassadeurs figuraient deux grands bassins d'argent doré et trente-six coupes de même métal, damasquinées d'or et exécutées par maître Alardet, habile orfèvre de Chambéry. Compte cité.)

Guillaume de La Forest, Guillaume de Genève, Philibert de Monthoux, Nicod de Menthon, seigneur de Nernier, et plusieurs autres chambellans, écuyers ou conseillers du duc. Henri du Colombier, seigneur de Vufflens, Robert de Montvagnard, maître d'hôtel, et Pierre de Grolée, furent particulièrement attachés au service de la princesse. Douze dames furent choisies pour l'accompagner : c'étaient la maréchale de Saluces, Catherine de Compey, Marguerite de La Chambre, jeune épouse du seigneur de Barjact, Renaude l'Allemande, Antoinette Allamand, les dames de Lullin, de Chautagne, de Gruffy, de Crescherel, de Sallenove, de Cacherano et du Solier. Ces deux dernières appartenaient à d'illustres familles du Piémont. Venaient ensuite les chapelains et les aumôniers, les clercs du trésorier général, chargés d'enregistrer les dépenses du voyage, les femmes de service de la duchesse, avec les demoiselles ou *chambrières* des dames de la cour; puis les ménestrels de la princesse et ceux du comte de Genève; enfin, les *chambriers, tapissiers, panatiers, boteilliers, cuisiniers* et *varlets*. Il fallut se procurer un nombre considérable de chevaux pour le transport de ce nombreux cortége, et le duc, à cet effet, dépêcha ses *chevaucheurs Ruf, Hallian et Carrichon par Savoie, Tarentaise, Maurienne, Bresse et Verromeys, portant lettres closes aux religieux des dits lieux.* Les abbés et prieurs des principaux monastères s'empressèrent d'obéir à l'invitation de leur souverain et firent conduire à Morges, lieu fixé pour le rendez-vous, quarante bons chevaux de selle ou de bagage. Jean V de Bertrand, archevêque de Tarentaise, offrit à la jeune duchesse une magnifique haquenée, et

Philibert Andrevet, seigneur de Corsant, lui en fournit une autre au prix d'un marc d'or. Le document que nous avons sous les yeux donne des indications curieuses sur l'attelage et la décoration du char qui devait servir à l'entrée solennelle de la jeune duchesse dans sa capitale. Ce char, ou charriot, suivant le texte, était tiré par huit chevaux de manteaux variés, *rouges*, *gris*, *morels et bayards*. Jean de Maréchal et Nicod de Menthon les avaient choisis [1] et en confièrent la direction à un Allemand du nom d'Herman, que le trésorier qualifie de *gouverneur des chivaulx du charriot de madame de Millan*; au dedans, ledit charriot était garni de riches tapis et de quatre grands coussins de plumes, couverts de damas cramoisi broché de fin or, ainsi que les *cortines* (rideaux).

Le *toict* ou *coverte*, à l'intérieur, était tendu *d'ung sactin avellué de granes* broché d'or et doublé au dehors de *damasquin vert à grand moyson*; les roues étaient dorées, les colliers des chevaux, garnis de quarante-huit boucles et d'autant de clous de cuivre jaune et brillant, les faux colliers étaient de velours vert; maître Jean Jannin avait peint les *attelles* d'étoiles de sinople rehaussé d'or, avec les armes de la duchesse; les courroies, anneaux, passants, cordes et traits, en un mot, toute *l'artillerie du dict charriot* était recouverte de velours rouge, de même que les deux selles des *chevaucheurs* dont les étriers étaient dorés; quatorze mules, chargées de la vaisselle et des effets les plus précieux

---

[1] Perrinet de Campremis, écuyer de Mons. de Coudrée, leur vendit l'un d'entre eux au prix de 50 livres. (Compte cité.)

de la princesse, portant l'écusson de ses armes brodé sur le frontal de leurs brides, fermaient la marche du cortége. Le départ fut fixé au 19 septembre 1428 ; mais le document ne fournit aucune indication précise sur l'itinéraire que suivirent les illustres voyageurs. Les comptes des châtelains et syndics de Chambéry ne mentionnent pas leur passage dans cette ville. Le trésorier de Ferro parle seulement de l'arrivée du comte de Genève en Piémont, et cite une lettre adressée par Amédée VIII aux chevaliers d'honneur de la princesse à leur passage à Verceil [1].

Quoi qu'il en soit, la jeune épouse de Visconti parvint heureusement à Milan, elle était alors dans sa dix-septième année. Les rares qualités de son cœur et ses vertus précoces l'avaient rendue l'objet des plus chères affections de son père, elle devint bientôt l'idole des

---

[1] Libr. die 22 septembris dicto Petro messagerio dni. qui portavit quasdam litteras clausas a Morgia apud Versellas Roberto de Montevagnardo Amedeo de Crecherello et Petro de Groileo existentibus cum dna duchissa, et quia ipsos ibi non reperiit ivit Novariam.

N. B. Le travail que nous publions aujourd'hui, préparé depuis longtemps, avait été lu dans une des séances de l'Académie de Savoie, six mois avant que M. le chevalier Cibrario ne publiât ses *Studi storici*, où se trouve un chapitre intitulé : *Guerra di Lombardia e aquisto di Vercelli*. Les éléments de ce mémoire et de celui qu'on a sous les yeux, étant puisés aux mêmes sources, le lecteur y remarquera nécessairement des notes et des citations communes ; cependant M. Cibrario n'a point consulté les comptes des syndics de Chambéry ; de notre côté, nous n'avons pas compulsé ceux des trésoriers de l'hôtel de Savoie qui ont mis M. Cibrario à même de donner sur l'itinéraire de la duchesse de Milan l'indication suivante :

Giunse (la duchessa) il 26 a Santià, tre giorni doppo fù celebrato il matrimonio in Vercelli e si fecero le nozze nel convento dei frati minori ; al 6 di ottobre la duchessa entrò in Pavia. (CIBRARIO, *Studi storici*, p. 198.)

populations qui obéissaient à son époux. Les historiens milanais assurent qu'elle eut pour ce prince un sentiment si respectueux et si tendre, que le jour où il lui avait touché les mains, elle ne voulait plus les laver; mais ils ajoutent qu'insensible à cet amour, ou par une inexplicable bizarrerie de son caractère, Visconti n'eut jamais de rapports avec sa femme, et la laissa vierge; qu'il avait établi autour d'elle le plus odieux espionnage, lui interdisant toute autre relation que celles de ses femmes et de son confesseur. Elle passait ainsi tristement ses jours dans une véritable *société d'eunuques*, dit un savant généalogiste qui, de nos jours, a adopté avec trop de confiance ces récits de Corio et d'autres écrivains passionnés et crédules [1]. Marie mourut sans enfants, ce fait seul est positif; quant aux précautions jalouses de Visconti, elles nous paraissent démenties par un document qui se trouve inséré tout entier parmi les preuves de ce mémoire; c'est une lettre adressée au duc de Savoie, le 18 février 1446, par Nicod de Menthon, alors gouverneur de Nice; il rend compte à son souverain des circonstances d'un séjour qu'il venait de faire à la cour de Milan, et parlant de l'accueil honorable qu'il reçut de Visconti, il s'exprime ainsi : *Or quoy qu'il pense* (Visconti) *il ma fet tres bonne chiere et cordiale et commanda que tous les jours je fusse vers madame, ses chambrelans mont festé et continuellement suis alé ou chastel à mon plaisir comme se fusse dostel ou de robes* [2].

---

[1] POMPEO LITTA, *(Famiglie celebri d'Italia (duchi di Savoia)*.

[2] Voy. doc. n° 7.

La lettre de Nicod de Menthon est celle d'un homme d'esprit et d'un sage conseiller, il observe avec finesse et donne à son souverain des avis d'une haute importance; sa requête en faveur de certain chapelain, très puissant et père de quatre beaux enfants, tous capitaines comme lui, est assez plaisante; mais, comme il le dit lui-même, vu l'influence de ce personnage, *estoit chose qui en vérité point ne se debvoit mectre en negligence.* Visconti voulut que son hôte pût avoir chaque jour un entretien avec la duchesse, ceci nous paraît contredire formellement le privilége exclusif du confesseur. La lettre de Menthon témoigne au contraire de l'affection et de la confiance de ce prince pour Marie de Savoie, prouve l'influence qu'il lui laissa prendre dans les affaires de l'État, et surtout le dévouement de cette princesse aux intérêts de sa famille. Elle nous la montre cherchant à préparer son époux à l'idée de léguer un jour sa couronne à la Maison de Savoie. Marie sollicitait le duc Louis, son frère, de lui envoyer son fils aîné, *car mon dit seigneur de Millan auroit grand desir et singulier plaisir de l'aveoir accompaignié d'un gracieux estat pour demourer avecques luy.* Menthon joint ses propres instances à celles de la duchesse, et ajoute *que monsieur le prince est ja grant vite et habile a faire tout, et que le seigneur de Millan y pourrait prendre tel plaisir qu'il s'en sentiroit toute sa vie; qu'aussy les citoyens de Myllan le prendrayent en amour, et se cas advenoyt, le pourroyent prendre a signeur!* Mais le duc Louis, prince impolitique, faible, irrésolu, ne sut pas mettre à profit ces dispositions favorables, il ne tint aucun compte des avis de son fidèle serviteur, résista aux instances de sa sœur et ne lui envoya point son fils; peu de temps après, en 1447, Philippe-Marie Visconti mourait sans héritiers, et les Milanais, assaillis par les avides prétendants qui se disputaient son héritage, tentèrent de se constituer en république et de conserver leur indépendance. Leurs forces cependant ne répondaient pas à ces sentiments généreux : Marie, qui depuis la mort de son époux n'avait point encore quitté la Lombardie, parvint à persuader à ses anciens sujets de solliciter l'appui du duc de Savoie. Les armes de ce prince furent placées pendant douze jours sur les portes de Milan, mais rien ne put faire sortir le duc Louis de sa lâche et inexplicable apathie; si le sceptre glorieux de nos princes eût été tenu à cette époque par la main d'un Amédée VI ou d'un Emmanuel-Philibert, le Milanais, réuni pour toujours à la monarchie de Savoie, eût formé dès lors le puissant noyau de cette unité italienne, objet jusqu'ici de vœux impuissants et d'espérances cruellement déçues.

Mais les portes de Milan s'ouvrirent aux bandes de Sforza; l'intrépide et heureux *condottiere* substitua sa domination à celle d'une république éphémère; alors Marie de Savoie, si digne de la reconnaissance de sa famille, abandonna Milan et les intérêts de ce monde pour s'ensevelir dans la retraite; elle prit, dit-on, à Turin l'habit de Sainte-Claire, sous lequel elle finit en prédestinée, à l'âge de quarante-sept ans, ses jours écoulés dans la pratique de toutes les vertus.

Les détails du trousseau de la jeune duchesse de Milan fournissent des détails précieux sur les modes du xve siècle, les usages et les charges de la maison de nos princes à cette époque, et sur la composition de leur cour; ils prouvent aussi qu'Amédée VIII ne le cédait à aucun souverain de son temps, en générosité et en magnificence. *Les ornemens, paremens, vestimens, vayselle et autres garnymens de tres redoubtée dame Marie de Savoie, duchesse de Milan*, s'élèvent à la somme de 15,900 livres, soit environ 323,000 francs de notre monnaie. Nous avons cherché à classer tous ces détails dans le document qui complète ce mémoire, en rapprochant les éléments disséminés dans les diverses catégories des comptes du trésorier [1].

De Ferro décrit d'abord le mobilier de la chapelle qu'emportait la jeune duchesse : les pièces principales étaient une croix d'argent *dourée et émaillée des* quatre *évangelistes*, deux aiguières, un calice, une paix, des flambeaux, un bassin pour l'offrande, le *benoytier* et l'*espargieur* (goupillon); tous ces objets, finement travaillés par *meistre Perrin Rollin*, orfèvre de Genève, étaient de vermeil et écussonnés aux armes de la duchesse. Le comptable, dans leur description, parle souvent de *souages dourés ou seurdourés;* la signification du mot *souage*, indiquée dans les glossaires, n'y est nulle part clairement expliquée [2].

Après le mobilier de la chapelle vient le service d'argenterie, où sont mentionnées des aiguières de vermeil et d'argent, vingt-quatre coupes à pied, des plats et

---

[1] Voy. doc. n° 6.
[2] CARPENTIER, au mot *sors*.

des écuelles, *douze tranchieurs dourés, une nef, deux dragieurs* [1], et ce n'est pas sans quelque surprise que, sur l'inventaire de cette riche vaisselle destinée à l'usage particulier de la princesse, nous voyons figurer un bassin à barbier! Mais c'est dans la description du trousseau proprement dit de Marie de Savoie, que se révèle le luxe tout à la fois somptueux et solide de cette époque : ce sont des tissus d'or, des velours de toutes nuances, brochés ou brodés d'or, des draps précieux, garnis de riches fourrures; la martre zibeline, le petit-gris, le menu-vair et l'hermine, étaient alors l'accompagnement obligé des vêtements d'hiver et d'été, portés par les personnes de haute condition. On fourrait jusqu'aux robes de nuit; ainsi nous trouvons, dans le trousseau de la duchesse de Milan, une robe à petites manches et un manteau de gris blanc de Montivilliers pour *couchier*, où il est entré dans la *raube* quinze cents dos de gris à dix tires, cent dos de gris à dix tires pour les manches, treize pour le collet, et un millier de gris à neuf tires pour le *mantel*; elle avait encore pour de *nuyct* une autre robe de drap gris foncé de Montivilliers fourrée de petit-gris. La robe et le manteau de noces de la princesse étaient de damas

---

[1] On appelait *tranchieurs, transchoirs* ou *tranchoër*, une assiette ou disque d'argent sur lequel on coupait les viandes; de la forme de ce meuble est dérivé le mot *trencheator*, nom donné au palet. *Hinc orbiculus lusorius vulgo palet.* — La nef était, dit Carpentier, une espèce de vaisseau à boire en forme de bateau, mais ce vase, qui d'ordinaire était la pièce la plus riche du service, n'avait pas toujours cette destination, souvent il renfermait des serviettes parfumées et se plaçait sur la table, devant la maîtresse de la maison. — Les dragieurs ou drageoirs étaient des boîtes ou espèces de coupes destinées à contenir des fruits confits ou des épices.

blanc, broché d'or et fourré d'hermine. Un marchand de Lucques, nommé Nicolas Strech, fournit cette riche étoffe, dont Jean Poysat, tailleur de Genève, employa dix-huit *aulnes pour le mantel et le corset de la dite dame de Millan, pour lespousier.* La robe la plus précieuse du trousseau coûta, prise en pièces, 598 livres; c'était un tissu d'or qui fut taillé à grandes manches et fourré d'hermine; venaient ensuite des velours cramoisis pleins ou brochés d'or, des velours *pers*, noirs et violets, fourrés de petit-gris, de menu-vair, de martre zibeline ou d'Allemagne; une robe et un manteau de drap écarlate de Montivilliers [1], doublé de satin blanc avec un chaperon de même étoffe, brodé et semé de paillettes d'or; une robe de drap *pers* de Rouen, une autre de drap violet, *refforcié de dix-huit aulnes de satin pers*; puis un habit de cheval, en drap vert, avec un manteau de même étoffe, doublé de *futayne* blanche. Après les robes longues et à grandes manches, le compte du trésorier mentionne les *cottes justes et les gunelles de vellu cremoisin*, de satin et de draps de diverses couleurs, puis des manches, des chausses, des *chapirons* et des coiffes de soie; mais il serait inutile de multiplier ici ces détails qu'on trouvera scrupuleusement énumérés dans le texte de l'inventaire avec les prix de garniture et de façon pour chaque vêtement.

Le trousseau de la duchesse de Milan offrait beaucoup d'analogie, dans sa composition, avec celui que Marie

---

[1] Le drap écarlate de Montivilliers était le plus estimé et le plus cher des draps étrangers; il fut payé cinq livres et demie l'aune.

de Bourgogne, sa mère, avait reçu du duc Philippe le Bon ; nous avons pu le comparer sur un document publié par Dom Plancher sous le titre suivant : *Inventaire des joyaux d'or, vasseille d'or et d'argent, chapelles, chambres et aultres choses que mons. le duc de Bourgogne a fait bailler à madame de Savoye sa fille à son allée par devers mons. de Savoye son mari le 24 octobre 1403* [1].

Nous remarquons que dans la corbeille de Marie de Savoie on mit les robes prêtes et garnies, tandis que dans celle de Marie de Bourgogne elles avaient été livrées en pièces pour qu'elle pût en faire, dit le texte, *toutes les fois qu'il lui plairait* ; le plus précieux de ses joyaux était une couronne d'or enrichie de perles et de pierreries [2].

Sur l'inventaire du trousseau de la duchesse de Milan ne figure aucun bijou.

L'usage des tissus d'or et d'argent, employés dans les costumes au XVe siècle, se perpétua fort longtemps, mais peu à peu les lourdes fourrures furent remplacées par des garnitures de meilleur goût et moins incommodes. Au XVIe siècle, déjà la soie et le velours étaient ouvrés et façonnés en élégants dessins. On trouve dans un mémoire remarquable de M. de Fréville des détails fort curieux sur les magnifiques toilettes de la duchesse de Beaufort (cette *charmante* Gabrielle, maîtresse chérie de

---

[1] Dom Plancher, *Histoire de Bourgogne*, t. III, p. 216.

[2] Une couronne d'or qui fait chapeau, garnie de 8 fermails ornés de 4 gros balais et 4 gros safirs, de 12 autres moindres balais, de 12 safirs et de 48 grosses perles, et les 4 grands fleurons d'icelle couronne sont garnis de 12 balais, de 4 petits fleurons garnis de 4 balais et de 28 perles.

Henri IV). On sait qu'elle mourut d'une manière mystérieuse et tragique au mois d'avril 1599; et, cinq jours après son décès, le roi faisait écrire au prévôt de Paris qu'il entendait se réserver tous les meubles de la défunte pour l'avantage de ses enfants !

Or, dans une paire d'armoires à quatre grands guichets de bois de chesne servantz à mectre habitz, on trouva les habitz à l'usage de la défunte dame : un manteau de toille d'argent incarnatin en broderies de perles par le bandage et argent avec le corps et les grands manches à la piémontaise de mesmes les dites manches doublées de toille d'argent prisé douze cent écus.

Une robbe de veloux vert découpée en branchages, doublée de toille d'argent avec des passe-poilz de satin incarnatin ; la dite robbe à double queue garnie de son corps à grands manches et à la bollonoise avec les bourlets aussi de mesme [1].

Voici des manches à la *bollonoise*. *Tout à l'heure*, dit M. de Fréville, *nous citions des manches à la piémontaise, les dames de la cour faisaient faire leurs robes à Milan, c'était alors l'Italie qui donnait des modes à la France*. Les rôles aujourd'hui sont changés : une des couleurs les plus en vogue à cette époque (xvie siècle), ajoute l'auteur du mémoire où nous avons puisé ces détails, paraît avoir été la couleur *pain bis*. Cette nuance ne serait-elle point la même que le *pers* si souvent mentionné dans l'inventaire du trousseau de Marie de Savoie ? Ducange nous dit que le *pers* était une couleur fleur de pêcher ou bleu

---

[1] *Bibliothèque de l'Ecole des Chartes*, t. III, pag. 158.

foncé ; mais son interprétation nous paraît fort contestable [1].

Après l'inventaire des étoffes qui composaient le trousseau de Marie de Savoie et le détail minutieux des frais accessoires de chaque robe, tels que façon, garniture et broderie, le trésorier enregistre le prix des linges de table, de lit et de toilette; les différents articles de cette catégorie n'offrent rien de remarquable, mais le chapitre suivant, consacré aux fourrures, peut donner lieu à des observations de quelque intérêt.

L'usage des fourrures, comme nous l'avons dit précédemment, était général au xv° siècle chez les personnes de distinction ; elles furent considérées au moyen-âge comme une marque particulière de la supériorité sociale et soumises en conséquence à des dispositions somptuaires ; quant à l'origine de leur emploi, elle remonte à coup sûr à la plus haute antiquité, car la Genèse nous apprend que nos premiers parents, chassés du paradis terrestre, se couvrirent avec des dépouilles d'animaux. Mais quel est le motif qui put faire adopter ces dépouilles comme un emblème de dignité et de puissance? On croit le trouver dans l'asservissement de l'ancienne Europe méridionale par les barbares du nord. Ces hordes et leurs chefs demi-sauvages se distinguaient des peuples

---

[1] On peut lui opposer quelques passages d'anciens auteurs, notamment le suivant. — *La char de nos jambes sechoit toute et le cuyr de nos jambes devenoyent tavelés de noir et de pers aussi comme une vieille heuse.* (JOINVILLE, *Hist. de saint Louis*). La teinte d'une vieille botte ne rapproche point assurément de la couleur bleue ou fleur de pêcher. — Mainte autre citation pourrait venir à l'appui de notre opinion que le *pers* était une couleur *brune*.

subjugués, par leurs vêtements de peaux de bêtes, et apprirent aux vaincus à considérer ces vêtements comme une marque de souveraineté et de domination. De là, ces manteaux doublés d'hermine ou de menu-vair, dont les rois, les princes, les hauts barons et les chevaliers des ordres illustres ont conservé l'usage dans les cérémonies publiques et dans leurs armoiries; de là, le mot *investiture*, qui désignait la prise d'un vêtement fourré pour conférer la possession d'un fief [1].

Les fourrures dont il est fait le plus souvent mention dans les anciens documents, sont la martre zibeline, le petit-gris, le menu-vair et l'hermine; cette dernière était la plus estimée : nous avons vu qu'on en garnit la robe et le manteau de noces de la duchesse de Milan. La martre zibeline *(mustela zibellina)*, encore si appréciée par notre luxe moderne, était au moyen-âge d'un prix fort élevé; vingt-neuf peaux entières de premier choix, mais non encore *affeutrées* [2], furent payées chacune 53 *solz*, soit 85 fr. de notre monnaie, à Henri Arbisson, marchand, de Bâle; d'autres furent achetées 26 sols. La martre commune *(mustela martes)*, qu'on désignait aussi sous le nom de martre d'Allemagne, avait beaucoup moins de valeur.

Les fourrures s'achetaient ordinairement par manteaux [3], mais ce mot est employé ici avec le sens d'une

---

[1] Voy. Virey, *Dict. encyclop.* Fourrures.

[2] *Affeutrer* aujourd'hui *éjarer*, opération qui consiste à faire tomber les *jarres* ou poils longs et roides en râclant les peaux en dedans à l'aide d'un couteau qui coupe les bulbes.

[3] Voy. le doc. n° 6 et le passage du mémoire de M*** sur Agnès Sorel. *Ung manteau de dos de martres sibellines qui fut a feue Agnès Sorel en son vivant, damoiselle dame de beaulté.* (*Bibl. de l'Ecole des Chartes*, 3e série, t. 1er, pag. 310.)

certaine mesure et non celui d'un vêtement [1]. Le manteau variait de prix suivant le nombre de *tires* ou rangées de peaux qui le composaient ; le compte du trésorier Ferro mentionne des manteaux de *leytice* [2], des manteaux de petit-gris et de vair à neuf et à dix tires : ces deux dernières fourrures provenaient, à ce qu'il paraît, de la même dépouille : le petit-gris était le dos d'une variété de l'écureuil *(sciurus vulgaris)* qui habite le nord. Le menu-vair se taillait à la fois sur le ventre et le dos de cet animal ; l'opposition du gris cendré et du blanc pur de sa livrée formait une agréable bigarrure d'où vint le nom de *varius* ou *varus* [3]. Ces manteaux à plusieurs rangées de peaux sont l'origine du vair ; émail qui se figure par un champ d'azur chargé de quatre *tires* ou rangs de petites pièces d'argent en forme de clochettes : l'argent représente le blanc et l'azur le gris de l'animal ; pour figurer le menu-vair héraldique, on charge le champ de six tires de clochettes ; dans le contre-vair et contre-menu-vair, c'est le champ qui est blanc et les clochettes d'azur. Outre le *vair* et l'*hermine*, les dépouilles des animaux ont donné au blason le *sable* ou émail noir, nom dérivé de *sabellina pellis*, peau de la martre zibeline. Les fourrures chères et précieuses dont nous venons de

---

[1] Comme le prouvent évidemment les articles 3 et 4 du compte des fourrures. Voy. doc. n° 6.

[2] Cette fourrure ne nous est pas connue.

[3] Varus ou varius est bestia parva paulo amplior quam mustela ; a re nomen habet et colorem cinereum ita elegantem, ut mireris bestiam sua creatione spectabilem — de genere piroli est, in arboribus habitat et fœtus facit. — Varius licet sit parvus, propter nobilitatem pellis animal excellentissimum est.

parler n'étaient pas les seules en usage pour garnir les robes de cérémonie : on y employait encore les dos d'écureuils noirs et roux, la peau de loup-cervier et les gorges de renard. En l'année 1417, Amédée VIII envoya pour ambassadeur au Concile de Constance, Humbert, comte de Romont, bâtard de Savoie, Gaspard de Montmayeur, Amédée de Challant et Lambert Oddinet ; il voulut que leurs costumes répondissent à la dignité de leur mission, et, à cet effet, Pierre de Menthon, chambellan du prince, *depescha* Janin de Paris, pellicier, à Grenoble, à Romans, à Vienne et à Lyon, pour y *quérir des peaulx de loup servier ;* il parvint, au bout de huit jours, à en rapporter quinze, *desquelles 15 et ensemble les ci-dessus escriptes l'on a fourré ledit messire Humbert, messire Gaspard et messire Amé*, dit naïvement le trésorier Du Pont. Les robes de *mons* le chancelier et de *mons* Lambert furent garnies de petit-gris ; quant à celles de leurs gentilshommes d'ambassade, Jean de Compey, Garet et Rigaud, on les fourra de gorges de *reynars à 8 livres le mantel*. La peau de loup-cervier valait alors 16 gros [1].

L'usage généralement adopté par les princes voulait que dans les grands événements de leur règne, tels que leur joyeux avénement, la convocation des plaids ou états-généraux, la naissance ou le mariage de leurs enfants, leur première chevauchée, ils fissent à toutes les personnes de leur maison des distributions de robes ou

---

[1] Compte d'Ant° Du Pont, trésorier général, du 27 février 1417 au 3 août de la même année.

d'étoffes, et ces distributions s'appelaient *librate*. Telle fut l'origine des livrées, mais elles n'étaient point alors l'emblème de la basse condition qu'elles représentent aujourd'hui ; les princes portaient sur leurs cottes d'armes, sur leurs vêtements, sur leurs bannières, des couleurs de leur choix ou celles de leur propre blason et les firent prendre aussi aux officiers de leur maison. Cette uniformité devenait, pour ainsi dire, le symbole d'une association de famille, une marque d'égalité, loin d'être un signe de servage ; les municipalités, les corps même de magistrature, portaient les couleurs du souverain, et s'en tenaient pour hautement honorés ; de leur côté, les chevaliers ne se présentaient aux tournois qu'avec la livrée de leurs dames. Ces emblèmes de la confiance, de l'estime ou de l'amour, s'appelèrent alors livrées honorables et furent la véritable origine des costumes de corps. Cette origine remonte, pour la France, jusqu'au chef de la race carlovingienne. Ce fut Pépin qui distribua les premières *livrées* aux prélats et seigneurs de son royaume, réunis en cour plénière aux fêtes de Pâques et de Noël. M. Bennelon, dans son *Traité des marques nationales*, se livre à de doctes dissertations pour prouver que le mot *livrée* vient du latin *liberata* qui signifie marque des hommes libres ; il faut convenir, s'il en est ainsi, que le temps et l'usage ont singulièrement interverti le sens primitif. Au reste, ce changement fut bien motivé quand on vit les souverains et les grands seigneurs, à leur imitation, faire prendre à leur entourage des couleurs qu'ils ne portaient plus eux-mêmes ; les livrées ne furent plus dès lors qu'une marque de dépendance, que chacun s'empressa de répudier, et on dut profondément s'étonner de voir les corps constitués les plus graves tenir à conserver des droits qui n'avaient plus rien d'honorable. Jusqu'à la fin du règne de Louis XIV, les rois de France, chaque année, donnaient une somme d'argent à la chambre des comptes et à la commune de Paris à titre de robe. (BENNETON, *Traité des marques nationales*.)

M. le chevalier Cibrario affirme qu'à la cour de Savoie les *librate* avaient lieu plusieurs fois dans l'année [1], pour l'ordinaire en mai et en novembre, et qu'on ne distribuait qu'au mois de mai la livrée de drap vert. Il nous paraît qu'à cet égard l'usage n'avait rien de régulier, car la livrée de la duchesse de Milan fut distribuée au mois de septembre et ce fut une livrée verte [2].

---

[1] CIBRARIO, *Econ. pol.*, 1ʳᵉ édit.

[2] Dans l'énorme quantité d'étoffes qui furent achetées à cette occasion figurent 35 pièces de drap vert des fabriques de Montivilliers, de Rouen, de Bruxelles, d'Ipre, de Louviers, de Gignat, de Vernis et de Malines. Le char ou charriot de la jeune duchesse, les housses de ses chevaux, les coussins de ses chambres, dites des *marroñiers* et des *berbis*, étaient garnis de drap vert. Le costume qu'elle devait porter à son entrée solennelle à Milan et les robes de toutes les dames et gentilshommes de son cortége étaient de même étoffe et de même nuance. Toutes, y comprises celles du comte de Genève et de ses écuyers, étaient ornées sur les manches d'une riche broderie d'or à *fontaine*. Nous n'avons pu nous rendre compte de la signification de cet emblème qui fut aussi brodé sur la tenture des chambres. — *Item pour une grande fontayne faicte de fine brodeure sur la chambre de ma dite dame laquelle fontayne est d'or nuée, pour la façzon; 42 livres.* — On employa 2 pièces de drap rouge et 2 pièces de blanc pour *la devise de la livrée de Monsieur et de Madame de Milan*. Or, cette devise, prise ici pour armoirie, était alors comme aujourd'hui la croix blanche en champ de gueules; elle fut appliquée en écusson sur les ornements de la chapelle, sur les draps de l'autel et au milieu des deux *bauchers et fontayne et de deux compas faits a grans follies* (grandes feuilles).

En suivant, dans le compte du trésorier de Ferro, les minutieux détails des *librate* faites par Amédée VIII à l'occasion du mariage de sa fille, nous avons pu recomposer avec quelque exactitude le tableau du personnel de la cour et de la maison de ce prince en 1428[1]; les noms, la dignité et les fonctions de chaque employé y sont mentionnés avec le don qu'il reçut. Ces documents nous ont naturellement conduit à remarquer que l'organisation de la cour de Savoie, les titres et offices qui appartenaient à ses employés étaient les mêmes que ceux qui, deux années plus tard en 1430, furent officiellement établis par les statuts dominicaux. (*Vetera statuta Sabaudiæ.*)

La composition de l'hôtel de nos princes au xve siècle et les attributions de ses différentes charges offrent une analogie frappante avec l'état de la maison des rois de France, des ducs de Bourgogne et des dauphins à la même époque. On distinguait à la cour de Savoie trois classes de hauts fonctionnaires dont relevaient une multitude d'officiers : c'étaient les maîtres de l'hôtel, les chambellans et les écuyers. Les maîtres de l'hôtel, *magistri hospicii Domini*, avaient une juridiction et des devoirs fort étendus ; ils étaient chargés de l'approvisionnement et de la surveillance de la maison du prince ainsi que de la réception des personnages de distinction qui venaient le visiter. *Solennes personas et ambaxiatores curiam nostram adeuntes secundum gradus eorum visitare et visitari facere providendo que ut honeste logientur, et per*

---

[1] Voy. doc. n° 8.

hospites graciose et curialiter tractentur[1]. Ils avaient sous leurs ordres les maîtres de la salle, les pannetiers, les échansons ou *boteillers*, les cuisiniers, les épiciers ou apothicaires ; ces derniers étaient chargés de la préparation des épices, de la malvoisie, de l'hypocras et de la fourniture de la cire et du sucre. Aux maîtres de l'hôtel obéissaient aussi les secrétaires des commandements, les *fourriers*, qui, dans les voyages, préparaient les logements de la cour, les *pourvoyeurs (provisores)*, le trésorier de l'hôtel, le *physicien* et chirurgien ordinaires, les fauconniers et les veneurs *(braconerii)*, qui remplissaient tour à tour les fonctions de chasseurs et celles de messagers. Enfin, une foule d'emplois subalternes, tels que les *carroniers* ou frotteurs, les *polaillers*, chargés du soin de la volaille, les *lardoniers*, les *solliars*, préposés à la propreté de la cuisine et au lavage de la vaisselle. A la cour de Bourgogne et chez les dauphins, le grand-maître de l'hôtel prenait le titre de *sénéchal*, c'était le *dapifer* des maisons seigneuriales. Cette dignité, une des plus anciennes et des plus élevées de la cour de France, est mentionnée déjà dans les chartes données par les rois de la première et de la deuxième race ; dans la série des charges du palais, les sénéchaux *(senescalci)* sont nommés avant le grand-échanson, le grand-écuyer ou connétable, les veneurs et les fauconniers [2].

Les officiers chargés, sous les maîtres de l'hôtel, des principales sections du service, prenaient, chez les dau-

---

[1] *Statuta vetera Sab.*, édit. 1ᵃ, fol. cvi.
[2] Voy. la docte dissertation de Ducange : in verbo *senescalcus*.

phins et les ducs de Bourgogne, la qualification d'*écuyers*; il paraît qu'il en était de même à la cour de Savoie. Ce titre, sans autre désignation, équivalait simplement à celui d'officier de la maison du prince, leurs patentes étaient ainsi formulées : « *Vos in scutiferum familiarem que nostrum harum serie retinemus.* » Lorsque ces écuyers avaient des fonctions spéciales, elles se trouvaient ordinairement exprimées dans les anciens documents. Ainsi, les comptes de Barthélemy Chabod, trésorier général en 1434, mentionnent des présents faits par le duc Amédée VIII, à l'occasion du premier jour de l'année, à ses *escuyers tranchants, escuyers de coppe, escuyers de tueillie ou naperie;* l'écuyer était parfois qualifié de *maistre* du service qu'il dirigeait. Ainsi, Amédée de Montfalcon était, en 1427, *scutifer dni et magister boteillierie;* Henri de La Fléchère, en 1429, était *scutifer dni et magister coquine.* Cependant, il n'est fait aucune mention de ces noms divers dans les statuts dominicaux publiés par Amédée VIII en 1430. Ces écuyers spéciaux ou directeurs des approvisionnements, du service de la table et des vins, de l'entretien du linge, de la surveillance de la cuisine, s'appelèrent plus tard majordomes et gentilshommes de la bouche, ils étaient d'un rang inférieur à celui des écuyers d'écurie, « *scutiferi scutiferie,* » qui formaient une des trois catégories des grandes charges de la cour.

Les maîtres de l'hôtel connaissaient de tous les crimes, délits, offenses et injures qui se commettaient dans la maison du prince; ils les jugeaient et avaient droit d'infliger tous châtiments et corrections à la réserve de la peine de mort et de la mutilation de membres; mais les femmes attachées au service de la cour et des princesses, quelles que fussent leur charge et leur condition, n'étaient point leurs justiciables; les blanchisseuses seules faisaient exception à cette règle « *exceptis lavatricibus pannorum lineorum.* »

Lorsqu'il arrivait dans la maison du prince qu'un gentilhomme s'oubliât jusqu'à manquer au respect qu'il devait à la personne du souverain, c'était alors le conseil résidant qui jugeait le coupable et prononçait la sentence. Ce cas fort rare, comme on peut l'imaginer, se présenta sous le règne du duc Charles III. Ce prince avait alors vingt-huit ans; d'un caractère doux et facile, il aimait à réunir autour de lui les jeunes gens de sa cour et se mêlait à leurs jeux. Le 29 juillet 1514, une société brillante se trouvait réunie dans la grande salle du château de Chambéry; le document qui nous fournit ces détails cite parmi les assistants les seigneurs de Montjoye et de Châteaufort, Louis de Gallier, Philibert de Bussy, le seigneur d'Apremont, gentilhomme niçois, Louis de Viry, dit le Sardet, et Charles de Chaffardon [1]. Ces deux derniers jouaient au *flux* avec le duc de Savoie [2]. *Dum ipse testis et spectabilis domnus de Viriaco dictus le Sardet luderent cum illmo domno nostro Sabaudie duce ad cartarum ludum nuncupatum au flux.* Une contestation s'éleva sur un

---

[1] Voy. doc. n° 9.

[2] *Le flux* était un jeu de cartes dont nous ignorons les règles; mais l'exposé que fait Chaffardon dans son interrogatoire peut faire juger que ce jeu était une espèce de *bouillote*; il est indiqué dans le glossaire de Carpentier au mot *centum* par un vers de Roger de Collerge, extrait du *Mercure de France* de 1738 : *au flux, au cent, au glic, au triquetrac.*

coup douteux ; Chaffardon prétendait qu'une faute de son adversaire lui donnait le gain de la partie, et, comme Viry soutenait le contraire, le premier s'empara des enjeux et les remit au duc de Savoie en le priant de vouloir bien lui-même être l'arbitre de leur différend. Mais le Sardet alors se levant avec emportement, s'écria : *Par le sang Dieu, c'est meschamment faist à vous.* Chaffardon, tout en se découvrant, dit-il, par respect pour le duc[1], répondit à son tour avec la même violence : *Saulve l'honneur et la présence de monseigneur, vous n'avez menti.* A ces mots, le Sardet perdit toute retenue et saisit son adversaire par les cheveux ; celui-ci fit de même et cette ignoble lutte dura quelques instants sous les yeux du prince *(et se traxerunt hinc et inde).* En vain pour les séparer le duc s'écria par deux fois : *O la ! O la.* Viry furieux tire son poignard et le porte avec violence à la gorge de Chaffardon qui pare le coup avec le bras ; Charles III, dans cette extrémité, intervint vivement, et mettant une main sur l'épaule de Chaffardon, de l'autre il saisit par la lame le poignard de Sardet et en reçut une légère blessure dans l'effort que ce dernier, hors de lui, faisait pour dégager son arme. Le cas était des plus graves, rien ne pouvait excuser la violence des deux gentilshommes, leur désobéissance et l'offense directe faite à la personne du souverain ; la peine que le principal coupable avait encourue était la mutilation de membres : Viry devait perdre la main droite si la loi eût été

---

[1] Ammovens suum bonetum a capite suo pro honore et reverencia prelibati illmi dni nostri reddendis.

appliquée dans toute sa rigueur. Cependant Charles III, porté à l'indulgence par la bonté de son cœur, mais retenu par la gravité de l'offense et le sentiment de sa dignité, ne savait à quel parti s'arrêter; il consulta de sages et prudents personnages, et nous avons trouvé dans le dossier de la procédure l'avis que lui donnait un de ses conseillers; le mémoire est sans signature, mais il nous a paru curieux et nous croyons devoir le reproduire textuellement :

« Monseigneur, de ce quil vous plait avoir mon advis
« et opinion sur le faict et different venuz entre le Sardet
« de Viry et Chaffardon, monseigneur, sur le premier
« poinct des quatre quil vous a pleu mectre au dernier
« article du memoyre et que le Sardet appella meschant
« a Chaffardon et les desmentit et mesmement devant
« vous, je croy que la peyne de cella doibt estre a vos-
« tre volonte comme de vous cryer mercy en grande
« humilite de si peu vous avoir estime que davoir faict
« ong tel cas en vostre presence.

« Au regard de laultre poinct qui est beaucoup plus
« grant que davoir use de voye de faict en vostre pre-
« sence comme ledit Sardet a dempugnyer au poil le dit
« Chaffardon et tire son pugnyard et vouloir frapper
« coup invasible, monseigneur jay toujours ouï dire que
« quant se donne en presence du prince et en sa cham-
« bre, que le poin est en grant peril; il vous en a bien
« aide Dieu que vostre personne n'a este en grand dan-
« gier, car lon a souvent vehu que ceux la qui se mes-
« loyent de despartir gens qui se bactoyent ont estes
« bien fort blesses. Je trouve le cas fort maulvais, de ce

« que le dit Sardet na voulu obeir a vostre commande-
« ment que luy a este faict par deux ou troys foys quest
« vray cas de desobeyssance. De quoy, Monseigneur,
« entendez assez la pugnition que telle chose a merite
« que nest pas petite.

« Monseigneur, je trouve ces actes de tant mauivaise
« sorte que je suys tout esbay que telles choses se fassent
« en vostre chambre et devant vous que y gist grande-
« ment votre auctorite et reputation dy pouveoir. Vous
« avez bon conseil, mais sil vous sembloyt bon de fere
« jurer ceulx de vostre dict conseil tant robes curtes que
« robes longues de vous dire la verite, et ce que leur
« semble sans nulle supportation que devez faire de ce
« affaire, me semble que seroit bien faict, car telz fas-
« sons de fere touchant grandement a vostre honneur et
« le tout avoir bien entendu me semble que misericorde
« ne doibt pas eslongner de vous, car aulcune foys mise-
« ricorde est en justice et la se monstre la puissance des
« grands, car nul ne la peult fere que les princes. Main-
« tes gens peuvent fere justice, mais grace et misericorde
« leur sont interdictes.

« Monseigneur, il me souvient que estang le roy
« Regne de Cecille en Provence au chasteau de Tarascon
« ung jour qoil vouloyt dyner et apres que le panestier
« heust assis la viande sus la table en la salle le dit
« panestier print question avecq ung des serviteurs de
« ceans en la dite salle et lui donna ung soufflet, et
« incontinent lon le alla dire au roy qui estoyt encoures
« en sa chambre, lequel manda fere oster la serviette de
« dessus lespaule du dit panestier, et fust mene en pri-

« son. Ce fait le roy vint dine. Et, apres dine assembla
« son conseil, et la fust concluz que veu quil avoit
« donne le soufflet ou il estoit couvert pour le roy et la
« viande sus la table, quil devoit perdre le poin reserve
« la misericorde du roy auquel fut requis et supplie par
« beaucoup de gens de bien quil luy pleust fere grace a
« ce gentilhomme et aussy il nestoit pas sujet du dit roy.
« Lequel roy octroya quil feust faict comme il sensuyt
« qui est quil feust faict ung bras de cyre et devant ung
« chascun fut coppe le poing de ce bras de cyre par le
« maistre des œuvres et le gentilhomme banny.

« Monseigneur, vous me pardonnerez si je vous
« ennuyo de si longue escripture, mais je croy que
« entendez assez que la volonte que jay a vous le me fait
« fere. »

Charles III ne suivit point à la lettre l'exemple du bon roi René et ne fit pas couper le poin d'un bras de cire par la main du bourreau, mais il adoucit le châtiment par égard pour les personnages puissants qui s'intéressaient au coupable. L'arrêt fut rendu, le 13 août 1514, par Louis de Dérée, président du conseil, dans la salle même où s'était passée la scène de violence que nous avons rapportée. Louis de Viry fut condamné au bannissement, et la sentence intima à Chaffardon la défense de jamais paraître à l'avenir en présence du souverain, sauf qu'il ne fût appelé devant lui par un mandat spécial et, dans ce cas, il lui était sévèrement interdit d'assister au jeu du prince et d'y prendre part[1].

---

[1] Les témoins, devant lesquels fut rendue la sentence, étaient François de Luxembourg, vicomte de Martigues; Louis de Seyssel, comte de

Le nombre des maîtres de l'hôtel autrefois était indéterminé ; ils faisaient leur service par quartier, mais depuis longtemps à la cour de Savoie il n'existait plus qu'un seul grand-maître de la maison du prince.

Les chambellans venaient après les maîtres de l'hôtel dans la hiérarchie de la cour ; ils pouvaient entrer à toute heure sans se faire annoncer dans la chambre du souverain ; ils avaient la garde et le soin de ses joyaux, de sa vaisselle, des tapisseries, des étoffes précieuses ; ils commandaient aux officiers et serviteurs de la chambre, aux directeurs des divertissements et aux ménestrels ; aux huissiers de la porte, aux tailleurs, tapissiers, pelliciers et brodeurs. Ils devaient veiller à ce que nul ne pénétrât dans les appartements du prince, à l'exception des écuyers et de ceux qui y étaient appelés par la nature de leurs fonctions. *Preter scutiferos et alios intrare consuetos.*

Les écuyers d'écurie, *scutiferi scutiferie*, accompagnaient le prince dans ses voyages, l'escortaient dans les combats, choisissaient ses chevaux et armures, avaient en garde ses bannières, penons, étendards, tentes et pavillons, dirigeaient l'éducation des pages et le service des écuries ; ils partageaient avec les chambellans le droit d'acheter, sur l'ordre du prince, les bijoux et joyaux de la couronne, la vaisselle d'argent, les draps d'or et de

---

la Chambre; Bernardin de Savoie, seigneur de Pancallier; Charles de Montbel, seigneur d'Entremont; Philibert de La Palu, comte de Varax; François Maréchal, seigneur de Meximieux; Claude de Balleyson, baron de Saint-Germain; Alexandre de Sallenove; Aymon de Genève, seigneur de Lullin; Janus de Crans; Joffray Passerat, avocat fiscal général, et Raphaël de Albano, avocat fiscal de Savoie, tous conseillers ducaux.

soie, et prêtaient serment de fidélité au souverain entre les mains du chancelier, à la mort d'un comte ou duc de Savoie; un constant usage, que les documents contemporains qualifient de *louable*, attribuait à l'écuyer de service les chevaux du prince défunt et tout ce qui appartenait à ses écuries. Sébastien Ferreri, trésorier général en 1498, fournit à cet égard une indication positive; il nous apprend que Philibert le Beau fit payer par ses mains 1,000 florins d'Allemagne à Jacques de Bussy, écuyer de son père le duc Philippe II, pour prix de neuf mulets et de deux magnifiques chevaux de bataille *(duos pulcherimos equos corcerios)*, que les Vénitiens avaient autrefois offerts en présent au prince défunt; le trésorier expose dans son préambule que ces chevaux, ces mulets *et cetera bona scutiferie illmi et felicis recordacionis dni*, étaient parvenus à Jacques de Bussy, d'après la louable et ancienne coutume qui les adjugeait à l'écuyer du prince décédé[1]. A la suite de cette annotation, il s'en trouve une autre assez curieuse, et bien qu'elle soit étrangère à notre sujet, nous croyons pouvoir la citer ici : Le jeune duc Philibert, qui aimait fort le jeu, la chasse et les plaisirs, se trouvait à Sainte-Ombre auprès de Chambéry peu de mois après son avènement à la couronne; or il y était sans argent et fort désireux de s'en procurer pour jouer et passer son temps *parmy ces*

---

[1] Cum ex laudabili consuetudine inveterate approbata, equi, muli, et cetera bona scutiferie illustrissimi felicis recordacionis dni et genitoris prefati dni nostri ob ejus lacrimabilem decessum dicto dno Heyriaci tunc scutifero evenerint. (Compte de Sébastien Ferreri, trésorier général, du 7 novembre 1497 au d^r septembre 1498.)

montaygnes de Savoye qui, sans doute, lui semblaient un peu sévères ; il prit donc le parti d'adresser au trésorier général la lettre que nous insérons ici textuellement ; elle porte un cachet assez piquant de franchise et de naïveté.

« General, puisque vous avez despesche et baille ar-
« gent a tous mes gens, je croy que ancoures ne fauldrez
« pas au plaisir de votre mestre, dung troys ou quatre
« cent escuz pour jouyer et passer le temps parmy ces
« montaignes de savoye, pour quoy vous envoye ce
« pourteur alardet mon secretayre et vous prie que par
« luy me veuilles envoyer la dite somme, et je ne vous
« demanderai rien en presence et me ferez plus grand
« plaisir que vous ne pensez ; vous disant a dieu, gene-
« ral, quil vous ait en sa sainte garde. escript a saint-
« umbres ce mercredy 14 de fevrier 1498 [1]. »

Malgré la promesse que lui faisait le jeune duc de ne rien lui demander en *presence*, et la détresse que semble indiquer cette phrase : *et me ferez plus grand plaisir que vous ne pensez*, le rigide trésorier n'envoya que 200 écus à Philibert le Beau.

Après les hautes charges dont nous venons de parler, les plus importantes à la cour de Savoie étaient celles des secrétaires des commandements et du trésorier de l'hôtel. Les premiers rédigeaient les lettres du prince, les patentes qu'il accordait, et formulaient ses mandats sur les trésoriers ; leurs registres ou protocoles nous fournissent aujourd'hui de précieux documents. Les trésoriers de la dépense de l'hôtel étaient des personnages assez impor-

[1] Compte cité.

tants dont les statuts dominicaux règlent les fonctions, les maîtres de l'hôtel contrôlaient leurs comptes et les adressaient ensuite aux trésoriers généraux.

C'était ordinairement parmi les principaux officiers de sa maison que le prince choisissait les ambassadeurs qu'il envoyait aux souverains étrangers ; en étudiant les comptes des trésoriers, on est frappé de la multiplicité de ces missions dont les motifs sont trop rarement indiqués ; le comptable, en enregistrant la dépense de voyage, se contente, pour l'ordinaire, de donner quelques détails sur l'itinéraire des envoyés, et se tait sur des circonstances bien plus importantes.

Amédée VIII joua un très grand rôle dans les événements politiques de son siècle : les princes, ses voisins, venaient avec confiance soumettre à sa haute sagesse l'arbitrage de leurs différends ; il rendit la paix à la France en ménageant par sa médiation le célèbre traité d'Arras, conclu le 25 septembre 1435, traité qui détacha pour toujours le duc de Bourgogne de l'alliance des Anglais. Pendant les dix années qui précédèrent sa retraite à Ripailles, on trouve les ambassadeurs du duc de Savoie dans toutes les cours de l'Europe, à Rome, en Portugal, à Milan, à Paris, en Angleterre, à Venise, chez les ducs de Bourgogne et chez les empereurs ; partout ils sont considérés et noblement accueillis. Les noms de ces envoyés qui se rencontrent le plus fréquemment sont ceux de Lambert Oddinet, président du conseil de Chambéry, de Claude du Saix, président de la chambre des comptes, d'Urbain Cérisier, de Pierre Marchand, d'Henri du Colombier, de Jean de La Fontaine, membres du conseil ducal, de Nicod de Menthon, de Jean Maréchal, de Guillaume Rigaud, de Jean de Compey, de Pierre de Grolée, tous chambellans ou écuyers du prince. Parmi ces derniers, il en était un surtout qu'Amédée aimait à employer dans ses missions les plus délicates, c'était Bertrand Melin, gentilhomme bressan, négociateur habile et discret, si l'on en juge par la fréquence de ses ambassades et les formules mystérieuses dont le trésorier accompagne l'énoncé des dépenses qu'elles occasionnèrent. Ainsi de Ferro nous apprend qu'en l'année 1430 Melin fut envoyé *ad certa loca pro nonnullis dni peragendis*. Il serait difficile d'imaginer une rédaction moins compromettante ; en 1434, ce gentilhomme, alors châtelain de Pont-de-Vaux, fut, en récompense de ses services, nommé maître de l'hôtel de Philippe Monseigneur, devenu comte de Genevois.

L'usage de ces missions spéciales se perpétua longtemps à la cour de Savoie. Tandis que tous les princes de l'Europe entretenaient des ministres accrédités auprès des puissances voisines, nos rois nommaient encore des ambassadeurs temporaires, qu'ils rappelaient aussitôt que la négociation dont ils étaient chargés avait reçu sa solution. On comprend l'avantage de ces choix qui portaient toujours sur des personnes particulièrement connues et appréciées du souverain, formées souvent par lui et pénétrées de sa politique. Les diplomates de Charles-Emmanuel Ier, de Victor-Amédée II, de Charles-Emmanuel III, rendirent à la monarchie d'importants services, et jouirent dans toute l'Europe d'une réputation d'habileté justement acquise.

BATAILLE D'ANTHON

SURPRISE DE TRÉVOUX
PAR FRANÇOIS DE LA PALUD, SEIGNEUR DE VAREMBON

CONSPIRATION D'ANTOINE DE SURE
DIT LE GALOIS
CONTRE LE DUC AMÉDÉE VIII

SOMMAIRE

Bataille d'Anthon (1430). — Surprise de Trévoux (1431). — Cruauté et exactions de François de La Palud, seigneur de Varembon. — Traité de Lyon entre les ducs de Bourbon et de Savoie, ce dernier soupçonné par le comte de Clermont d'avoir autorisé l'entreprise de Varembon. — Réfutation de cette fausse opinion acceptée par Guichenon et autres historiens. — Arrogance de La Palud. — Sa réponse au héraut de Savoie. — Conspiration d'Antoine de Sure contre le duc Amédée VIII (1433). — Arrestation et procès du coupable. — Ses aveux. — Son supplice.

C'est à l'année 1430, époque où Charles VII luttait contre l'étranger au cœur de ses Etats, où les grands vassaux de la couronne portaient de toute part sur les débris de la monarchie leurs mains ambitieuses et coupables, que les historiens du Dauphiné rapportent l'invasion de cette province par Louis de Châlons, prince d'Orange, et la bataille d'Anthon, si fatale à ses armes.

La possession des terres de Saint-Romain et du Colombier fut le prétexte de cette guerre. Ces fiefs appartenaient dans l'origine à Hugues de Genève, vassal des Dauphins; Aymon, son fils, mourant sans héritier direct, les légua au cardinal Amédée de Saluces, et après lui ils parvinrent à Bertrand, son neveu, qui fut tué à la bataille de Verneuil, en 1425, sans laisser de postérité. Anne de La Chambre, sa veuve, trop faible pour faire valoir contre la maison de Saluces les droits qu'elle pouvait prétendre sur la succession de son mari, les céda au prince d'Orange, qui mit sur-le-champ garnison dans toutes les places contestées. Le marquis de Saluces alors en appela à l'arbitrage du duc de Savoie; mais ce prince, particulièrement affectionné à Louis de Châlons, ayant refusé, par un motif de délicatesse, de prononcer sur le droit des prétendants, Louis de Saluces se pourvut au conseil delphinal.

Ses réclamations étaient appuyées par la renonciation du roi de France au droit de réversion qui lui appartenait comme Dauphin sur les terres de son vassal, décédé sans héritiers directs; mais ce n'était point seulement la possession des seigneuries en litige, mais la conquête entière du Dauphiné que rêvait Louis de Châlons dans ses ambitieuses espérances; cette belle province, abandonnée sans défense aux confins du royaume, lui semblait une proie facile; il chercha, par ses intrigues, à retarder la sentence du conseil delphinal pendant qu'il travaillait avec activité à rassembler des troupes pour l'expédition qu'il méditait. Le prince d'Orange avait embrassé chaudement le parti bourguignon dans les guerres de cette époque ; aussi vit-il, à son premier appel, accourir sous sa bannière les capitaines les plus renommés de Philippe le Bon, Antoine de Vergy, Jean de Bauffremont, d'Andelot, Toulongeon, maréchal de Bourgogne, Jean de Montagu, seigneur de Couches, Thibaud de Rougemont ; en même temps, François de Neufchâtel, comte de Fribourg, lui amenait ces Suisses dont l'apparition sur les champs de bataille était aussi nouvelle encore que leur manière de combattre ; les chevaliers voyaient avec terreur ces robustes enfants des montagnes, armés de lourdes épées, qu'ils manœuvraient à deux mains, trancher d'un seul coup les jarrets de leurs chevaux, et fendre les armures les mieux trempées.

De son côté, le duc de Savoie, fidèle à la politique de sa Maison, cette ancienne et irréconciliable ennemie des Dauphins, favorisait secrètement les intérêts du prince d'Orange : le gouverneur du Dauphiné, qui connaissait les dispositions d'Amédée VIII, lui envoya des ambassadeurs pour obtenir sa neutralité ; mais le chancelier, Jean de Beaufort, répondit, au nom de son maître, *qu'un des priviléges de la noblesse de Savoie était de servir indifféremment ceux qu'il lui plaisait et que la voie la plus sûre pour l'avoir de son côté était de lui faire l'offre la plus avantageuse*[1]. On a dit que, pour acheter son appui, Louis de Châlons promit à Amédée VIII la cession du Grésivaudan à prendre sur leurs futures conquêtes, mais cette assertion ne repose sur aucun document positif. Quoi qu'il en soit, la belliqueuse noblesse de la Bresse,

---

[1] VALBONNAIS. *Hist. du Dauphiné*, t. 1ᵉʳ, pag. 64.

du Genevois, du Faucigny et des autres provinces de la Savoie, fournit trois cents lances garnies et deux mille fantassins à l'armée du prince d'Orange. Ces troupes marchaient sous les bannières de François de La Palud, seigneur de Varembon, d'Humbert Maréchal, d'Amé de Viry, de Sallenove et de Clavin du Clos. Un seul capitaine de renom manquait à cette expédition, c'était Gingin, qui se trouvait alors auprès du prince de Piémont, *sed qui creditur fecisse sicut alii si tunc citra montes fuisset*, ajoute la chronique [1].

Bientôt Louis de Châlons, à la tête d'une armée nombreuse, fut en mesure d'ouvrir la campagne. Raoul de Gaucourt était alors gouverneur du Dauphiné; instruit des préparatifs du prince d'Orange, il en informa le roi par des messages répétés; en même temps, il appelait à la défense du pays sa valeureuse noblesse et demandait du secours au comte de Clermont [2] et à Humbert de Grolée, sénéchal de Lyon. Ce dernier lui amena trois cents chevaux; le comte de Clermont, de son côté, lui envoya ses vaillants hommes d'armes du Beaujolais et de la Dombe. Quant au roi, qui venait de perdre Jeanne-d'Arc sous les murs de Compiègne (23 mai 1430), et

---

[1] Fragmentum processus super insultu guerræ Antonis contra Ludovicum principem Auraicæ 1430. (VALBONNAIS, *loc. citato*, et AYMARI RIVALLII, *de Allobrogibus*, libri novem, editi cura Alfredi de Terrebasse, pag. 512.)

[2] Il était fils de Jean de Bourbon, fait prisonnier par les Anglais sur le champ de bataille d'Azincourt. La rançon de ce prince fut fixée par le vainqueur à 100,000 écus; il la paya jusqu'à trois fois sans pouvoir obtenir sa liberté et mourut à Londres vers le milieu de janvier 1434, après dix-huit ans de captivité.

dont toutes les forces étaient engagées dans une lutte décisive contre les Anglais, il ne put mettre aucune troupe à la disposition de Gaucourt; mais, sur l'avis de son conseil, il ordonna au sénéchal de Lyon de traiter avec Rodrigue de Villandrado pour le déterminer à marcher à la défense du Dauphiné. Ce célèbre aventurier désolait alors le Vivarais et les montagnes du Puits-de-Dôme, suivi des redoutables bandes dont il partageait le commandement avec les bâtards d'Armagnac et de Bourbon, Antoine de Chabannes, seigneur de Dammartin, Gaultier de Bruzac et autres capitaines renommés.

Rodrigue de Villandrado, dit M. Jules Quicherat, satisfait des propositions du roi et du brevet d'écuyer de sa maison dont elles étaient accompagnées, partit pour le Dauphiné avec trois cents lances dont son lieutenant et disciple bien-aimé, Jean de Salazar, conduisait une partie [1]. Sa marche fut secrète et rapide. Le 26 mars, au déclin du jour, il passa le pont de Vienne et se rendit à Auberive où se trouvait le gouverneur. Gaucourt reçut avec joie ces intrépides auxiliaires, dont la présence raffermit la confiance de ses troupes; dès le lendemain, il s'empara du bourg et du château d'Auberive [2] et se rendit ensuite avec Rodrigue à la côte Saint-André où se tenaient les États de Dauphiné; on y vota 50,000 florins pour les frais de la guerre, et, le 9 juin, les deux capitaines ayant rejoint l'armée, investirent le château

---

[1] Voy. l'intéressante biographie de Villandrado, insérée dans la *Bibliothèque de l'École des Chartes*, par M. Jules Quicherat, t. Ier, 2e série, pag. 119 et 197.

[2] VALBONNAIS, t. Ier, pag. 63.

du Colombier, dont la garnison orangiste désolait, dans ses fréquentes sorties, les terres du voisinage.

Pendant ce temps, Louis de Châlons s'avançait sur Anthon où il arriva dans la nuit du 10 juin. Cette place, la plus forte de celles qu'il possédait en Dauphiné, est située non loin du confluent du Rhône et de la rivière d'Ain; Antoine de La Ferrière y commandait et protégeait le passage du fleuve, que l'armée franchit sans obstacle; mais la surprise de son chef fut grande, lorsqu'il apprit que son château du Colombier était assiégé par l'armée royale et que cette conquête du Dauphiné, qu'il croyait si sûre, lui serait disputée par le redoutable Rodrigue. Cependant ses chevaliers, remplis d'ardeur, demandaient le combat et s'avançaient, bannières déployées, au secours de la forteresse; mais les défenseurs, ignorant l'approche de l'armée d'Orange, avaient capitulé la veille, et déjà Rodrigue de Villandrado, Gaucourt et le sénéchal marchaient sur Anthon à la rencontre de l'ennemi. Ici, le chroniqueur cité par Valbonnais entre dans de grands détails sur l'ordonnance de la bataille et la piété du gouverneur; Gaucourt n'était point seulement un brave et loyal guerrier, c'était de plus un chrétien plein de foi, *dévot à Dieu et à sa sainte mère*; le 11 juin, jour même de la bataille, il entendit la messe avec recueillement à la tête de tous ses chevaliers; puis, déposant son casque, il s'agenouilla sur la terre, joignit les mains, les tendit vers le ciel, et fit à Dieu cette courte prière : *Sire Dieu, par ta sainte bonté et miséricorde plaise toi de faire droit en cette présente journée*[1]. Il est

---

[1] VALBONNAIS, *loco citato.*

probable que les routiers, race fort mécréante, comptaient beaucoup plus sur leur épée pour faire valoir ce droit que sur la protection du ciel. Quoi qu'il en soit, ils demandèrent le poste le plus périlleux, et Rodrigue sollicita l'honneur de conduire l'avant-garde; il appuyait sa requête sur deux puissantes raisons : d'abord, qu'étant étranger et venu au secours *de la patrie* de Dauphiné, on ne pouvait lui refuser cette marque de confiance, et que, *si Dieu voulait que les routiers fussent vaincus, la noblesse dauphinoise, du moins, n'éprouverait aucune perte* [1]; que, d'ailleurs, avec l'aide de Dieu et de ses fidèles compagnons, il ferait si bien, que l'honneur du roi Dauphin et du sire gouverneur serait pleinement maintenu.

En vain Humbert de Grolée prétendit qu'en sa qualité de sénéchal il lui appartenait de marcher à la tête de l'armée, le gouverneur fit droit à la demande de Villandrado, et lui confia l'avant-garde; il donna le commandement de l'aile droite au seigneur de Maubec, celui de l'aile gauche à Burnon de Cacherano, chevalier piémontais [2], et vint se placer lui-même au centre de la *bataille* avec le sénéchal et l'élite de ses bannerets.

---

[1] Quia si Deus dicto gubernatori et suo exercitu nocere vellet sic quod dictus Rodrigue et sua comitiva vincerentur, nihil perderet Patria. (VALB., Frag. processus, *loc. citato.*)

[2] Nous trouvons sur ce célèbre capitaine et sur l'origine du fief d'Osasco, héréditaire chez ses descendants, l'indication suivante dans les protocoles de Guillaume Bolomier, secrétaire ducal en 1424. Au mois de mai de l'année 1396, le marquis Théodore de Montferrat, à la tête d'une armée formidable *(Illustris dnus Theodorus marchio Montisferrati cum maximo exercitu et innumerabili armorum gentium tam peditum quam*

L'armée se mit en marche, et bientôt ses éclaireurs vinrent annoncer à Gaucourt que le prince d'Orange approchait. Rodrigue alors se jeta dans un bois que l'ennemi devait traverser en se dirigeant sur Colombier. Maubec et Cacherano firent les dispositions nécessaires pour soutenir les routiers, tandis que le gouverneur et Grolée, par un rapide détour, se portaient, avec leur gendarmerie d'élite, à l'entrée du bois où les Orangistes devaient s'engager, afin de les prendre à dos, si Villandrado les forçait à reculer.

Ces habiles mouvements s'exécutent pendant que l'avant-garde de Louis de Châlons, commandée par La Palud et suivie de près par le corps de bataille, pénètre dans les sentiers de la forêt et se voit assaillie par Rodrigue. Surpris par cette attaque inattendue, les

---

equitum vi armata agressus est villam et castrum predictum Osaschi), vint attaquer la ville et le château d'Osasco, et en chassa Hugonin Bulle qui les possédait à cette époque, *justis legitimis titulis atque causis.* Trop faibles pour lutter contre leur puissant ennemi, les seigneurs de Bulle dévorèrent l'outrage en silence, et virent leur fief passer des mains du marquis de Montferrat dans celles des princes d'Achaye. Mais le prince Louis, fils d'Amédée, en ayant accordé l'investiture à Boniface et Burnon de Cacherano, Payninus et Martinet Bulle, héritiers d'Hugonin, crurent pouvoir enfin rentrer en possession de la seigneurie dont ils avaient été dépouillés par le marquis de Montferrat; ils démontraient, dans leur requête, que, bien que l'inféodation fût régulière, elle n'était pas moins entachée du vice de spoliation *(affectum castrum predictum cum juribus ante dictis vitio spoliationis).* La discussion s'ouvrit d'abord devant le *capitaine du Piémont,* et fut plus tard déférée au conseil ducal. Elle dura trois ans, et se termina par une sentence, rendue à Chambéry le 7 octobre 1424, qui sanctionna l'usurpation et le droit du plus fort en maintenant Boniface et Burnon en possession du château contesté. C'est depuis cette époque que la seigneurie d'Osasco appartient à la branche aînée de l'illustre famille de Cacherano.

Bourguignons reculent, et sont refoulés sur la plaine d'Anthon, où Louis de Châlons veut reformer ses lignes; mais Gaucourt et le sénéchal fondent sur ses escadrons en désordre, qui se replient devant Villandrado, les entourent et les dispersent; le combat n'est plus qu'un massacre : Suisses, Bourguignons, Savoyards, cherchent leur salut dans la fuite; en vain François de La Palud, Jean de Bauffremont, Viry et l'élite de la chevalerie de Bourgogne, tentent, par des prodiges de valeur, d'arrêter la cavalerie des routiers, lancée à la poursuite des vaincus; Varembon a le nez abattu d'un coup d'épée, et, sanglant, défiguré, tombe au pouvoir de Rodrigue. Humbert Maréchal, le sire de Salenove, Clavin du Clos, Jean de Chissé, Jean de Beauvoir, Thibaud de Rougemont, Claude de Montagu, Jean de Rie, seigneur de Saubertier, qui portait l'étendard d'Orange, Humbert de Luyrieux, seigneur de la Cueille, Toulongeon, Guillaume d'Andelot et cinq cents hommes d'armes sont faits prisonniers. Pierre de Beauffremont, seigneur de Mirebeau, Jacques de Rollans, Claude et Guy de Bessey, Louis de La Chapelle, Antoine de Vergy, bailli de Troyes, et quatre cent soixante de leurs guerriers, tombent sur le champ de bataille, deux cents périssent dans les eaux du Rhône, tandis que l'armée dauphinoise, au dire du chroniqueur cité et d'Aymar du Rivail, ne perdit qu'un seul homme des compagnies de Villandrado; le prince d'Orange, couvert de blessures, inondé de son sang, n'échappa à la mort ou à la captivité que par la vigueur extraordinaire de son cheval, qui, sous ses bardes de fer et le poids de son cavalier, traversa le Rhône à la nage. Parvenu sur la rive opposée, dit Aymar du Rivail, le prince donna à son coursier un baiser sur la bouche pour le remercier du service qu'il lui avait rendu. *Equum suum in ore ei de munere accepto gracias agens osculatus est* [1]. Le sire de Montagu, récemment décoré des insignes de la Toison d'Or, suivit le prince dans sa fuite ; mais le conseil de l'ordre punit sévèrement sa faiblesse ; Montagu fut dégradé, *attendu qu'il s'estoit trouvé en journées de bataille où cottes d'armes et bannières avaient esté desployées, et avoit procédé aussi avant, sans estre victorieux, mort ou prins.* Ici, M. Quicherat, à qui nous empruntons cette citation, fait observer que le héraut Berry n'est point d'accord avec Joseph de La Pise, historien des princes d'Orange, Saint-Remy, Monstrelet et autres chroniqueurs, sur les circonstances de la fuite du prince. Nous ajouterons que l'enquête citée par Valbonnais se rapporte au récit de Berry le héraut. Louis de Châlons, d'après ce document, vint passer le bac et chercher un abri derrière les fortes murailles du château d'Anthon, mais en proie à une panique terreur, il aurait, la nuit même, abandonné cette forteresse, bien qu'elle fût approvisionnée pour deux ans de vivres, d'artillerie et de munitions [2].

[1] Rivallti, *de Allobrogibus*, p. 514.
[2] Et ipse dnus Ludovicus vituperose, cum sui magni et potentis equi quem equitabat adjutorio, infra castrum Anthonis veloci cursu se, ut mellus potuit reduxit, arnesiis suis ac dextrerio ex sanguine et vulneribus sibi illatis rutilante in colorem rubeum transmutatis, sic quod vix cognosci preterquam per suum dextrerium poterat; a quo castro de nocte tanto perterritus timore, formidans ibidem obsideri et captivari, circa mediam

Parmi les nombreuses bannières qui tombèrent au pouvoir du vainqueur, se trouva l'étendard d'Orange; il était parti de gueules et de sable chargé d'un soleil levant d'or. Gaucourt le fit suspendre comme son plus glorieux trophée aux voûtes de la chapelle que les Dauphins possédaient alors dans la cathédrale de Grenoble. Le butin fut considérable; deux jours après le combat, les routiers faisaient vendre à Cremieu douze cents chevaux capturés sur le champ de bataille, et M. Quicherat raconte comment Rodrigue de Villandrado, homme de *malicieux engin, exploita merveilleusement la défense sans y oblier son prouffit.* Nous citerons en entier ce passage remarquable :

« Hernando del Pogar nous apprend en quoi le savoir-
« faire de son rusé compatriote se montra ce jour-là
« d'une manière si notable; lorsque la bataille fut finie,
« il s'entendit avec un de ses prisonniers et se fit dire
« par lui, moyennant qu'il lui promit sa liberté sans
« rançon, les noms et qualités des captures que ses gens
« avaient faites; de cette façon, tous ceux qui lui furent
« désignés comme des grands seigneurs, il les acheta au
« comptant bien au-dessous du prix qu'ils valaient, pour
« les taxer ensuite au décuple, une fois qu'il les eût en

---

noctem cum aliquibus et paucis gentibus suis qui similiter fugam ceperunt tanquam latro discessit, et ad locum *de Messimieu* per dictum portum Anthonis se retraxit. Nullo in dicto castro Anthonis dimisso, neque in eodem Anthonio Ferreriæ capitaneo ejusdem, remanere volente, magna quantitate victualium, artillieriæ et tractus ibidem dimissa, quæ erat sufficiens ad custodiam dicti castri spatio duorum annorum et ultra, cum XXX pugnatorum guarnisone. (VALB., *Preuves du 3ᵉ discours*, p. 64, t. 1ᵉʳ.)

« son pouvoir. On prétend qu'entre eux trois, Gaucourt,
« le sénéchal et Rodrigue, ils eurent pour cent mille
« écus de butin; ce qu'il y a de constant, c'est que la
« dame de La Palud compta 8,000 florins d'or au Cas-
« tillan pour la seule rançon de Varembon, son fils;
« trop heureux encore ce seigneur s'il en eût été quitte
« à si bon marché, mais ayant eu le nez abattu d'une
« taillade, il en resta défiguré toute sa vie, malgré la
« précaution qu'il eut depuis lors de porter un nez d'ar-
« gent [1].

François de La Palud conserva un profond ressentiment de cet humiliant échec. Attaché au parti bourguignon contre lequel le duc de Bourbon s'était prononcé,
irrité de la part glorieuse que les lances du comte de
Clermont avaient prise à la victoire d'Anthon, il forma
contre ce prince des projets de vengeance, et les mit à
exécution dès qu'il eut guéri ses blessures et racheté sa
liberté. Le caractère et la puissance de ce fier vassal des
ducs de Savoie le rendaient redoutable ; indépendant,
audacieux, cruel, célèbre par son courage, sévère, mais
juste et généreux envers les soldats, il réunissait à un
degré remarquable les vices et les vertus du *condottiere*.
Ses vastes seigneuries lui donnaient de nombreux vassaux, et lié par sa naissance aux plus illustres familles
de la Bourgogne et du duché de Savoie, il comptait dans
ces provinces des adhérents dévoués et d'intrépides frères
d'armes. Il les vit accourir en foule quand sa bannière
de gueules à la croix d'hermine, flottant sur les hautes

---

[1] *Bibl. de l'École des Chartes*, t. 1ᵉʳ, 2ᵉ série, pag. 132.

tours du château de Varembon, leur donna le signal d'une expédition nouvelle. Bon nombre de soldats de fortune, qu'attiraient de toute part la réputation du chef et l'espoir du butin, vinrent grossir ses compagnies, et bientôt, au mépris de la paix qui régnait alors entre son souverain et Charles de Bourbon, le banneret entre en campagne, franchit les frontières du Mâconnais, qu'il ravage et envoie défier le comte de Clermont. Mais ce prince, n'ayant pas cru devoir répondre à cet appel audacieux, Varembon conçut le projet de s'emparer par un coup de main de la capitale de la Dombe, et parut sous les murs de Trévoux le 18 mars 1431, suivi de deux mille chevaux; la ville, surprise sans défense, est enlevée par escalade et livrée au pillage; mais le château résiste, et Varembon, craignant à son tour d'être enveloppé par les forces considérables que le comte de Clermont rassemblait à la hâte, lève le siége, dévaste les campagnes voisines, incendie les villages qu'il trouve sur sa route, et, traînant à sa suite les principaux habitants de Trévoux qu'il a arrachés à leur famille, les conduit captifs à Châlons et autres places appartenant au duc de Bourgogne.

Guichenon (et, après lui, le président Aubray, dans son histoire de Dombe)[1], citent quelques-uns des gentilshommes qui accompagnèrent François de La Palud dans cette expédition. A côté des plus anciens noms de la Bresse, tels que ceux de Juifs, de Lyarens, d'Oncieux, de La Teyssonnière, nous trouvons ceux de Menthon, de

---

[1] AUBRAY, *Hist. manuscrite de Dombe.*

Blonay, de Villette, non moins illustres en Savoie. Ces gentilshommes, jugeant, d'après les mœurs de leur époque, que tout était licite aux gens de guerre, osèrent, en pleine paix et sous les yeux de leur souverain, prendre les armes pour se faire les champions d'une querelle particulière, au risque d'attirer sur leur pays les plus funestes représailles, et commirent, ainsi que le disait le bailli de Beaujolais dans son réquisitoire contre les coupables, *délitz, excès, meurtres, sacrilèges, pillages et aultres maux sans scrupule et sans remors* [1]. Cette licence, qui nous étonne, n'avait rien qui dût surprendre, alors qu'on voyait les rois traiter avec des chefs de brigands qui *apatisaient* leurs villes [2], leur donner des pensions et des titres, les attacher à leur personne ; lorsque des princes du sang royal et d'illustres capitaines tels que le bâtard de Bourbon, Dammartin, Xaintrailles et La Hire, devenaient sans pudeur des chefs de routiers. Laissons donc les détracteurs de notre siècle déclamer contre son égoïsme insatiable, sa cupidité et la perte si regrettable de cet honneur chevaleresque qui distinguait nos pères : chaque temps a ses vertus et ses vices, et la société moderne, à tout prendre, nous semble moins imparfaite que celle que nous fait connaître l'étude des âges passés.

---

[1] AUBRAY, *Hist. manuscrite de Dombe.*

[2] Dans l'ancien langage, les mots *appatissamenta, apatisatio, appalis, patis*, exprimaient les contributions frappées par le vainqueur sur les villes, châteaux ou prisonniers qui voulaient se racheter du pillage ou de la captivité ; il semble dériver de *pactio* ou de *pactum*, pacte, traité. On trouve dans les écrivains et chartes françaises du moyen âge *apaticher, apaticer* ou *apatiser*, pour exprimer le sens dont nous donnons ici l'interprétation d'après Ducange.

On juge que les plus vives réclamations furent adressées au duc de Savoie par le comte de Clermont et par Marie de Berry, sa mère, qui gouvernaient les Etats du duc de Bourbon pendant la captivité de ce prince. Les plaignants demandaient prompte et bonne justice et semblaient disposés à se la faire eux-mêmes ; mais l'archevêque de Lyon, Amédée de Thalaru, Jacques de Mauvoisin, abbé d'Ambronay, le prieur de Neuville et Humbert de Grolée, interposèrent leur médiation. Le 24 mars 1431, six jours après l'escalade de Trévoux, le duc de Savoie envoyait en Bresse Claude du Saix, président de la chambre des comptes, pour *s'en quérir sur l'émeuvement des gens d'armes de Charles de Bourbon qui devoyent courre es pays de Bresse pour faire vengeance à l'ancontre du seigneur de Varembon qui paravant huit jours avait prins et invasé Trevoux sur quoy fust tellement pourveu, que la Dieu grace il ne se fist enjure de faict*, et le président du Saix, après de longs pourparlers avec les médiateurs, *appoincta que les gens de monseigneur, et ceux du comte de Clarmont se deussent trouver ensemble huit jours après Pasques à l'isle Barbe pour rencontrer lesdits seigneurs à plaisir Dieu en bon accord.*

Amédée VIII avait protesté contre toute participation de sa part à l'entreprise de Varembon, et ordonna contre les coupables une enquête rigoureuse. En témoignage de sa sincérité, Oddet de Chandée, bailli de Bresse, reçut ordre de saisir toutes leurs terres, et notamment la forteresse de Varembon et les châteaux de Bouligneux et de Foyssia, où s'étaient rassemblées les compagnies de La Palud. De son côté, le bailli de Baujolais insistait fortement pour qu'on lui livrât les malfaiteurs ; mais tous avaient quitté les Etats de Savoie, et, pendant que les ambassadeurs du comte de Clermont et ceux d'Amédée VIII discutaient les bases d'une transaction qui fut peu honorable pour la Savoie, Varembon, tranquille et impuni auprès du duc de Bourgogne, rançonnait impitoyablement ses prisonniers, et faisait payer avec usure aux malheureux sujets du duc de Bourbon les 8,000 écus d'or exigés par Rodrigue de Villandrado pour le prix de sa liberté.

On peut conjecturer avec quelque vraisemblance qu'à la journée d'Anthon l'implacable chevalier eut particulièrement à se plaindre des hommes d'armes de Trévoux ; le nombre des bourgeois de cette ville qu'il emmena captifs s'élevait à près de soixante, sans comprendre les juifs, qu'il n'eut garde d'oublier ; car les usuriers israélites possédaient dans la capitale de la Dombe un comptoir important et de grandes richesses. Dix d'entre eux, dont Aubray a retrouvé les noms dans un titre conservé aux archives de Trévoux, tombèrent au pouvoir de La Palud, et devinrent l'objet particulier de ses cruelles exactions [1]. Il les avait enfermés dans les souterrains du vieux château de Prity ou de Pristiac au comté de Bourgogne ; et là, pendant qu'Abraham Lévi, rabbin de Bourg, négociait leur délivrance avec Eynarde de La Baume, douairière de Varembon, La Palud faisait arracher une dent et couper la moitié d'une oreille à chacun de ces malheureux

---

[1] C'étaient Samuel Gabriel, Abraham Gabriel, son frère, Déot, Jayet, Coquelet, Lyonnel, Perret, Mossier, Coën, Aqueux de Montdidier, Pignalas et Vinade de Trévoux.

pour les punir du peu d'empressement qu'ils mettaient à souscrire à ses exigences. Enfin, après plusieurs mois d'humiliations et de tortures, le banneret consentit à relâcher ses prisonniers au prix de 3,000 écus d'or, et promit de les faire escorter libres et assurés de leurs personnes jusqu'à Pont de Vaux. On allait procéder à la signature des engagements lorsqu'intervint Jean de Compey, seigneur de Gruffy, qui pria son ami d'ajouter une clause au traité dans son intérêt tout personnel. Varembon s'y prêta avec empressement, et Lévi fut contraint de jurer par serment, en mettant les mains sur sa tête, — *more judaico*, — de payer à Guillaume de Marlieu, marchand milanais, au nom du seigneur de Gruffy, la somme de 1,000 écus d'or que lui devait le chevalier. Pour plus ample garantie, il fut stipulé que les captifs de Prity ne seraient rendus à la liberté que lorsque Lévi aurait rapporté la quittance du prêteur de Milan, et remis avec elle au seigneur de Gruffy le diamant et les robes précieuses qu'il avait dû laisser en gage pour la sûreté de son créancier [1].

Il résulta des enquêtes dirigées contre Varembon que douze des bourgeois de Trévoux qu'il avait enlevés moururent dans les fers; que sept autres, qui ne purent, au terme fixé, payer le prix de leur rançon, furent mutilés comme les juifs; et que tous ceux qui parvinrent à se racheter le firent à des taux très onéreux : Henri Gratien, l'un d'entre eux, fut taxé à 1,000 saluts [2].

---

[1] Aubray, *Histoire de Dombe*, manuscrite.

[2] Le salut était une monnaie d'or qui eut cours au xve siècle dans les provinces de France; elle tirait son nom de l'image de la salutation angé-

Les ministres ordinaires des cruautés de La Palud étaient Jean de Barral, un de ses écuyers, et deux gentilshommes dont les noms devaient acquérir une triste célébrité, Aynard de Cordon, seigneur des Marches, et Antoine de Sure, dit le Galois. Nous parlerons bientôt de leurs criminelles entreprises.

On a vu qu'à la sollicitation de l'archevêque de Lyon et des autres médiateurs qui s'étaient interposés entre le duc de Savoie et le comte de Clermont, ces princes devaient envoyer des ambassadeurs à l'île Barbe, huit jours après la fête de Pâques, pour terminer leurs différends. Amédée VIII choisit pour le représenter messire Lambert Oddinet, chevalier, membre de son conseil; Claude du Saix, président de la chambre des comptes; Jacques Oriol, juge de Bresse, et Pierre de Grolée, l'un de ses écuyers.

Les députés du duc de Bourbon furent Pierre de Tholon, chancelier de Bourbonnais; Jean de l'Espinasse, bailli de Beaujolais; le bailli de Forez, Jean Pelletan, et Jean du Beuil, auditeur des comptes. Henri du Colombier, chambellan du duc de Savoie, intervint aux dernières conférences, qui eurent lieu à Lyon, et le traité

ique qui y était représentée avec le mot *ave* placé sur un écu fleurdelisé entre les deux figures de l'ange et de la vierge. On frappa deux espèces de saluts, les saluts aux armes de France et les saluts franco-anglais. Les premiers parurent dans la dernière année du règne de Charles VI, les seconds un an après, de 1422 à 1423, alors que Henri VI d'Angleterre, encore au berceau, fut proclamé roi à Paris et à Londres. La valeur du salut était de la 63ᵉ partie du marc d'or, qui se payait à cette époque, suivant Monstrelet et les auteurs de l'*Art de vérifier les dates*, 828 liv. Les mille saluts exigés par Varembon pour la rançon de son prisonnier équivalaient donc, d'après ces données, à 13,132 fl. de notre monnaie.

y fut signé, le 18 mai 1431, dans l'église métropolitaine de Saint-Jean, sous la réserve de l'approbation des hautes parties contractantes.

Ce traité, d'après l'expédition originale conservée à Turin aux archives du roi, contenait les dispositions suivantes :

« *Premièrement* que tous les trouvez coulpables ou qui
« coulpables se trouveront véritablement, demeurent
« abbandonnez aux gens et officiers de monseigneur de
« Bourbon pour yceulx prandre par ses gens en quelque
« part qu'ilz seront trouvez au bailliage de Breisse et
« hors d'icellui bailliage par tout le duchéame de Sa-
« voye et par toute sa seigneurie, tous seront prins par
« les officiers de Savoye à la seule péticion ou requeste
« de monseigneur de Bourbon et de Beaujeu de ses offi-
« ciers ou messaige et remis aux officiers dudit seigneur
« de Bourbon, et leur devront confort et ayde à la con-
« duicte des prisonniers.

« *Item* que mondit seigneur de Savoye fera payer
« sur les biens des malfaicteurs toutes rainçons et finan-
« ces que les prisonniers prins au dit lieu de Trevoux
« paieront aus diz malfaicteurs ou aultres pour cause de
« la dicte prinse en acquictement et délivrance d'iceulx.

« *Item* en oultre pour les dommaiges, pertes, missions
« et despens faiz tant par mon dit seigneur de Bourbon
« comme par les subgiez fera rendre avecques effect
« mon dit seigneur de Savoye voulant justice estre
« accomplie à prendre sur les chevances des diz malfaic-
« teurs, la somme de diz mil escuz d'or, de bon or et
« de bon poys à raison de soixante et quatre au marc

« a paier la moytié à la Toussains et l'aultre moytié à
« Pasques prouchainement venans.

« *Item* que parmi ce que dit est, l'on transportera à
« mon dit seigneur de Savoye tous droict et action com-
« pectant à mon dit seigneur de Bourbon et à ses
« subgiez pour occasion de la dicte invasion et payement
« des dictes sommes dessus dictes sur les biens des diz
« malfaicteurs et abbandonnez, les personnes dyceulx
« demourans en dangier de justice, comme dessus est
« dict.

« *Item* que les diz ambaxadeurs des diz seigneurs se
« reservent le bon vouloir et plaisir de mes diz seigneurs
« lesquels feront savoir aus diz mediateurs ou aulcun
« d'eulx dedans le dixième jour du mois de juing prou-
« chin en la ville de Lyon[1]. »

Le duc de Savoie signa à Chambéry, le 24 juin 1431, la ratification de ces conventions équitables, mais humiliantes, et l'acte en fut aussitôt expédié à l'archevêque de Lyon.

Nous avons cru devoir entrer dans le détail de ces événements pour justifier Amédée VIII d'une imputation injurieuse que plusieurs écrivains ont trop légèrement accréditée. Gacon, Aubray, Guichenon lui-même, se sont plu à répéter qu'Amédée VIII avait été l'instigateur de l'entreprise de Varembon, se fondant sur ce fait, qu'ayant d'abord désavoué et poursuivi son turbulent vassal, il lui donna, peu de temps après, des marques de confiance et de faveur. Cette opinion se répandit à l'épo-

---

[1] Pièces justificatives, doc. n° 10.

que même de la surprise de Trévoux ; nous en avons trouvé le témoignage dans un document contemporain [1]. Charles de Bourbon la partagea et conçut dès lors une animosité profonde contre le duc de Savoie ; mais si cette injuste supposition put égarer un prince irrité et soupçonneux, l'histoire ne saurait l'adopter sans preuves, et de nombreux témoignages la détruisent. Comment admettre qu'Amédée VIII, que sa sagesse fit surnommer le Salomon de son siècle, se soit rendu le fauteur d'une agression aussi déloyale qu'impolitique ? Comment supposer que s'il l'eût ordonnée, il n'eût pas eu la volonté de la soutenir ? Plein du sentiment de sa dignité, aurait-il cédé sans opposition aux exigences d'un adversaire qui ne lui était point supérieur en puissance ? Non ; mais il accorda la satisfaction qui lui fut demandée parce que son cœur n'écouta jamais d'autre voix que celle de la justice, et s'il fut indulgent pour les coupables, ce ne fut qu'après avoir indemnisé lui-même le duc de Bourbon et ses sujets des pertes qu'ils avaient souffertes. A l'appui de ces réflexions, nous citerons plusieurs documents qui prouvent d'une manière concluante que Varembon agit sans ordre de son souverain, et signalent le duc de Bourgogne et le duc de Bedfort [2] comme les véritables instigateurs de la surprise de Trévoux.

[1] Tunc dixit ipse Aynardus eidem Anthonio quod dictus comes Clarimontis erat veridice informatus et clarus in animo suo quod prefatus dnus noster dux fuerat causa et fautor captionis ville Trevotii que fuerat capta et assacamandata per dominum Varembonis... et hiis de causis dicebat quod dnus comes erat inimicus dicti dni nostri ducis. (Dépositions d'Antoine de Sure, second interrogatoire, doc. n° 19.)

[2] Ce dernier prenait à cette époque le titre de régent du royaume de France.

Le 8 juin 1431, le conseil ducal se réunit à Annecy sous la présidence du comte de Genève : Humbert, bâtard de Savoie ; le maréchal de Montmayeur ; Henri du Colombier, maître de l'hôtel ; Jean de La Fontaine ; Urbain Cerisier ; Rodolphe de Fésigny ; Crescherel ; Pierre de Grolée, écuyer du duc, et le trésorier général, assistaient à cette séance [1]. Lors comparut en présence de l'auguste assemblée Jean de La Chapelle, héraut de Savoie ; il venait, par ordre du maréchal de Seyssel, rendre compte au conseil de son message auprès du sire de La Palud, *et luy rapporter certaynes paroles très oultrageuses à luy comme il disoit dictes par le sieur de Varembon*. Nous avons vu que ce dernier, après le sac de Trévoux, s'était retiré sur les terres du duc de Bourgogne ; ce fut à *Châlons sur la Saône* que le héraut vint lui signifier le traité de Lyon et la confiscation de ses domaines ; il remplit sa mission avec le cérémonial d'usage et les égards dus au puissant chevalier. Mais celui-ci, furieux des rigueurs de son prince et surtout de la réparation qu'il avait accordée au comte de Clermont, s'emporta de la manière la plus violente contre Amédée VIII et ses conseillers, se répandit en menaces terribles contre Charles de Bourbon, et jura sa foi, en blasphémant, qu'il tuerait Claude du Saix partout où il pourrait le rencontrer, fût-ce même sous les yeux de son souverain. *Je regnie Dieu que cest homme je tueray devant monseigneur ou quelque part que je le trouve par ma foy.* Il accusait ce sage et loyal conseiller d'un

---

[1] Protocoles Bolomier : procès-verbaux des séances du conseil résident, arch. de cour.

acte de justice qu'il considérait comme la plus insigne lâcheté. *Vous avez tort, Monseigneur*, lui répondit le héraut, *car je vous scais bien a dire come au conseil que monseigneur ait tenu là dessus, il n'y a oncques esté, mays ne s'est oncques bougié de Breisse là où il a estably les garnisons, et bien faut-il qu'il serve son prince et qu'il obeysse à ses lettres*; mais le sire de Varembon, interrompant le héraut avec fureur, s'écria : *Je regnie Dieu que cest home je tueray et daultres que je nomeray pas maintenant et veuil que tu diez à monseigneur que je feray de telz feux qu'il verra bien la fumée des montaignes s'il la veut regarder. En despit de Dieu, monseigneur a-t-il peur de Charles de Bourbon? Je luy feray telle guerre et au royaume et en Breysse, que l'on ne vist oncques la pareille.* — *Je suis come hors de sens*, dit-il encore, *et se ay de bons compaignons que par le Saint Dieu il a cc ans qu'il ne partist chivallier de Savoye qui fust de si bons hommes d'armes que je feray car nous sommes que* CLX *Bergues que tous avons bon vouloir de malfaire les besoignes au quel qu'il soit*.

Le fougueux chevalier continua longtemps encore sur ce ton d'emportement et de menace, et, certes, il n'eût pas manqué, dans son rude langage, d'accuser son souverain de perfidie, si, après avoir exécuté ses ordres en s'emparant de Trévoux, il n'eût obtenu pour récompense que la honte d'un désaveu et la perte de sa fortune ; cependant, dans l'explosion de sa colère, Varembon n'adresse point au duc de Savoie un semblable reproche, mais *par Dieu*, s'écria-t-il, *quant monseigneur aura veu les lettres que j'ai de mes advoyers, il ne derra pas estre sy mal content contre moy comme il est, car je les ay belles et notables de monseigneur de Bourgougne son neveu et de monseigneur le régent de France. Et vous tous, Messeigneurs,* dit La Chapelle en terminant la lecture de son rapport, *et vous tous qui êtes les vénérables et discrets conseillers de mon très hault, excellent et puissant prince les choses que j'ay ouy dire au seigneur de Varembon je vous ay dictes et non pas si bien come il appartiendroit.* Nous ne contredirons point le héraut, car sa rédaction est souvent assez inintelligible [1].

La Chapelle, dans son message au seigneur de Varembon, avait pour mission de lui transmettre la réponse du conseil d'Amédée VIII à une requête qu'il avait fait appuyer par le chancelier de Bourgogne; La Palud y sollicitait un sauf-conduit pour se rendre à Thonon, et conjurait son souverain de n'accorder aucune indemnité au duc de Bourbon. Le conseil refusa la première demande par motif de convenance, la seconde par raison d'équité; mais il fit dire au chevalier que, s'il voulait venir exposer à son prince les motifs de sa conduite, il en serait écouté avec bienveillance et traité avec justice [2]. C'est à cette communication digne et modérée

---

[1] Voyez pièces justificatives, doc. n° 11.

[2] Supra ambaxiata dni Varembonis facta ex parte cancellarii Burgundie per magistrum Claudum de Rocheta respondetur quod domnus noster pro parte lesa instantissime requisitus, differe non potest justiciam ministrare, nec eciam decet salvum conductum petitum concedere, sed dum venire voluerit, benigne audieriit eum dnus, nec alias quam justicie tramite provideret. *(Ipsa die penultima maij, Thononii : in consilio presentibus dnis, bastardo, de Acquis, Henrico, de Fonte, de Feysigniaco et Crecherel.)* GUIL. BOLOMIER, reg. 3, fol. 122, arch. royales.

que Varembon répondit par des injures et des menaces ; cependant, telles étaient et la puissance de cet orgueilleux vassal et la crainte qu'il inspirait en s'étayant sur la haute protection du duc de Bourgogne, qu'Amédée VIII jugea convenable de transiger avec lui. Trois jours après le retour du héraut, le conseil, pour délibérer sur son rapport, se réunit à Annecy en assemblée solennelle et en présence du duc de Savoie; il fut convenu qu'on demanderait à Varembon par un second message s'il entendait ou non présenter des cautions, et qu'on engagerait le duc, en cas d'affirmative, à lui signifier qu'il n'accepterait ses garants que sous leur serment préalable de fidélité [1]. François de La Palud voulut que ses *advoyers* fussent reçus sans conditions, mais le conseil de Savoie ne crut pas devoir pousser jusqu'à ce point la condescendance.

Les choses restèrent en cet état jusqu'à l'année suivante, et quoique Varembon prétendît que c'était le duc de Bedfort et les Anglais qui lui serviraient de cautions,

---

[1] De relatis per heraldum super prelatis per dominum Varembonis advisum est. Ad eum ex parte consilii mictere ad sciendum si advoyare velit vel non, et si advoyet tunc habeat domnus consilium advoyatores ex debito fidelitatis requirendi juramento. (*Annessiaci, coram dno presentibus Dno comite Gebennarum, Cancellario, bastardo, Gaspardo, de Aqvis, Montiscanuti, Henrico, de Saxo, Marchiandi, de Fonte, Urbano, Rodulfo, de Thomatis, de Montheolo, Roberto*). Registre Bolomier, *ut supra*.

LOUIS DE SAVOIE, COMTE DE GENÈVE; LE CHANCELIER DE SAVOIE; HUMBERT, BATARD DE SAVOIE, COMTE DE ROMONT; GASPARD DE MONTMAYEUR; HUMBERT DE SEYSSEL, SEIGNEUR D'AIX; MONTCHENU; HENRI DU COLOMBIER; CLAUDE DU SAIX; CLAUDE MARCHAND; JEAN DE LA FONTAINE; URBAIN CERISIER; RODOLPHE DE FÉSIGNY; MONTHOUX; DE THOMATIS; ROBERT DE MONTVAGNARD.

le duc de Bourgogne n'en fit pas moins de nouvelles instances pour obtenir, sans condition, le pardon du coupable. Amédée VIII, enfin, s'en remit à l'arbitrage de Philippe le Bon et consentit à pardonner au rebelle, pourvu qu'il prît à sa charge personnelle tous les engagements contractés envers le duc de Bourbon [1].

Cependant la clémence de son souverain ne put adoucir l'indomptable caractère du seigneur de Varembon. Toujours audacieux et superbe, oublieux de sa noble devise, *potius mori quam fœdari*, son nom, tristement célèbre sous le règne d'Amédée VIII, se trouve mêlé à tous les désordres de celui de son successeur; implacable dans ses vengeances, sa haine soutint l'accusation dont l'issue devint si fatale au malheureux Bolomier; plus tard, en 1446, il fut, avec Jean de Seyssel, l'âme du complot formé par la noblesse de Savoie contre Jean de Compey, favori du duc Louis. Ses biens furent de nouveau confisqués, ses châteaux abattus; mais la forteresse de Varembon se releva de ses ruines sous la puissante

---

[1] Ambaxiatores Burgondie videlicet thesaurarius Bisuntinencis et Anthonius de Villiers cum licteris credentialibus ad domnum venientes resararunt obsequia per domnum Franciscum de Palude duci Burgondie impensa, requirendo domnum, ut illorum contemplacione velit dicto dno Varembonis libere indulgere, et aliis qui sibi assisterunt.

Responsum fuit predictis ambaxiatoribus Burgundie qualiter dnus Varembonis ultra prohibitiones dni ad captionem Trevosii processit qualitercumque dixerit Anglicos non Burgondos ejus esse advoyatores; et quomodo opus fiat dno justiciam facere et expensas quas sustinuit recuperare et nickilhominus contemplacione dni Burgundie, dnus noster est contentus interesse suum remictere in manibus dni Burgundie ita tamen quod dnus Varembonis et ejus complices ipsum domnum et cautores liberos reddant a promissionibus erga illos de Bourbonnio prestitis.

(Registre des délibérations du conseil, séance du 25 mai 1452, Thonon.)

protection du roi de France. Le duc de Savoie se vit contraint de payer 12,000 florins d'or pour les frais de sa reconstruction et de rétablir La Palud dans tous les biens, charges et honneurs dont il l'avait dépouillé. Ce prince conserva depuis lors un profond ressentiment contre son puissant vassal ; en 1455, à la sollicitation de Charles de Grolée qui prétendait avoir à s'en plaindre, le duc Louis le fit sommer de comparaître devant lui ; mais Varembon répondit au héraut que *c'était chose étrange que Mons de Savoie le fit citer en personne, vu qu'il n'y avait pas de cas pour lequel il ne dut être reçu par procureur*, que le sauf-conduit qu'on lui faisait offrir avait peu de valeur à ses yeux, car l'exemple récent de Pierre de Menthon, assassiné par Compey dans le palais même de son souverain, et dont le meurtre restait impuni, lui donnait la mesure de ce qu'il pouvait espérer d'une semblable garantie ; que, du reste, il ne possédait plus rien dans les Etats du duc de Savoie et ne ressortait plus de sa juridiction, qu'il en appelait à l'empereur et demandait acte formel de sa protestation [1].

Cette arrogance ne fut point punie ; les poursuites cessèrent, mais Varembon ne survécut pas longtemps à ce dernier acte d'indépendance ; il mourut peu de mois après dans son château de Villars-Sexel, au comté de Bourgogne, et fut enseveli avec toute la pompe usitée dans les sépultures des plus puissants barons.

Les dix mille écus d'or demandés par le comte de Clermont, comme indemnité de la surprise de Trévoux,

---

[1] GUICHENON, *Histoire de Bresse*, 3ᵉ partie, p. 294.

ne furent payés qu'un an après le terme convenu par les stipulations du traité. De nouvelles exigences, soulevées par l'injuste ressentiment de Charles de Bourbon contre le duc de Savoie, faillirent allumer entre ces princes une guerre sérieuse, la Bresse fut mise en état de défense [1]. Amédée VIII y envoya le maréchal de Savoie (Jean de Seyssel, seigneur de Barjact) qui réunit sur ses frontières des troupes nombreuses commandées par Jean de Compey, François de Lucinge, Amé de Viry, Jacques de Chissé et plusieurs autres capitaines. La *monstre* de leurs hommes d'armes se fit à Bourg, en présence de Claude du Saix, le 15 avril 1433. On transporta de l'artillerie dans les places fortes les plus exposées, tandis que Guillaume du Colombier, châtelain d'Yverdun, demandait du secours aux seigneuries de Fribourg et de Berne [2] et qu'Amédée de Luzerne passait les Alpes à la tête de six cents pavoisiers recrutés dans les vallées du Piémont [3].

Nous avons rapporté les principales circonstances de la bataille d'Anthon, la vengeance que La Palud voulut tirer du comte de Clermont, et l'animosité de ce prince

---

[1] Jean de Buent, du commandement de M. le maréchal de Savoie, partist de Bourg et s'en allast visiter et solliciter toutes les villes de Bresse pour les mettre en ordinaire de les faire bien garder jour et nuit et visiter leurs artilleries et les leur faire mettre en poinct, pour venir a deffence quand metier sera. (Compte du trésorier général de Ferro, n° 78).

[2] Debentur per illmum dnum nostrum ducem N. Guillelmo de Colomberio Castellano Yverduni pro expensis per eum factis mense maij 1433 eundo apud Bernam et Friburgum pro requirendo Bernensibus et Friburgensibus parte dni nostri ad sibi concedendum de suis armigeris apud Breyssiam transmittendis contra dnum ducem Borbonij. (Compte du trésorier général de Ferro, n° 79.)

[3] Compte du trésorier général de Ferro, n° 79.

contre le duc de Savoie, qu'il s'obstinait à regarder comme le véritable instigateur de l'invasion de ses frontières et du pillage de Trévoux. Ces faits nous semblaient se rattacher à la trame criminelle ourdie contre la personne d'Amédée VIII en 1433 et servir pour ainsi dire de commentaires au récit qui va suivre. Peu de nos historiens ont parlé de la conspiration d'Antoine de Sure et d'Aynard de Cordon, aucun d'eux ne semble en avoir connu les détails. Nous chercherons à combler cette lacune à l'aide des documents authentiques que nous ont fournis les pièces originales du procès.

L'enquête dirigée contre Antoine de Sure, au moment où il fut mis en arrestation, révèle ses tristes antécédents; elle le représente comme adonné depuis vingt ans à tous les excès, enlevant et violant les femmes sur les chemins publics, dépouillant les voyageurs et les torturant pour leur arracher une rançon. C'est ainsi qu'au mois de juillet 1431, assisté de plusieurs complices, Antoine de Sure arrêta, près de Saint-Symphorien d'Ozon, Hélie de Sade et Rostaing de Vénesque, habitants d'Avignon, les accabla d'outrages et les traîna captifs en divers lieux de la Savoie et du Dauphiné, pour échapper, par ces déplacements continuels, aux poursuites de la justice. Il fut prouvé qu'il retint pendant plusieurs mois, sans cause et par violence, dans les prisons de son château du Châtelard, un malheureux nommé Poyal; on établit encore qu'il avait formé le projet de surprendre et d'*apatiser*, comme on le disait alors en style de routiers, un des plus puissants feudataires de la Bresse, Pierre de La Baume, seigneur de Montribloud. La conformité de leurs instincts pervers l'avait lié d'une étroite amitié avec Aynard de Cordon, seigneur des Marches et de la Barre; ils se jurèrent mutuellement fidélité et assistance dans toutes leurs entreprises, *in omnibus negociis, tractatibus et prodicionibus*, et devinrent, par leurs excès, l'effroi du pays qu'ils habitaient.

Le crime a souvent pour mobile, quelquefois pour excuse, l'orgueil, l'ambition, la vengeance, mais Antoine de Sure et Aynard de Cordon ne s'y livrèrent que pour satisfaire une insatiable cupidité. Personne ne connaissait mieux la manière de torturer un prisonnier pour l'amener à composition ; aussi nous avons vu que Varembon, digne de s'associer de semblables auxiliaires, les choisit pour ministres de ses exactions et leur confia ses captifs. Tant d'excès ne pouvaient rester impunis ; maintes fois cités à comparaître devant le conseil ducal pour y répondre aux accusations qui s'élevaient contre eux, Aynard de Cordon et Antoine de Sure reçurent ces sommations avec arrogance et refusèrent d'obéir. Enfin le duc de Savoie fit prononcer contre eux une sentence de confiscation qui réunit leurs biens au domaine de la couronne. L'arrêt portait, en outre, que les châteaux des Marches, du Châtelard et de Barre seraient rasés jusqu'aux fondements, afin que les coupables à l'avenir ne pussent y trouver un asile [1]. Exaspérés par ces justes rigueurs,

---

[1] Propterea dnus noster dux mandavit et commisit domos fortes seu castra Marchiarum et Barie dicti Aynardi, nec non domum fortem seu castrum Castellarii, prorsus dirrui et demoliri, et solo adæquari, sic quod proinde, eisdem, nullum receptaculum haberetur. (Pièces just., Sentence rappelée dans le doc. n° 15.)

Cordon et le Galois jurèrent d'en tirer vengeance et se réfugièrent sur les terres de Charles de Bourbon, dont ils connaissaient l'animosité contre le duc de Savoie. Ce fut au commencement de 1433, époque où Amédée VIII, comme nous l'avons dit, armait la Bresse et faisait des préparatifs pour repousser les agressions du comte de Clermont, qu'Antoine de Sure et le seigneur des Marches formèrent le hardi projet de se saisir de la personne de leur souverain et de le livrer à son ennemi contre une forte récompense.

Au nombre des capitaines les plus dévoués au comte de Clermont se trouvait Jacques de Chabanes, frère du célèbre Antoine, seigneur de Dammartin; les conjurés s'ouvrirent à lui et le chargèrent de faire à son seigneur leurs coupables propositions. Ce prince les accueillit avec joie; il se trouvait alors à Moulins, occupé du mariage de Marguerite, fille naturelle de son père, avec Rodrigue de Villandrado.

Ce redoutable aventurier, devenu comte de Ribadeo par concession du roi d'Aragon, était, à cette époque, à l'apogée de sa puissance. A la fois craint et recherché par les plus grands seigneurs du royaume de France, tels que les comtes d'Armagnac, La Trémouille, Pierre de Beaufort, le maréchal de Boussac, il ne se crut point trop honoré de devenir beau-frère de Charles de Bourbon, et ce prince, de son côté, ne jugea pas payer trop cher l'alliance du redoutable routier.

Un homme d'armes, nommé Salidot, attaché au seigneur des Marches, Cagnon de La Mollière, bailli de Beaujeu, et Guillaume Reignaut, capitaine d'aventuriers, furent mis dans la confidence du complot ; le comte de Clermont leur promit son assistance. Certains dès lors de trouver toutes les ressources qui pouvaient assurer le succès de leur entreprise, les conjurés ne songèrent plus qu'à en presser l'exécution. De fréquents conciliabules eurent lieu à Vimieux [1] et à Trévoux, où Charles de Bourbon s'était rendu ; Chabanes y proposa de surprendre le duc de Savoie dans son château de Thonon, s'appuyant sur cette considération digne d'un chef de routiers, qu'on pourrait s'emparer du trésor du prince en même temps que de sa personne et que l'entreprise lui semblait facile et doublement avantageuse. Mais le Galois et Aynard de Cordon firent prévaloir un avis plus sage [2] : leur plan, combiné avec audace et intelligence, fut arrêté à l'unanimité après une longue discussion.

Le duc devait se rendre à Pierre-Châtel pour y assister aux obsèques solennelles de Gaspard de Montmayeur, maréchal de Savoie [3]. On sait que ce monastère de l'or-

[1] Aujourd'hui Belleville-sur-Saône ou Belleville-les-Dames.

[2] Voyez document n° 19, second interrogatoire : Après sa confrontation avec l'accusé, Aynard de Cordon affirme qu'Antoine de Sure et Jacques de Chabanes voulaient qu'on surprit le duc à Thonon, mais qu'il fut d'un avis contraire, ainsi que Guillaume de Reignaut, La Mollière et Salidot. (Voy. doc. n° 14.)

[3] Issu d'une des plus puissantes et des plus illustres familles du comté de Savoie, Gaspard de Montmayeur, chevalier du collier et maréchal de Savoie, fils du célèbre compagnon d'armes d'Amédée VI, suivit en France le comte Rouge et se distingua au siège d'Ypres. Amédée VIII le fit son conseiller en 1398 ; il présida l'ambassade que ce prince envoya au concile de Constance en 1415, et négocia, en 1427, le mariage de Marie de Savoie. Le 2 décembre de la même année, il signait, à Turin, avec les ambassadeurs de Milan, le traité qui réunit pour toujours aux possessions de la couronne la ville et le comté de Verceil. Gaspard de Montmayeur mourut vers la fin de 1432.

dre des Chartreux, fondé par Bonne de Bourbon d'après les pieuses intentions du comte Vert, son époux, servait d'asile à quinze religieux qui chaque jour y célébraient les saints mystères pour le repos de l'âme des chevaliers de l'ordre du Collier qui y avaient leur sépulture. Pierre-Châtel, bâti sur une roche escarpée qui domine le Rhône, était un lieu merveilleusement propre à favoriser la surprise que méditaient les traîtres. Il fut convenu qu'Aynard de Cordon ferait construire à Seyssel, sous la direction d'un homme choisi par ses complices, une barque pontée, *navigium*, qu'on viendrait amarrer au port de Pierre-Châtel sous prétexte d'y attendre un chargement pour le midi ; le seigneur des Marches devait s'y introduire secrètement, la veille du jour des funérailles, avec un certain nombre d'hommes d'armes que lui fourniraient Jacques de Chabanes, La Mollière et Reignaut, tandis que douze hommes déguisés et sans armes, aux ordres d'Antoine de Sure, chercheraient à pénétrer dans le monastère en demandant à assister aux pompes religieuses qui s'y préparaient. Bientôt un homme d'armes, en habit de moine, portant les distinctions des abbés, devait se présenter escorté par Salidot, et se faire annoncer comme le supérieur du monastère de l'Ile-Barbe, qui venait, avec un cortège de vingt à vingt-cinq cavaliers, pour prendre part à la solennité. Les douze conjurés de l'intérieur, conduits par le Galois, devaient alors s'approcher de la porte et l'ouvrir de force à leurs complices s'ils rencontraient quelque résistance, puis tous ensemble, faisant irruption dans l'abbaye, enlevaient le duc de Savoie avec les principaux seigneurs de son entourage, et le forçaient de monter sur le navire préparé par Cordon qui levait l'ancre aussitôt et entraînait son illustre captif loin de la frontière de ses Etats [1].

A ces détails, qui résultent des aveux d'Antoine de Sure, se joignent les données positives que fournit l'acte d'accusation et les révélations du seigneur des Marches ; il était essentiel, pour le succès de l'entreprise, que les conjurés fussent exactement informés de l'époque fixée pour les obsèques du maréchal et connussent le jour où le duc de Savoie arriverait à Pierre-Châtel. On modifia donc le projet ; il fut décidé qu'Antoine de Sure se rendrait à Thonon sous le prétexte de plaider contre Elzias de Sauze qui était venu y demander justice de l'arrestation de ses enfants, qu'il serait accompagné de quatre hommes dont l'un devait être *des gens de mondit seigneur de Clermont* « *(et tous aux dépends dudit comte)* pour
« savoir et leur notifier le jour que mondit seigneur par-
« tirait pour aller audit lieu de Pierre-Chastel, et lors
« il y auroit douze bons compaignons dont six saroient
« avec luy continuellement près de mon dit seigneur
« pour savoir qu'il deviendroit et veu son lougeys deb-
« voit retorné à la porte et là ly avoit les aultres six pour
« fère ouvrir à ceux qui devoient venir prandre mon dit
« seigniour, et pour ce faire Mons. de Clermont au dit
« Galois debvoit bailler deux places au royaulme bon-
« nes, jusques à la valour chescune de 500 fl. par an,
« et ly debvoit baillez à son tor, à mon dit seigniour de
« Clermont pour fère son plaisir deux belles et fortes

[1] Doc. n° 19.

« places au pays de Savoye, et le dit Galois debvoit
« avoir la moytié de ce que ledit seigniour des Marches
« debvoit avoir en argent et prisonniers ¹. »

Jacques de Chabanes et Cagnon de La Mollière, au nom de Charles de Bourbon, avaient promis aux deux traîtres le prix de la rançon de leurs prisonniers, sous la réserve de la personne du duc de Savoie, et de plus 40,000 écus d'or ².

Les documents que nous avons recueillis sur cette conspiration indiquent qu'elle se tramait dans le carême de l'année 1433. Or, la sentence qui bannit Antoine de Sure des États de Savoie, qui séquestra ses terres et ordonna la démolition de son château du Châtelard, fut antérieure à cette date, puisque ce fut pour se venger des justes rigueurs de son souverain que le Galois devint le complice du seigneur des Marches. Nous ne pouvons expliquer, d'après cela, comment Antoine de Sure, condamné et proscrit, aurait pu se rendre à Thonon et se flatter d'y avoir accès auprès du duc de Savoie; comment Elzias de Sauze ³, au mois d'avril 1433, demandait encore justice de l'arrestation de ses enfants, puisque le Galois était alors proscrit pour cet attentat et l'emprisonnement de Poyal; comment, enfin, il put promettre au comte de Clermont sa maison forte du Châtelard, qui n'était plus

---

¹ Doc. n° 12.
² Doc. n° 18.
³ L'orthographe de ce nom varie dans chaque titre : on trouve Arzias de Sado dans les protocoles de Guillaume Bolomier, qui lui donne la qualification d'écuyer ducal, et Alzias de Sazo dans l'acte d'accusation; Aynard de Cordon dit du Sauze dans sa déposition écrite en français.

en sa puissance. Il y a dans ces diverses circonstances une contradiction apparente dont nous ne pouvons rendre compte, mais qu'il importe peu d'éclaircir, puisque l'accusation, les dépositions, la sentence, établissent uniformément qu'Antoine de Sure accepta l'odieuse mission d'épier le duc de Savoie et d'indiquer à ses complices le jour où ils pourraient mettre à exécution leur criminel projet.

Tout semblait assurer le succès du complot, lorsque le comte de Clermont recula devant l'infamie d'un acte aussi déloyal; il fit savoir aux conjurés qu'il ne prendrait part à leur entreprise que lorsque la guerre serait ouvertement déclarée entre le duc et lui. Chabanes regrettait vivement de voir lui échapper une si riche proie; il fit tous ses efforts pour décider Antoine de Sure et Aynard de Cordon à agir sans le concours du prince, cherchant à leur persuader qu'ils trouveraient facilement les hommes et l'argent nécessaires pour mener à bien l'entreprise; il s'attachait surtout à tenter la cupidité du Galois, en lui donnant l'assurance que sa part de prises s'élèverait au moins à 50,000 écus d'or [1]. Mais celui-ci répondit que, sans l'assistance du comte de Clermont, le succès lui semblait impossible; Aynard, à son tour, se montrait découragé. En vain Chabanes et La Mollière firent-ils de nouvelles instances pour vaincre les scrupules de Charles de Bourbon; le prince resta inébranlable; enfin Salidot, député par les trois chevaliers, se rendit à Vimieux pour annoncer au seigneur des Marches que l'entreprise était manquée et leurs pactes rompus.

[1] Pièces justificatives, document nº 18.

La conduite de Chabanes dans cette inique trame ne peut avoir aucune excuse, et cependant, dix ans après, le duc Louis, fils d'Amédée VIII, oubliait ce qu'il devait à la mémoire de son illustre père au point de récompenser par un don de 12,000 écus d'or les services du grand-maître d'hôtel de Charles VII, qui n'était autre alors que Jacques de Chabanes [1]. Si l'on éprouve un sentiment pénible en rencontrant dans la vie de ce prince cette nouvelle preuve de faiblesse, on trouve avec surprise et dégoût la vénalité associée à la perfidie chez un homme auquel l'histoire accorde des éloges, et qui portait un nom si noblement inscrit dans les annales de France.

Aynard de Cordon de tous les conspirateurs était le plus coupable ; il eut la première idée du complot. Ce fut lui qui détermina le Galois à y prendre part ; mais, dès qu'il vit sa vengeance et sa cupidité trompées par le refus du comte de Clermont, il tenta d'obtenir son pardon et de rentrer dans les bonnes grâces de son prince, en tra-

---

[1] En l'année 1452, Charles VII, irrité contre le duc de Savoie, qui semblait favoriser l'insubordination du dauphin, marcha en personne contre lui à la tête d'une armée nombreuse et s'avança jusqu'à Fleurs ; le duc, effrayé, mit tout en œuvre pour calmer le ressentiment du roi de France, et le cardinal d'Estouteville fut l'intermédiaire apparent de leur réconciliation ; mais elle fut l'ouvrage de trois conseillers de Charles VII, que l'or du duc de Savoie lui avait rendus favorables : c'était Jean de Beuil, comte de Sancerre, amiral de France (il était fils de Charles VII et de la belle Agnès Sorel), André de Villequiers et Jacques de Chabanes, grand-maître de l'hôtel du roi. Les deux premiers reçurent un présent de 10,000 écus d'or ; Chabanes en eut 12,000, le duc voulant le favoriser davantage et racheter en même temps une rente qu'il lui avait précédemment assignée sur la châtellenie de Nyon. — Pro certis servitiis nobis impensis, et remissione facta de annua pensione, etc. (Compte de Barthélemy Chabod, trésorier général.)

hissant son complice. Il essaya d'abord d'intéresser en sa faveur Claude du Saix, président de la chambre des comptes, lorsqu'il vint à Vimieux présider les conférences qui rétablirent la paix entre Amédée VIII et Charles de Bourbon [1]; mais, rebuté sans doute par ce loyal serviteur du duc de Savoie, il fit parvenir à Annecy, au conseil ducal, un mémoire dans lequel il relatait tous les détails de la conspiration. Evitant d'abord de compromettre Antoine de Sure dans cet exposé, il y dissimula soigneusement toutes les circonstances de sa coopération ; mais bientôt, dit-il dans ses interrogatoires, il s'aperçut que le Galois continuait ses relations avec Cagnon de La Mollière, et, craignant qu'il ne se livrât de nouveau à quelque machination coupable contre son souverain, il se détermina à l'accuser. Ce dévouement soudain pour un prince qu'il trahissait naguère avec tant de perfidie ne fut que le voile dont Aynard voulut couvrir sans doute une vengeance particulière. Quoi qu'il en soit, il fit supplier Amédée VIII de lui accorder un sauf-conduit et une audience pour recevoir ses révélations ; ils lui furent refusés. Il prit alors le parti de s'adresser à Guillaume Bolomier, secrétaire du duc, et qui jouissait de toute sa confiance. Nous citons textuellement les premières phrases du document qui nous fournit ces détails.

« Sachent tous que l'an 1433, le dimanche 4e jour
» d'octobre, Aynard de Cordon, seigneur des marches,
« vint à Poncins descendre avec frère André de Sellonio

---

[1] Cette paix fut conclue le 20 juin 1433, et la quittance de 10,000 écus d'or promis au comte de Clermont porte la même date.

« priour d'Anthon à l'oustellerie de la flour de lix envi-
« ron tierce et tantous feit savoir ledit seigniour des
« marches à Guillaume Bolomyer secretayre de mon sei-
« gniour de savoye, qui lors ouyet messe quil ne feist
« pour rens quil ne luy venist parler, car y luy vouloit
« descuvrir certaines secretes matères qui touchoient la
« personne et theneance de mon dit seigniour de savoye,
« et ce ouy le dit Bolomyer après la messe alast avec le
« dit priour qui lestait venu query vers le dit seigniour
« des marches. Lequel en la presence du dit priour lui
« dit soubz promesse de ne les révéler à aultre que à mon
« dit seigniour, jusques il fust seur de soy povoir re-
« trayre en son pays les choses qui s'ensuivent [1]; » et
lui déroula le plan de la conspiration tel à peu près que
nous venons de le rapporter.

Antoine de Sure fut arrêté au mois de janvier 1434
par Pierre de La Baume [2] et écroué dans les prisons du
château d'Annecy le 3 février de la même année. On le
chargea de chaînes, et des gardes veillèrent sur lui nuit
et jour [3]. Aynard de Cordon lui fut confronté en présence
d'Antoine de Vulpillères, vice-châtelain d'Annecy, de
Jean d'Epagny, juge du Genevois, de Guillaume d'A-
vanchy et de Lambert Dorier. Les commissaires ducaux

---

[1] Première déposition d'Aynard, seigneur des Marches, doc. n° 12.
[2] Document n° 17.
[3] Libr. pro expensis Gallesii de Suraz qui fuit detentus et incarceratus
in Annessiaco a die 3 mensis febbruarij anno presenti 1434 usque ad diem
septimam mensis maij qua die dictus Johannes Martini duxit ipsum Gallesium apud Aquianum de mandato dni. (Compte de Barthélemy Chabod,
trésorier général, n° 80.) Et non obstantibus ferris quibus erat constrictus.
(Ibid.) Qualibet die et qualibet nocte tribus hominibus custodibus. (Ibid.)

autorisèrent le dénonciateur et son ancien complice à parler avec la plus grande liberté. *Dicatis unusquisque restrum quidquid volueritis, quoniam expedit premissorum habere veritatem.* Alors le seigneur des Marches, interpellant Antoine de Sure, renouvela les accusations que contenait son mémoire au secrétaire Bolomier; le Galois lui opposa les démentis les plus formels, le défia d'oser lui présenter le gage de bataille et finit par accompagner ses provocations de grossières injures. Les commissaires ducaux leur ayant alors demandé s'ils seraient prêts à tenter le jugement de Dieu, tous deux répondirent qu'ils accepteraient le duel judiciaire en présence de leur souverain, et aux conditions que fixerait le maréchal de Savoie. Mais le Galois voulait avant tout qu'on lui rendît la liberté; il offrait de fournir un cautionnement supérieur à la valeur de tous ses biens et à celle de sa personne, et demandait en outre que le seigneur des Marches fût arrêté, puisqu'il se reconnaissait coupable. A son tour, Aynard de Cordon exigeait un sauf-conduit pour se présenter au maréchal de Savoie, et, de plus, un ôtage qui devait être immédiatement relâché, s'il succombait dans le combat. Les commissaires ducaux soumirent la question du duel et les demandes de l'accusateur et de l'accusé à la décision d'Amédée VIII. Ce prince jugea sagement que l'issue d'une affaire aussi grave ne devait point dépendre d'une épreuve absurde et barbare; il se souvint du funeste combat qui avait ensanglanté les débuts de son règne, et dans lequel Grandson, innocent et victime de la calomnie, tomba sous les coups de Gérard d'Estavayé. Le conseil du prince ordonna que le procès d'Antoine de Sure fût instruit avec toutes les formes et la prudence qu'exigeait la gravité de l'accusation. Le Galois, après quatre-vingts jours de détention dans le château d'Annecy, fut transféré dans celui d'Evian sous l'escorte du châtelain, d'Eustache de Sales, syndic d'Annecy, et de quelques gardes [1]. Antoine de Dragons et Rodolphe de Fésigny, membres du conseil résident, furent chargés de l'instruction du procès; les interrogatoires et les enquêtes commencèrent le 13 mai et continuèrent avec les formalités d'usage pendant plus de huit mois; on entendit une multitude de témoins à charge, peu parlèrent en faveur de l'accusé; toutefois la plus grande liberté fut accordée à la défense; cependant les juges, convaincus de la culpabilité du Galois, qui se refusait opiniâtrément à la reconnaître par ses aveux, ordonnèrent enfin la torture. Le terrible appareil en fut dressé dans la grande salle du château d'Evian, d'où l'œil embrassait dans toute son étendue la plaine azurée du Léman. Au banc des juges siégeaient Antoine de Dragons et Rodolphe de Fésigny; Pierre de Cartery, procureur fiscal; Jean des Avenières, secrétaire ducal; Pierre Lugrin, vice-châtelain d'Evian; Jean d'Epagny et Lambert Dorier. Ce dernier lut à l'accusé la sentence du conseil qui rejetait son appel et autorisait la question. Antoine de Sure, en face des instru-

[1] Item petit pro expensis ejusdem Johannis Martini qui dictum Gallesium duxit ab Annessiaco apud Aquianum associati de Ludovico de Gruciaco clerico curiæ Annessiaci, Petro Reimondi notario, Heustacio de Sala burgense Annessiaci, Johanne de Denario, Johanne de Tube servientibus generalibus Gebenesii cum quinque aliis personis et tredecim equis incluso dicto Gallesio 17 fl. 4 den. gross. (Compte de Barthélemy Chabod, n° 80.)

ments du supplice, protesta de nouveau de son innocence, jurant qu'il parlerait contre la vérité, s'il modifiait ses premières réponses; alors, sur l'ordre de Fésigny, l'exécuteur lui lia les mains, serra ses jambes dans des entraves de fer, et se mit en devoir de lui donner l'estrapade. Le Galois brava tous les apprêts de la torture, mais son obstination fut vaincue lorsque, suspendu au-dessus du sol, il se vit au moment de recevoir la première secousse; il demanda merci, confessa qu'il était coupable, et promit de tout révéler, si on lui épargnait la question. Le tribunal se laissa fléchir, et le patient fut descendu, *graciose descensus*; il jura sur l'Evangile de dire la vérité tout entière; on délia ses mains, et, assis en présence des juges, *sedens in quodam scanno*, il fit l'aveu détaillé de son crime [1]. Les interrogatoires et l'audition des témoins se prolongèrent encore pendant cinquante jours; enfin, le coupable, écrasé par leurs accablantes dépositions, renonça à tout système de défense et invoqua comme dernière ressource la clémence d'Amédée VIII. Mais son tardif repentir fut inutile comme ses prières. Atteint et convaincu d'avoir, sous l'influence d'une suggestion diabolique, — *afflante diabolico spiritu*, — conspiré et machiné contre son souverain, Antoine de Sure fut condamné à avoir la tête tranchée par la hache aux fourches patibulaires de Thonon. L'arrêt portait en outre que les quatre quartiers de son cadavre seraient transportés par *les maîtres des œuvres* à Chambéry, à Bourg en Bresse, à

---

[1] Confessio per Anthonium de Sura in tortura et post facta. (Pièces justificatives, doc. n° 18.)

Saint-Maurice et à Moudon, pour ces hideux lambeaux y être exposés en un lieu apparent, *afin d'inspirer l'horreur du crime et la terreur du châtiment* [1]. La tête du supplicié devait rester clouée sur le gibet au lieu même de l'exécution. Cette sentence, dont la rédaction offre un modèle curieux du style ampoulé de cette époque, fut rendue le 21 octobre 1434 et aussitôt publiée par Jean des Avenières sur une des places de Thonon, en présence d'une foule immense. L'exécution eut lieu le même jour [2]. On en chargea les bourreaux d'Aubonne et de Genève, qui reçurent avec leur salaire le don d'une paire de gants [3]. Le compte du trésorier Chabod énumère avec détail le prix du roussin qui transporta les membres du supplicié, celui des barils de sel qu'on employa pour les conserver, de la hache achetée à un charpentier nommé Camarier, du gibet et de tous les instruments qui servirent à cette exécution [4]. Elle rappelle dans ses détails celle de Jean de Lompnes, condamné quarante ans auparavant comme auteur de la mort d'Amédée VII. Dans

---

[1] Ut ipsius pena, ceteris talia patrare anelantibus, terridum pertranseat in exemplum. (Teneur de la sentence, doc. n° 20.)

[2] Sequuntur librate facte per me Petrum de Fracia castellanum Thononi de mandato consilii dni pro exequcione facta contra Anthonium de Sura dictum Galleys *die externa 21 octobris 1434 decapitati*. (Extrait du compte de Barthélemy Chabod, n° 80, doc. n° 21.)

[3] L'usage de donner au bourreau une paire de gants pour chaque exécution capitale était, au XVe siècle, généralement répandu; il avait droit à cette redevance quel que fût l'espèce de patient sur lequel sévissait la loi. Vers l'an 1480, dans la ville de Caen, une truie ayant dévoré un enfant au *bers* fut condamnée à être pendue, et le maître des œuvres reçut du vicomte de Falaise 10 sols 10 deniers et une paire de gants pour son salaire. (*Essais chronologiques sur les anciens usages de la Bourgogne*, page 68.)

[4] Voyez doc. n° 21, extrait du compte de Barthélemy Chabod, n° 80.

ces deux occasions, du moins, le bourreau ne mutila qu'un cadavre ; mais les juges inventaient quelquefois pour les grands criminels des raffinements de supplice dont la barbarie fait frémir. Le compte de Boniface de Challant, châtelain de Chambéry en 1389, nous en fournit un exemple remarquable.

A Jean de Chissé, mort en 1350 sur le trône épiscopal de Grenoble, avait succédé Rodolphe, son frère, qui fut transféré en 1380 à l'archevêché de Tarentaise. Ce prélat, dont le zèle égalait les vertus et le vaste savoir, entreprit de réformer les mœurs scandaleuses de quelques seigneurs de son diocèse. Ces malheureux, par une atroce vengeance, le firent assassiner avec tous ses serviteurs dans le château de Saint-Jacques. Le bâtard de Chissé, Georges de Pucet, clerc et bourgeois de Salins, Jean Cérisier et quelques autres, furent suspectés d'avoir pris part au meurtre de l'archevêque ; mais leur culpabilité ne put être prouvée. Les véritables instigateurs du crime échappèrent à l'action de la loi, dont toutes les rigueurs s'appesantirent sur un nommé Pierre de Comblou dit *reliour*[1]. Déclaré traître et relaps par Pierre Godard, grand juge de Savoie, Comblou fut condamné à avoir les deux poignets successivement abattus, à être tenaillé, puis enfin décapité et coupé en quartiers. Cet affreux martyre dura sept jours. Le 15 juin 1387, le condamné fut conduit de la prison aux fourches patibulaires de la châtellenie ; elles s'élevaient alors sur la butte de Leschaux, à quelque dis-

---

[1] Reliour, *religator*. Ce mot semble devoir être pris ici dans le sens de botteleur ou tonnelier : *religare, fœnum in fasces colligere*; relieur, *qui dolia circulis ligat*. Voy. CHARPENTIER, *Gloss.*, au mot *religare*. S'il s'agissait d'un relieur de livres, on exprimait le sens, *religator librorum*.

tance de Chambéry. Maître Joannod, *carnacerius*, lui trancha le poignet droit; ramené le 19 au lieu de l'exécution, il eut le poignet gauche abattu et fut reconduit dans son cachot. Enfin, le malheureux, étendu et garotté sur un chevalet fixé à la fatale charrette, entouré des bourreaux et de l'horrible appareil des tenailles, des réchauds et des charbons ardents, fut traîné pour la dernière fois au lieu du supplice; là, pendant plusieurs heures, l'exécuteur et ses aides tordirent et arrachèrent les lambeaux de ses chairs calcinées par les tenailles rougies, ranimant avec du vin les forces du patient pour prolonger son martyre. Enfin, lorsqu'il fut expiré dans cette affreuse torture, on coupa son corps en quartiers comme le prescrivait la sentence, et sa tête, clouée sur le billot fatal, rappela longtemps le souvenir de son crime et la barbare justice du grand juge de Savoie [1].

Après l'exécution d'Antoine de Sure, les biens du condamné furent dévolus à la couronne, ainsi que le prescrivait la sentence. Jean Gacon, commissaire ducal, employa vingt jours à en rédiger l'inventaire, qu'il remit au duc, à Thonon, le 15 novembre 1434 [2]. Amédée VIII, pour récompenser Guillaume Bolomier d'avoir le premier signalé le coupable aux investigations de la justice, lui inféoda la seigneurie de Sure; il en jouit jusqu'à l'époque où, à son tour, accusé de félonie et de concussion, en butte à la haine de puissants ennemis qu'irritait son orgueil, il expia ses prévarications par une mort cruelle. Nous avons recueilli sur la fin de ce personnage célèbre

[1] Extrait du compte de Boniface de Challant, châtelain de Chambéry.
[2] Compte de Barthélemy Chabod, trésorier général, n° 80.

quelques détails ignorés que nous nous proposons de faire connaître dans une prochaine publication [1].

Aynard de Cordon, plus coupable que son complice, obtint la vie et la liberté pour prix de son faux repentir et de ses lâches révélations ; mais ses domaines et ceux d'Antoine, son frère, furent séquestrés deux ans après ; nous ne savons si ce fut en punition de nouveaux crimes, ou s'il fut sursis jusqu'en 1436 à la peine qui lui avait été infligée pour sa participation à l'attentat du Galois [2]. Sa seigneurie des Marches, située en Bugey, sur les bords du Rhône, fut alors inféodée à Humbert de Beaumont, seigneur de Pelafol, et, deux siècles après, en 1635, elle appartenait à Réné de Lucinges, seigneur des Alymes, signataire du funeste traité qui enleva pour toujours à la Maison de Savoie les riches provinces de Bresse et de Bugey. Quant à la seigneurie de la Barre, il paraît qu'elle servit à couvrir les reprises dotales de Louise de La Chambre, femme d'Aynard de Cordon ; elle l'avait vendue au seigneur de Pelafol, de qui Amédée VIII la racheta vers la fin de mai 1436, au prix de 2,400 florins [3]. Il résulte évidemment de ces derniers détails que

---

[1] Nous renvoyons nos lecteurs à l'intéressante notice de M. le chevalier Cibrario sur le procès et la mort de Guillaume Bolomier. Il nous a prévenu dans cette publication, où l'on retrouve son talent et son exactitude ordinaires.

[2] Dans le compte du trésorier Chabod (1436), on lit l'article qui suit : Debentur per dnum nostrum ducem Johanni Veteri ejus secretario et Claudio Malachez, et quos in prossequcione jurium fiscalium traxerunt et libraverunt, videlicet in exequendo contra Eynardum de Cordone olim domnum Marchiarum, Anthonium ejus fratrem, et Johannem de Cordone filium bastardi de Cordone, prout in sex citacionibus apparet videlicet 12 fl. p. p.

[3] Compte du trésorier général Chabod, n° 81.

la sentence qui, peu d'années avant, avait ordonné la démolition des châteaux de Sure, de la Barre, du Châtelard et des Marches, ne reçut pas d'exécution. On a cherché dans ce mémoire à jeter quelque jour sur un épisode remarquable et peu connu du règne d'Amédée VIII, et dans la pensée que quelqu'un peut-être voudrait en suivre les détails dans les sources originales, nous croyons devoir publier le texte des documents employés dans le récit qu'on vient de lire.

PIÈCES JUSTIFICATIVES

DOCUMENT N° 1.

(Extrait des manuscrits de Guichenon conservés dans la bibliothèque de la Faculté de Médecine de Montpellier.)

Déclaration de guerre faite au duc de Milan par Amé, duc de Savoie.

(Thonon, 1ᵉʳ août 1427.)

Amedeus, dux Sabaudie, Chablaysij et Auguste, princeps Pedemontium, Marchio in Italia, comes Gebennensis Valentinensisque et Diensis, etc. Illustri domino Philippo Marie Anglo duci Mediolani, etc. Exigentibus certis justa causa resultantibus ex non modicis deffectibus vestris fide dignorum testimonio compertis, non sine cordis nostri displicentia vehementi, juste coarctamur contra vos et vestros velut a nostra amicitia vestrum culpa separatos, cum amicis nostris de castro prosilire : et dum licet valeamus altissimo concedente conspiratis injuriis obviare. Scriptum Thononj die vicesima prima augusti 1427.

Réponse du duc de Milan.

Filippus Maria Anglus Dux Mediolani et Papie Anglesieque Comes ac Janue Dominus ; illustri domino Amedeo duci Sabaudie, etc. Tedet admodum, illustris domine, quod nulla precedente causa legitima debeatis contra nos

et nostros prosilire velut scribitis. Juraque vigentis utrinque consangui-
nitatis et lige perturbare. Quidquid littere vestre contineant, nulle exi-
gunt juste cause, nulli nostri deffectus, nulle denique injurie conspirate
quibus obviare velle scribitis. De testibus autem quos fide dignos appellatis cum eorum nomina taceatis nos non loquimur, sed hoc non silemus
quod facillimum nobis fuisset et esset quoscumque testes hujusmodi re-
probare. Cum igitur dominj progenitores vestri semper fidelitatis decore
claruerunt et nunquam ab honestate, nunquam a debito inclyta eorum
progenies declinavit, vosque per retroacta tempora tuleritis fidelis et
honesti domini semper famam, querimur, miramur et dolemus quòd tam
immature et impetuose vos gesseritis cum eo qui vobis erat consanguinitate federeque astrictus, nobiscum scilicet, et cum hostibus nostris ligam
prius ingeritis et litteras diffidentie promiseritis ; quod nobis eas volueritis
intimare ; causas quas justas appellatis, illas culpas quas deffectus dicitis,
illas injurias quas subjungitis conspiratas, que omnia si recta itum esset
via, debitusque fuisset ordo servatus, nobis per prius intimari debuera-
tis ; nam cum veritas per se ipsam semper eluceat, facillime vobis cog-
nitam nostram innocentiam et synceritatem fecissemus : probassemusque
deffectus aliquos non posse nec debere nobis ascribi. Et vos denique fecissemus ità claros quòd procul dubio remansisset de nobis vestra domi-
natio bene contenta. Non erat ità prosiliendum pro consanguinitate et liga
utrinque vigente. Nos enim semper juris determinationj stetissemus et
offerimus adhuc stare. Verumtamen si libet prosilire sicut scribitis adver-
susque consanguineum et confederatum vestrum agere, procedatis. Nos
enim vos et vestros leto et gratioso animo expectamus insultus vestros
repulsurj. Confidentes etiam in divina clementia que justas fouet semper
causas, que adiutrix nobis erit et propitia in agendis. Grativs tamen esset
inuicem bene viuere iuxta solitum et consanguinitatem ac ligam nostram
illesam et inviolatam conservare, cum satis atque satis incongruum vi-
deatur et absurdum, eos qui sanguine et federe sunt connexi manus debere conserere et ledere se vicissim. Datum Mediolani die 4 septembris
1427.

DOCUMENT N° 2.

1426.

Rôle des chefs de lances et connétables d'infanterie qui firent la campagne de 1426 contre le duc de Milan, dressé sur les registres originaux du trésorier des guerres.

(Archives de la Chambre des comptes de Turin.)

Nombre de lances.

LANCES SAVOYARDES.

1. *Reymond de Chissé.* — Libravit Reymondo de Chissée in exoneratione stipendiorum suorum 2 mensium 28 dierum inceptorum 17 septembris pro una lancea 44 florenos 10 denarios gross. p. p. (parvi ponderis).

N. B. — Cette formule du comptable ne varie d'ordinaire que par la date et la durée de l'enrôlement ; nous jugeons inutile de la reproduire pour les lances brisées, dont nous n'indiquerons que les chefs ; mais nous donnerons littéralement le texte du trésorier dans la nomenclature des lances de compagnie, pour en faire connaître la composition.

1. *Pierre d'Alby.*
1. *Jean Crepine.*
1. *Rolet de Gilly.*
1. *Hugues de Menthonex.*
1. *Claude de Mouxy d'Albens.*
1. *Amédée Marchand.*
1. *François de Veygier.*
1. *Jean de Villars-Aymon.*
1. *Louis de Saint-Jeoire.*
1. *Hugues de Montvagnard.*
1. *François de Veyrier, chevalier.*
1. *Sybuet de la Ravoire.*
1. *Jean Batard de Cornillon.*
1. *Rolet de Cornillon.*
1. *Claude de La Balme.*
1. *Aymonet Magnin.*
1. *Nicod de Veygier.*
1. *Robert de Thoiry.*
1. *Pierre Sauvage, écuyer.*
1. *Jean Pignier.*
1. *Barthélemy de Chignin.*

1. *Amédée de Montfalcon, écuyer et maître sommeiller.*
1. *Vouthier Thorens.*
1. *Jean de Montvagnard.*
1. *Nicod de Beaufort.*
1. *Guigues de La Ravoire.*
1. *Guigues de Ravorée.*
1. *Jean Marechal.*
1. *Guillaume de La Forêt.*
1. *Jean de Montmayeur.*
1. *Bons Thorens.*
1. *François du Pont.*
1. *Claude de La Frasse.*
1. *Pierre des Molettes.*
1. *Jean de Saint-Cergues.*
1. *Claude de Myonnaz.*
1. *Jacques Brunier.*
1. *Rolet de Novéry.*
1. *Jean, seigneur de Lornay.*
1. *Rolet de Thoyre.*
1. *Guigonnet de Conflans.*

2. *Hugonet de Molliens*. — Libr. Hugoneto de Molliens e Roleto bastardo de Verboux in exon. stip. 3 mens. incept. 9ª aug. pro 2 lanc. 87 fl. 4 den. gr. p. p.

. *Etienne de (ou de La?) Rochette*. — Libr. Stephano de Ruppecula et Aymoneto Dargonay in exon. stip. suorum 2 mens. 29 dier. incept. 9ª aug. pro 2 lanc. 76 fl. 8 den. gr. p. p.

2. *Antoine de Beaufort*. — Libr. Anthonio de Belleforti et Roleto Rolliardi in exon. stip. suorum 2 mens. 28 dier. incept. 9ª aug. pro 2 lanc. 82 fl. 8 den. gr. p. p.

2. *Jacques de Montfalcon*. — Libr. Jacobo de Montefalcone in exon. stip. suorum 2 mens. 8 dier. incept. die ultima aug. *Item.* Johanni bastardo de Montefalcone in exon. stip. suorum 3 mens. incept. 8ª aug. pro 2 lanc. 84 fl. 8 den. gr. p. p.

2. *Jean de La Ravoire*. — Libr. Johanni de La Ravoyre et Johanni Vachet in exon. stip. suorum 3 mens. 1 diei incept. 8ª aug. pro 2 lanc. 85 fl. 4 den. gr. p. p.

2. *Barthélemy Tavel*. — Libr. Bartholomeo et Nycodo Tavelli in exon. stip. suorum 3 mens. incept. 8ª aug. pro 2 lanc. 87 fl. 8 den. gr. p. p.

2. *Bon de L'Epine*. — Libr. Bono de Spina et Petro Diderii in exon. stip. suorum 5 mens. 26 dier. incept. 8ª aug. pro 2 lanc. 184 fl. 8 den. gr. p. p.

2. *Humbert de Livron*. — Libr. Humberto de Livrone et Petro bastardo de Livrone in exon. suorum 2 mens. 26 dier. incept. 14° aug. pro 2 lanc. 86 fl. 8 den. gr. p. p.

2. *Jean bâtard Josserand de Cons*. — Libr. Petro Biolli et Johanni bastardo de Cons. in exon. stip. suorum 2 mens. 24 dier. incept. ut supra pro 2 lanc. 85 fl. 8 den. gr. p. p.

2. *Jean et Pierre de Pugny frères*. — Libr. Johanni et Petro de Pugnie fratribus in exon. stip. suorum 5 mens. 24 dier. incept. 12ª aug. pro 2 lanc. 180 fl. 8 den. gr. p. p.

2. *Georges de La Croix*. — Libr. Georgio de Cruce et Petro de Cruce in exon. stip. suorum 3 mens. et 1 diei incept. 8ª aug. pro 2 lanc. 97 fl. 4 den. gr. p. p.

2. *Etienne de Borge*. — Libr. Stephano de Buegio et Guillermo de Buegio in exon. stip. 2 mens. 15 den. incept. 22ª aug. pro 2 lanc. 83. fl. p. p.

2. *Hugonin de Saint-Jeoire*. — Libr. Hugonino de Sancto Jorioz et Ste-

phano de Breynnies in exon. stip. suorum 2 mens. 26 dier. incept.
14ᵃ aug. pro 2 lanc. 9 fl. 8 den. gr. p. p.

2. *Jean d'Orlier.* — Libr. Johanni d'Orlier et Amedeo d'Orlier in exon.
stip. suorum 2 mens. 24 dier. incept. 14ᵃ aug. pro 2 lanc. 84 fl.
p. p.

2. *Amédée de Montdragon.* — Libr. Amedeo de Montedragone et Gui-
gonelo de Montedragone in exon. stip. suorum 2 mens. et 25 dier.
incept. 14ᵃ aug. pro 2 lanc. 89 fl. 4 den. gr. p. p.

2. *Gabriel de Germaney.* — Libr. Gabrieli de Germaney et Voutherio
Guiot (ou Ginot?) in exon. stip. 5 mens. 27 dier. incept. 9ᵃ aug.
pro 2 lanc. 182 fl. 8 den. gr. p. p.

2. *Pierre de l'Épine.* — Libr. Petro de Spina et Bertrando de Saxo in
exon. stip. suorum 6 mens. 6 dier. incept. 5ᵃ aug. pro 2 lanc. 175
fl. p. p.

2. *Henri Gillet.* — Libr. Henrico Gillet et Petro Guyant (ou Guyerant?)
in exon. stip. suorum 5 mens. 26 dier. incept. 12ᵃ aug. pro 3
lanc. 205 fl. 8 den.

2. *Jean du Nant.* — Libr. Johanni du Nant et Henrico de Villa in exon.
stip. suorum 2 mens. 27 dier. incept. 12ᵃ aug. pro 2 lanc. 86 fl.
p. p.

2. *Guillaume Tavel.* — Libr. Guillelmo Tavelli et Petro de Sala in exon.
stip. suorum 4 mens. 11 dier. incept. 13ᵃ aug. pro 2 lanc. *Item*
Micheto de Flandres balisterio cum equo in exon. stip. 4 mens. et
24 dier. incept. ultima octob. 148 fl. 8 den. gr.

2. *Mermet de La Croix.* — Libr. Mermeto de Cruce et Andree Ysardi in
exon. stip. suorum 5 mens. 25 dier. incept. 12ᵃ aug. pro 2 lanc.
182 fl. p. p.

2. *Georges de Neuveselle et Pierre de Neuveselle, conseigneurs de Nernier.* — Libr. Georgio de Novasella et Petro de Novasella pro reman. stip. temporis pro quo 2 lanc. servierunt in anno 1426. *Item*
pro reman. stip. Johannis de Meynin et Angellini-Grona balisteriorum cum uno equo et una balista anno eodem, facto computo Ypporegie dier. 6ᵃ decemb. 1427, 90 fl. p. p.

2. *François Ravais.* — Libr. Francisco Ravaisii et Girardo Brelat in
exon. stip. suorum 2 mens. 25 dier. incept. 13ᵃ aug. pro 2 lanc.
Item Francisco Lovel balisterio 91 fl. 4 den. gr. p. p.

2. *Amédée des Clets.* — Libr. Amedeo de Cletis et Petro de Voserier in
exon. stip. 2 mens. 26 dier. incept. 13ᵃ aug. pro 2 lanc. 88 fl. p. p.

2. *Guillaume Ranguis l'aîné, d'Annecy.* — Libr. Guillelmo Pollerii et

Guilielmo Ranguisi seniori de Annessiaco fidelibus dni in quibus dnus tenebatur Petro de Capella pro dicto Guilielmo Pollerii, et Malliardo de Porta pro dicto Ranguisi pro reman. stip. suorum temporis que pro 2 lanc. dno servierunt in anno 1426, computo facto Thaurini 2ª nov. 1426, 32 fl. p. p.

2. *Jean Portier.* — Libr. Johanni Porterii et Johanni Belli in exon. stip. suorum 3 mens. incept. 9ª aug. pro 2 lanc. 81 fl. 4 den. gr. p. p.

2. *Louis de Cousignon, seigneur dudit lieu.* — Libr. Ludovico de Conlignon *(il y a* Cussignion *)* et Ludovico de Lucinglo in exon. stip. 2 mens. 28 dier. incept. 11ª aug. pro 2 lanc. 85 fl. 4 den.

2. *Guillaume de Lornay, conseigneur de Soirier.* — Libr. Guillielmo de Lornay et Stephano de Bosco in exon. stip. suorum 5 mens. 25 dier. incept. 11ª aug. pro 2 lanc. 177 fl. 8 den. gr. p. p.

2. *Jean, bâtard de Copponex.* — Libr. Johanni bastardo de Coponay et Stephano Dorerii in exon. stip. suorum 5 mens. 25 dier. incept. 11ª aug. pro 2 lanc. 185 fl. 4 den. gr. p. p.

2. *Falconet de Monthoux.* — Libr. Falconeto de Monthou et Hugoneto bastardo Ranguis in exon. stip. 2 mens. 26 dier. incept. 15ª aug. pro 2 lanc. 88 fl. p. p.

2. *Théobald d'Avanchy.* — Libr. Theobaldo Davanchier et Henrico de Gonilliono in exon. stip. 5 mens. incept. 15ª aug. pro 2 lanc. *Item* dictis Jusquin Hennesque, Robyn Queyre et Dyonysio Dableyrier balisteriis in exon. stip. suorum tempore predicto 280 fl. 4 den. gr.

2. *Sybuet de La Ravoire.* — Libr. Sybueto Ravoyrie et Henrico de Colerma in exon. stip. suorum temporis supra declarati (2 mens. 19 dier.) pro 2 lanc. 85 fl. 4 den. p. p.

2. *Pierre de Foras, seigneur dudit lieu.* — Libr. Petro Pellicerii et Petro de Foras in exon. stip. suorum 2 mens. 21 dier. incept. 19ª aug. pro 2 lanc. 78 fl. p. p.

2. *Rolet de Faverges.* — Libr. Roleto de Fabriciis et Johanni Valardi pro stip. suis 2 mens. 8 dier. incept. ultima aug. pro 2 lanc. 90 fl. 8 den. gr.

2. *Nicod de Chissé.* — Libr. Nycodo de Chissiaco pro stip. suis 29 dier. incept. 18 oct. — *Item* Nycodo Mane pro stip. suis 5 mens. 23 dier. incept. 18ª octob. pro 2 lanc. 94 fl. 8 den. gr. p. p.

2. *Amédée d'Urtières, seigneur dudit lieu.* — Libr. Amedeo de Urteriis pro reman. stip. suorum, et Stephani Bastardi Ferley temporis quo pro 2 lanc. dno servierunt in annis 1426 et 27, facto computo

Bugelle die penultima januarii 1427 per Jacobum Gareti 48 fl. p. p.

2. *Michelet Greysy de Rumilly.* — Libr. Micheleto Greysiaci de Rumilliaco et Henrico de Nymour Armygeris ; Guillermo Francisci, Xphoro le Doux et Johanni le Normant balisteriis ac Johanni Chapuys archerio pro suis stip. 6 mens. 7 dier. incept. die 5ª aug. pro 2 lanc., 3 balisteriis et 1 archerio sub stip. pro quolibet balisterio 8 fl. per mens. et pro dicto archerio 6 fl. per mens. 436 fl. p. p.

2. *Antoine Josserand de Cons.* — Libr. Anthonio Jocerandi de Cons. et Rodulpho du Chastellet pro stip. suis. 2 mens. 10 dier. incept. 28ª aug. pro 2 lanc. 93 fl. 4 den. gr. p. p.

2. *Pierre de Filinge.* — Libr. Petro de Filinge in exon. stip. suorum 3 mens. 2 dier. incept. 8ª aug. Item Jacquemeto bastardo de Filinge in exon. 5 mens. 29 dier. incept. ut supra pro 2 lanc. 243 fl. 4 den. gr. p. p.

2. *François Sauvage.* — Libr. Claudio de Bruel et Francisco Servage in exon. stip. suorum 2 mens. 27 dier. incept. 12ª aug. pro 5 lanc. 86 fl. p. p.

2. *Pierre de La Fontaine.* — Libr. Petro de Fonte et Johanni de Comballes in exon. stip. suorum 2 mens. 25 dier. incept. 22ª aug. pro 2 lanc. 84 fl. p. p.

2. *François d'Epagny.* — Libr. Francisco Despanie pro reman. stip. suorum et Roleti de Loissy temporis quo pro 2 lanc. dno servierunt in anno 1426, facto computo Taurini dier. 2 novemb. 1426 per Jacobum Gareti, 27 fl. 4 den. gr. p. p.

3. *Nicod de Menthon, seigneur de Nernier.* — Libr. Nicodo de Menthone scutifero scutiferie dni pro reman. stip. suorum Petri de Lucinglo et Petri de Sancto Laurentio temporis quo pro 3 lanc. dno servierunt in anno 1426 facto computo Taurini 2 novemb.

3. *Amédée de La Fléchère, écuyer.* — Libr. Amedeo de Flescheria, Anthonio de Flescheria et Reymondo Belli in exon. stip. suorum 5 mens. 11 dier. incept. 25ª aug. pro 3 lanc. 260 fl. p. p.

3. *Georges de Thoyre.* — Libr. Bertrando Borgeis, Georgio de Thoyre et Francisco de Graveruel in exon. stip. suorum 5 mens. 1 diei incept. 9ª aug. pro 3 lanc. 124 fl. p. p.

3. *Jean bâtard de La Chambre.* — Libr. Johanni bastardo de Camera de Aquabella, Johanni bastardo de Camera dicto de Sancto Remigio et Johanni de Gramont in exon. stip. suorum 2 mens. et 29 dier. incept. 8ª aug. pro 3 lanc. 91 fl. p. p.

3. *Hugues Bertrand, seigneur de Chamoussel.* — Libr. Hugoni, Guil-

lelmo et Anthonio Bertrandi in exon. stip. suorum 5 mens. incept.
8ª aug. pro 5 lanc. 95 fl. p. p.

3. *Jean de Cohendiers.* — Libr. Johanni Coendier, Georgio de Boez et
Mermeto bastardo Coendier in exon. stip. suorum 2 mens. 16 dier.
incept. 10ª aug. pro dicto Johanne, 2 mens. 29 dier. pro dicto
Georgio, et 5 mens. 26 dier. pro dicto Mermeto bastardo, pro 5
lanc. 171 fl. 4 den. gr. p. p.

3. *Pierre de Cernex.* — Libr. Petro de Sernay et Girardo des Marches
in exon. stip. 6 mens. 26 dier. incept. 11ª aug. *Item* Johanni de
Ballon in exon. stip. 2 mens. 28 dier. incept. ut supra pro 5 lanc.
251 fl. p. p.

3. *Pierre d'Épagny.* — Libr. Petro Despagnie, Amedeo Despagnie ejus
fratri et Johanni Soterii in exon. stip. suorum. 5 mens. 24 dier.
incept. 12ª aug. pro 5 lanc. 276 fl. p. p.

3. *Pierre de Livron.* — Libr. Petro de Livrone, Jacquemeto de Sergie
et Amedeo de Alamagne in exon. stip. suorum 2 mens. 28 dier.
incept. 12ª aug. pro 5 lanc. 131 fl. p. p.

3. *Philippe de Mouxy.* — Libr. Philippo de Mouxiaco et Petro de Poypone dicto Nepta in exon. stip. suorum 2 mens. 24 dier. incept.
13ª aug. pro 2 lanc. *Item* Andree bastardo de Mouxiaco in exon.
stip. 2 mens. 17 dier. incept. 20ª aug. pro 1 lanc. 12 fl. p. p.

3. *Pierre de Châtillon.* — Libr. Petre de Castiglione, Johanni Magnini
et Johanni Brunet in exon. stip. suorum 5 mens. 23 dier. incept.
13ª aug. pro 3 lanc. 250 fl. p. p.

3. *Aimon de Marigny.* — Libr. Aymoni de Marignie et Petro bastardo
de Marignie in exon. stip. suorum 5 mens. 24 dier. incept. 13ª
aug. pro 2 lanc. *Item* Johanni Margare in exon. stip. suorum 2
mens. 27 dier. incept. 10ª aug. pro 1 lanc. 228 fl. p. p.

3. *Etienne Marchand.* — Libr. Stephano Marchiand, Claudio Mistralis
et Johanni de Villiens in exon. stip. 2 mens. 27 dier. incept. 13ª
aug. pro 5 lanc. 94 fl. p. p.

3. *François d'Arenthon.* — Libr. Francisco d'Arenthon, Percevallo
d'Arenthon et Petro de Vallier in exon. stip. 2 mens. 26 dier. incept. 13ª aug. pro 5 lanc. *Item* Bosoni Donnerii balisterio 116 fl.
11 den. gr. p. p.

3. *Pierre Alamand, chevalier, seigneur d'Esery.* — Libr. dno Petro
Alamandi militi, Perrino Dalben et Gileto Blanc in exon. stip. suorum 1 mens. 15 dier. incept. ultima septemb. pro 3 lanc. 34 fl.
p. p.

3. *Guillaume de Verbou (ou Verbos).* — Libr. Guilliermo de Verbou, Thome de Gillie et Johanni de Doucier in exon. stip. suorum 1 mens. 14 dier. incept. ultima septemb. pro 3 lanc. 36 fl. 4 den. gr. p. p.

3. *Antoine et Nicod de Beaufort frères, conseigneurs de Sallagine.* — Libr. Anthonio et Nycodo de Belleforti fratribus pro reman. stip., et Roleti Rolliardi temporis quo pro 3 lanc. dno servierunt in annis 1426 et 27, facto computo Bugelle die penultima januarii 1427, 63 fl. 8 den. gr. p. p.

3. *Pierre Amblard, chevalier et bailli de Savoie.* — Libr. dno Petro Amblardi militi consiliario dni et baillivo Sabaudie in quibus dnus sibi tenebatur pro stip. suis, Hugonis de Chiveriaco et Petri Macubeti temporis quo pro 3 lanc. dno nostro servierunt in agressu Gatinarie contra ducem Mediolani, facto computo Ypporegie die 21ª octob. anno Dni 1426, 16 fl. p. p.

3. *Jean de Menthon, seigneur de Drusilly et d'Aubonne, et Philibert de Menthon, son frère, seigneur de Couvette.* — Libr. Johanni et Philiberto de Menthone fratribus 1° pro reman. stip. suorum et Johannis de Veytes temporis quo pro 3 lanc. dno servierunt in anno 1426, facto computo Thaurini die 2ª novemb. 1426, 36 fl. p. p. *Item* quod eidem Johanni de Menthone debebatur pro reman. stip. suorum et Philiberti de Menthone et Henrici de Dingie temporis quo pro 3 lanc. dno servierunt in anno 1427, facto computo Ypporegie 6ª decemb. 1427, 84 fl. p. p.

3. *François de Blonay, conseigneur de Saint-Paul.* — Libr. Francisco de Blonay, Johanni bastardo de Blonay et Petro de Passu in exon. stip. 2 mens. 15 dier. incept. 25ª aug. pro 3 lanc. 128 fl. p. p.

3. *Nicod de Neuveselle, damoiseau.* — Libr. Nycodo de Novasella et Petri Barbu in exon. temporis quo pro 3 lanc. dno servierunt in anno 1426, et pro reman. stip. Johannis Batalliard qui serviit dno cum uno equo et balista in eodem anno facto computo Bugelle penult. januarii, 78 fl. p. p.

3. *Pierre de Sacconex, seigneur d'Ogny.* — Libr. Petro le Camux de Saconay, Petro Lamy et Jacquemeto Mayour in exon. stip. suorum 2 mens. 28 dier. incep. 12ª aug. pro 3 lanc. 151 fl. p. p.

3. *Louis de Pitignié.* — Libr. Ludovico de Pitigniaco, Claudio bastardo de Pitignie et Henrico Cristini fidelibus dni pro reman. stip. suorum temporis quo pro 3 lanc. dno nostro servierunt contra ducem Mediolani in annis 1426 et 27, facto computo Bugelle die penultima januarii 1427, 77 fl. p. p.

3. *Jean de Trétorens.* — Libr. Johanni de Trelorens, Petro Banqueta et Vullielmo de Forest in exon. stip. suorum 3 mens. 3 dier. incept. 5ᵃ aug. pro 3 lanc. 134 fl. p. p.

3. *Galois Clavellet.* — Libr. Gallesio Clavellet, Petro Clavellet et Humberto Clavellet in exon. stip. suorum 5 mens. 29 dier. incept. 8ᵃ aug. pro 3 lanc. 280 fl. p. p.

3. *Pierre de La Grange, dit* BAUDREIN. — Libr. dno Petro de Crangie, dicto Baudrein, militi, Anthonio de Montagny et Laurentio Masuer in exon. stip. suorum 3 mens. et 5 dier. incept. 7ᵃ aug. pro 3 lanc. 131 fl. 4 den. gr. p. p.

4. *Louis de Livron.* — Libr. Ludovico de Livrone, Stephano de Menthonay, Petro de Alamagne et Petro bastardo de Fleyer. in exon. stip. suorum 3 mens. 23 dier. incept. 12ᵃ aug. pro 4 lanc. 364 fl. p. p.

4. *Olivier Métral.* — Libr. Oliverio Mistralis et Mermeto Renever in exon. stip. suorum 4 mens. 13 dier. incept. 13ᵃ aug. pro 2 lanc. *Item* Stephano de Sinaiclaris et Glaudio de soubz l'Eglise in exon. stip. 3 mens. 24 dier. incept. 13ᵃ aug. pro 2 lanc. 274 fl. 4 den. gr.

4. *Humbert de Chignin.* — Libr. Humberto de Chignino, Amedeo de Chignino, Petro de Chignino et Johanni bastardo de Chignino in exon. stip. 2 mens. 15 dier. incept. 22ᵃ aug. pro 4 lanc. 130 fl. p. p.

4. *Pierre de Seyssel, seigneur de Saint-Cassin.* — Libr. Petro de Seyssello dno Sancti Cassini, Glaudio de Seyssello ejus filio, Petro de Seyssello ejus filio, et Johanni bastardo de Seyssello, in exon. stip. 2 mens. 9 dier. incept. 22ᵃ aug. pro 4 lanc. 152 fl. p. p.

4. *Guillaume de Genève, seigneur de Lullin.* — Libr. Guilielmo de Gebennis, Henrico de Villier, Hugoni de Challes et Lyonardo de Castro rubeo. *Item* Michelleto Chivilliardi et Johanni Joly balisteriis in exon. stip. 2 mens. 14 dier. incept. 25ᵃ aug. pro 4 lanc. et 2 balisteriis, 200 fl. p. p.

4. *Jean de Beaufort, chancelier de Savoie.* — Libr. venerabili viro Johanni de Belleforti cancellario Sabaudie pro reman. stip. Ludovici de Ravoyria, Johanni de Sancto Jacobo alias Nyt, Guillermi de Allodiis et Johannis de Villariis alias Buffet temporis quo pro 4 lanc. nomine dicti dni cancellarii dno servierunt in anno 1426 16 fl. p. p.

4. *Pierre Belletruche, seigneur dudit lieu.* — Libr. Petro Belletruche, Johanni de Belmont et Georgio Roxini in exon. stip. suorum 2 mens. 29 dier. 8ᵃ aug. Et Petro de Foresta in exon. stip. suorum

2 mens. 17 dier. incept. 17ᵃ aug. pro 4 lanc. 171 fl. 4 den. gr.
p. p.

4. *Guillaume de Ville.* — Libr. Guillermo de Villa, Glaudo Machera,
Angelino Debley et Johanni Guerrerii pro stip. suis 2 mens. 5 dier.
incept. 28ᵃ aug. pro 4 lanc. 175 fl. 4 den. gr. p. p.

4. *François de Menthon.* — Libr. Francisco de Menthone et Philiberto
de Menthone ejus fratri pro reman. stip. suorum, Terry le Alemant et Jacobi Mermar temporis quo pro 4 lanc. dno servierunt in
anno 1426, et facto computo Bugelle die penultima januarii 1427,
89 fl. 10 den. gr. p. p.

4. *Amédée d'Apremont.* — Libr. Amedeo Daspremont in exon. stip.
suorum 4 mens. 16 dier. incept. 14ᵃ aug. *Item* Gonino de Breanczon, Amedeo Chienic et Henrico de Breanczon in exon. stip. suorum 5 mens. 21 dier. incept. ut supra pro 4 lanc. 150 fl. p. p.

4. *Robert de Duing, conseigneur de La Val d'Isère.* — Libr. Roberto
Duyno, Ludovico de Bellentro, Johanni Biolli et Glaudio bastardo
Catinelli in exon. stip. suorum 2 mens. 24 dier. incept. 14ᵃ aug.
pro 4 lanc. 172 fl. p. p.

4. *Claude d'Orlier.* — Libr. Glaudio de Orliaco, Johanni bastardo d'A-
vullie, Francisco de Buodo et Glaudio Serlau pro suis stip. 5 mens.
22 dier. incept. 14ᵃ aug. pro 4 lanc. 458 fl. 8 den. gr. p. p.

5. *Claude de La Chambre, chevalier.* — Libr. dno Glaudo de Camera
militi, Claudo Candie, Anthonio de Cuyna, Amedeo de Poypone et
Petro de Costis in exon. stip. suorum 2 mens. 29 dier. incept. 8ᵃ
aug. pro 5 lanc. 222 fl. 8 den. gr. p. p.

5. *Claude, seigneur des Clets.* — Libr. Glaudio dno de Cletis, Philiberto
de Cletis, bastardo Johanni de Cletis, Nicodo de Menthone et bastardo dni Auberti de Cletis. *Item* Thome Caratti et Anthonio Cha-
pelli balisteriis in exon. stip. suorum 2 mens. 25 dier. incept. 14ᵃ
aug. pro 5 lanc. 2 balisteriis sub stip. 8 fl. pro balisterio, 248 fl.
p. p.

5. *Jean de La Motte.* — Libr. Johanni de Mota, Guillelmo de Bordellis,
Anthonio de Intermontibus, Anthonio Bisardi et Anthonio Cordieu
in exon. stip. suorum 2 mens. 23 dier. incept. 14ᵃ aug. pro 5 lanc.
211 fl. 8 den. gr. p. p.

5. *Pierre Vidomne de Chaumont.* — Libr. Petro Vicedompni de Calvo-
monte et Johanni bastardo Vicedompni in exon. stip. suorum 5
mens. 24 dier. 12ᵃ aug. *Item* Joanni de Champloux et Henrico Bri-
let in exon. stip. 2 mens. 25 dier. incept. 12ᵃ aug. *Item* Roleto de

Casalibus in exon. stip. 5 mens. 6 dier. incept. ultima octob. pro
5 lanc. 507 flor. 4 den. gr.

5. *Antoine de Ballaison, seigneur de Beauregard.* — Libr. Anthonio de
Baleysone, Petro Cholay et Johanni Mistralis in exon. stip. 5 mens.
25 dier. incept. 15ª aug. pro 5 lanc. *Item* Petro bastardo de Syon
in exon. stip. 1 mens. 15 dier. incept. 1ª septemb. pro 1 lanc.
Item Girardo de Syon in exon. stip. 2 mens. 26 dier. incept. 15ª
aug. pro 1 lanc. *Item* Henrico de Franquefort et Huans Suychils
balisteriis, 568 fl. 4 den. gr.

5. *Humbert de Rovorde, seigneur d'Ivoire.* — Libr. Humberto de Rovoree, Francisco Brillat, Petro de Lugrin, Johanni de Merna et Petro
de Rovoree in exon. stip. suorum 2 mens. 27 dier. incept. 15ª
aug. pro 5 lanc. 220 fl.

5. *Otton, seigneur de Langin.* — Libr. Ottoni dno Langini, Ludovico de
Langino, Johanni de Annessiaco, Hugonino de Gimillona et Francisco Vuagnardi in exon. stip. 2 mens. 24 dier. incept. 19ª aug.
pro 5 lanc. 196 fl. p. p.

5. *Jean de Seyssel, seigneur de Barjac.* — Libr. Johanni de Seyssello
dno de Barjac, Jacobo Leol, Johanni de Molliena, Girardo de la
Cheyna et Johanni Fouchonis in exon. stip. suorum 2 mens. 25
dier. incept. 14ª aug. pro 5 lanc. 211 fl. 8 den. p. p.

5. *Aymon de Châtillon.* — Libr. Aymoni de Castillione, Galesio de Castillione, Johanni de Balma, Claudo de Brues et Hugoni de La Tour
in exon. stip. suorum 3 mens. 2 dier. incept. die 7ª aug. pro 5
lanc. 215 fl. 4 den. gr. p. p.

5. *Gérard de Châtillon.* — Libr. Girardo de Castillione, Johanni Daux,
Petro bastardo Daux, Bartholomeo de Villa et Petro bastardo de
Trilliat in exon. stip. 2 mens. 27 dier. incept. 12ª aug. pro 5 lanc.
215 fl. p. p.

6. *Louis et Gabriel de Clermont frères.* — Libr. Ludovico et Gabrieli
de Claromonte fratribus pro reman. stip. suorum temporis quo cum
Anthonio de Grandimonte, Jacquemeto Prica, Francisco du Barmey pro Francisco Richardi de Albiaco, et Glaudio Prandis dno servierunt in anno 1426, facto computo Thaurini die 2ª novemb. 60
fl. p. p.

6. *Urbain de Chevron, seigneur dudit lieu.* — Libr. Urbano de Chivrone filio Petri de Chivrone, Jacobo Racta, Hugoni de Gilliaco,
Petro de Cons, Petro de Foresta et Mermeto de Freyneto in exon.
stip. suorum 2 mens. 23 dier. incept. 12ª aug. pro 6 lanc. 280 fl.
p. p.

6. *Jean Martin*. — Libravit Johanni Martini, Jacobo de Monthou, Jacobo de Vallon, Johanni Pugini juniori, Petro bastardo Binot de Bergoigne et Johanni bastardo de Saumont armigeris, et Jacquemeto Guyon balisterio in exon. stip. 3 mens. et unius diei incepti 9ª aug. sub. stip. 8 fl. pro balisterio per menses pro 6 lanc. et uno balisterio 234 fl. 11 den. gr. p. p.

6. *Pierre de Mouxy, dit Galeys, seigneur de Lupigny*. — Libr. Petro de Mouxie, dicto Galeys, Nicodo bastardo de Mouxie, Roleto Porterii, Guillermo de Thoyre, Francisco de Myonnaz juniori et Johanni Biola in exon. stip. suorum 2 mens. et 29 dier. incept. 8ª aug. pro 6 lanc. 258 fl. p. p.

6. *Gaspard, seigneur de Montmayeur, chevalier, maréchal de Savoie.* — Libr. dno Gaspardo dno Montismaioris militi, marescalo de Sabaudie, pro reman. stip. suorum, Rondeti de Viridario, Guillelmi de Montemaiori filii Johannis de Montemaiori naturalis de Chaveria, Humberti Viccini, Georgii Servent, Johannis de Montemaiori filii quondam Glaudii de Montemaiori et Guillielmi de Grangiis temporis quo pro undecim lanceis, *computata lancea dicti dni Gaspardi, marescalli pro quinque lanceis*, dno servierunt in anno 1426, facto computo Taurini die novemb. 1426, 249 fl. 4 den. gr. p. p.

7. *Amédée du Verney, seigneur de La Rochette, en Chablais.* — Libr. Amedeo de Verneto, Francisco de Pressilier, Jacobo Dufre et Francisco Baut in exon. stip. suorum 4 mens. 10 dier. incept 13ª aug. pro 4 lanc. *Item* Johanni Grissot, Anthonio Loste et Peroneto le Rost in exon. stip. suorum 5 mens. 25 dier. incept. 13ª aug. pro 3 lanc. *Item.* Nicolao de Alamand, balisterio pro uno equo et balista. *Item* Colo du Biol et Conrardo de Berna balisteriis, 581 fl. 8 den. gr. p. p.

7. *Rodolphe de Villette, seigneur de Bonvillard et de Thénesol.* — Libr. Rodulpho de Vileta alias de Chivrone dno Boni Villarii, Petremando de Chivrone filio Johannis de Chivrone, Gaspardo de Bonovillareto, Guidoni de Bonovillareto, Petro de Sancto Vitali alias de Nanto, Aymoni de Corbières et Henrico de Margniez, armigeris. *Item* Anthonasse Peter, Amsoyczen Benel et Haus Chymyt balisteriis in exon. stip. suorum 3 mens. et 1 diei incepti 6ª aug. sub stip. pro quolibet balisterio 8 fl. per mens. pro 7 lanc. et 3 balisteriis 565 fl. 5 den. gr.

7 *Jacques de Charensonex, seigneur de la maison forte dudit lieu.* —

Libr. Jacobo de Challanczonay in exon. stip. suorum 2 mens. 16 dier. incept. 14ᵃ aug. *Item* Johanni de Menthone, Philiberto de Menthone, Hugonino de Challanczonay, Petro de Challanczonay, Johanni de Veytes et Ludovico bastardo de Greysiaco, in exon. stip. suorum 2 mens. 24 dier. incept. 14ᵃ aug. pro 7 lanc. 298 fl. den. gr. p. p.

7. *Georges de Châtillon, conseigneur de Cornillon.* — Libr. Georgio de Castillone condno Curnillionis, Laurentio de Setenay, Petro Montoz, Petro bastardo Proveni, Humberto bastardo de Castillione, Francisco Mistralis et Vidoni bastardo de Curnillione in exon. stip. suorum 2 mens. 28 dier. incept. 10ᵃ aug. pro 7 lanc. 290 fl. 8 den. gr. p. p.

7. *Jean de Rossillon, seigneur de Saint-Genix, chevalier.* — Libr. dno Johanni de Rossillione militi, Rossilono ejus filio, Amedeo de Rossillione, Guilliermo bastardo Bonard, Amedeo Brunier, Petro Dorier et Aymoni Dorier, in exon. stip. suorum 2 mens. 25 dier. incept. 14ᵃ aug. pro 7 lanc. 300 fl. 8 den. gr. p. p.

7. *Pierre de La Ravoirée, seigneur de Domessin.* — Libr. Petro Ravoyrie dno de Domessins, Berliat Ravoyrie, Jacobo Ravoyrie, Antonio Miejo, Michael Bertier, Anthonio de Lay et Petro Putrent in exon. stip. suorum 2 mens. 9 dier. incept. ultima aug. pro 7 lanc. 297 fl. 8. den.

7. *Henri de Rovorée, chevalier, seigneur dudit lieu.* — Libr. dno Henrico de Rovoyree militi, Johanni de Chattoney, Aymoni de Rovoyree, Roleto de Curnillon, Guillermo Servo, Petro Bastardo de Serven et Johanni Captiot in exon. stip. 2 mens. 27 dier. incept. 13ᵃ aug. pro 7 lanc. 346 fl. p. p.

9. *Richard de Ternier-Montchenu, chevalier.* — Libr. dno Richardo de Ternier militi, Petro de Bosco, Francisco Meynodi, Johanni de Cheney, Stephano bastardo de Cheney, Petro de Feygeres, Claudio Galliardi, Claquino bastardo de Dorten et Johanni Suay in exon. stip. suorum 2 mens. 19 dier. incept. 20ᵃ aug. pro 9 lanc. 384 fl. p. p.

9. *Jean, seigneur de Blonay.* — Libr. Johanni de Blonay, Johanni bastardo de Blonay, Perronelo de Vinvillar, Petro de Cougenay, Humberto Vidompne, Claudio le Proz, Johanni Champion de Gruere, Johanni bastardo de Vinvillar et Anthonio Charferi in exon. stip. suorum 3 mens. incept. 10ᵃ aug. pro 9 lanc.

9. *Louis de Compey, seigneur d'Aigle et de Richemont.* — Libr. Ludo-

vico de Compesio, Johanni de Compesio, Jacobo de Chissie, Aymoni de Moyrens, Johanni Mistralis, Francisco Ogier, Gileto de Belleis, Anthonio de Bellocier et Jacobo de Annessiaco in exon. stip. 2 mens. 22 dier. incept. 20ᵃ aug. pro 9 lanc. 592 fl. p. p.

10. *Guigues, de Salenove.* — Libr. Guigoni dno Aulenove, Humberto Rollo, Petro de Charno, Johanni de Charno, Aymoni Guyrrolt, Francisco de Gorzant, Johanni Vignay, Henrico de Manissie, Aymoneto bastardo de Manissie, et Anthonio de Quier. *Item* Conrado Alemant balisterio, in exon. stip. suorum 3 mens. incept. 9ᵃ aug. pro 10 lanc. et uno balisterio sub stip. 8 fl. per mens. 369 fl. p. p.

11. *Urbain de Chevelu.* — Libr. Urbano de Cheveluto, Petro du Sygronult, Johanni d'Ayma-Vigne, Georgio Champrovain, Glaudio de Soumont, Philiberto bastardo Gerbais, Martini Bordani, Johanni Brunet, Humberto de Mussie, Johanni Oddinet et Cattelino Coteart in exon. stip. suorum 2 mens. dier. incept. ultima aug. pro 11 lanc. 421 fl.

11. *Amédée de Viry, chevalier, seigneur dudit lieu.* — Libr. dno Amedeo de Viry, militi, pro reman. stip. suorum, et Glaudii de Freyneto en Bornes, Petri de Vignie, Richardi de Gentoz, Johannis Evorey, Ludovici de Lornay, Guichardi de Copponey, Johanni Mistralis, Petri bastardi de Bey, Vouterii de Lornay et Petri de Crusilly temporis quo pro 11 lanc. dno servierunt in anno 1426, facto computo Thaurini die 2ᵃ novemb. 1426, 176 fl. p. p.

12. *Guillaume de Viry, seigneur d'Epagny.* — Libr. Guillermo de Viriaco, Octoni de Alamand, Petro Ranguisil, Guichardo de Borgio, Roleto de Bosco, Petro bastardo de Corgier, Ponceto de Myonas, Amedeo de Sergier et Hugoneto Lovalli, in exon. stip. suorum 5 mens. 25 dier. incept. 14ᵃ aug. pro 12 lanc. 1041 fl. p. p.

12. *Pierre Maréchal.* — Libr. Petro Mareschal, Ludovico Mareschal, Johanni Buthy, Johanni de Molario, Glaudio Sechal, Petro de Molario, Amedeo Tybiere, Francisco Tybiere, Johanni Janini, Anthonio Manuelli, Manfredo Sibue et Rondeto Rambert, in exon. stip. suorum 5 mens. incept. 8ᵃ aug. pro 12 lanc. 485 fl. p. p.

14. *Jean du Fresnay, seigneur de Chuyt, chevalier.* — Libr. dno Johanni de Freyneto militi, Jacobo de Freyneto filio dicti dni Johannis, Johanni filio Petri de Castillione, Petro de Montfort, Petro Dantye, Hugoni Damanciez, Johanni de Les Chavanes, Petro bastardo de Sersyer, Henrico de Lochi, Henrico Ogier, Glaudio Pistoris, Nycode Qui-nerit, Martino du Crest et Jacobo filio Perrodi De Freyneto in exon.

stip. suorum 2 mens. 28 dier. incept. 12ᵃ aug. pro 14 lanc. 611 fl. 4 den. gr. p. p.

14. *Jacques de Miolans, chevalier.* — Libr. nobili et potenti viro dno Jacobo de Miolano militi, Jacobo de Composta, Anthonio de Composta, Petro bastardo de Chissie, Stephano Mestralet. Pedro de Verdone, Rodulpho de Verdone, Aymoni de Verdone, Johanni de Duing, Petro de Duing, Johanni de Lescherenna, Anthonio de Poypone et Philiberto de Bumel in exon. stip. suorum 2 mens. 15 dier. incept. 20ᵃ aug. *Item* Guigoni de Challes in exon. stip. 1 mens. 24 dier. incept. 22ᵃ aug. pro 14 lanc. 567 fl. 4 den. gr. p. p.

16. *Humbert de Seyssel, seigneur d'Aix.* — Lib. dno de Aquis consanguineo consiliario et gubernatori comitatuum dni Valentinensis et Dyensis pro reman. stip. suorum. Petri de Revel, Guilielmi Bernardi, Humberti de Porta, Jacobi de Mouxiaco, Johannis de Mouxiaco, filii Jacobi de Mouxiaco, Johannis Belletruche, Amedei Boveyron, Anthonii Curtet, Johannis Bernard, Guigonis Jacquemard, Johannis de Barbut, Amedei Monon, Johannis de Chastelneuf et bastardi Montheysonis temporis quo pro 16 lanc. dno servierunt in anno 1426, computo facto Thaurini 2ᵃ novemb. 1426, 136 fl. p. p.

20. *Rodolphe d'Allinge, seigneur de Coudrée, chevalier. (Sous sa bannière marchaient les 35 lances du bâtard de Clermont.)* — Libr. dno Rodulpho de Alingio dno Coudree, Nycodo de Chable, Guiliermo Richon, Aymoni Eschaquet, Jossin de Saint-Michiel, Johanni Bandrueri, Janino Quinart, Petro de Revent, Georgio Contamineta, Hugoni de La Barme, Rodulpho de Pren, Nycodo bastardo de Bellegarde, Mermeto de Saint-Joyre, Petremando de Boeten, Johanni de Chabie, Guillelmo Mochet et Johanni de Betent in exon. stip. suorum 5 mens. 24 dier. incept. 13ᵃ aug. pro 27 lanc. *Item* Glaudio de Capella, Petro de Chabie et Petro de Boten in exon. stip. 4 mens. 15 dier. incept. ut supra pro 5 lanc. *Item* Rodulpho Fergue, Noel Flandrin et Johanni Davenche balisteriis.

25. *Clavin du Clos.* — Libr. Clavino du Clos, Johanni Cornu, Johanni Beno, Johanni du Bourg, Hugonino Darla, Poncelo de Bardent, Henrico de Grand-Prez, Colino de Veanne, Ludovico Le Gayant, Henrico de Marole, Hugonino de Presles, Johanni du Marterey, Anthonio de Blandras, Bartholomeo de Lugrin, Johanni de La Marche et Petro de Cabannis armigeris. *Item* Colone de Canda', Perre Pasqua, Gonsale l'Espagnyol, Sy-

moneto Larche, Guilielmo le Picart, Jacquemino Maion, Janino l'arbarestier, Jacqueto l'arbarestier et Johanni de Guiena balisteriis in exon. stip. suorum 3 mens. 27 dier. incept. 10ª aug. *Item* Johanni de Mons, Michaeli bastardo de Rosay, Aymoni de Cresto, Thome Ruer, Johanni de Luyset de Pellison, Johanni de La Tour, Petro de Novare et Johanni de Tornay in exon. stip. suorum 4 mens. 14 dier. incept. 10ª aug. *Item* Johanni Darbie in exon. stip. 2 mens. 27 dier. incept. 10ª aug. pro 25 lanc. et 9 balisteriis, 8 fl. pro balisterio in mens. 2375 fl. 5 den. gr. p. p.

35. *Jean, bastard de Clermont.* — Libr. Johanni bastardo de Clarmont, Jacobo du Pont, Henrico du Pas, Girardo Champion, Johanni Lancey, Vulliermo Fergue, Johanni Mestral, Johanni de Bellegarde, Johanni de Curnillione, Claudio de Chissie, Johanni Floquet, Johanni de St-Joyre, Johanni de Vulpillieres, Petro de Corbières, Coygno de Corbières, Petro du Pont, Petro de Villafain, Petro de Villiens, Philippo de Vinvillar, Claudio Favre, Johanni Darbignion, Petro de Montels, Guillermo Maour, Claudio de Chastillion, Johanni de Monteis, Ludovico Botellier, Petro de La Pierre, Johanni de La Barme, Johanni Vidonne, Guilielmo de Benevix et Ludovico de Les Ferrieres in exon. stip. suorum 2 mens. 27 dier. incept. 13ª aug. pro 31 lanc. *Item* Petremando de Chissie, Humberto de Curnillione, Johanni filio Jacquemeti de Chissiaco, Guiliermo De Fernay et Petro de Mornay in exon. stip. suorum 2 mens. 12 dier. incept. 28ª aug. pro 5 lanc. *Item* Jacobo Ogier, Francisco Blanc, Petro de Bussy, Petro Guille, Johanni Drays, Hans Rottimant, Villienco le Maczon, Janino Gales et Johanni Rolinghe balisteriis in exon. stip. suorum 2 mens. 27 dier. incept. 13ª aug. pro 10 balisteriis sub stip. 8 fl. per mens. 1938 fl. 9 den. gr. p. p.

LANCES PIÉMONTAISES

Nombre de lances

1. *Peterlin de Corgné.* — Libr. Peterlino de Corniaco in exon. stip. 1 mens. 15 dier. incept. 14ª septemb. pro 1 lancea 14 fl. p. p. *Item* eidem pro suis stip. 1 mens. et 24 dier. incept. 5 decemb. 36 fl.

1. *Antoine, châtelain de Castellengo.* — Libr. Anthonio castellano de Castellengo in exon. stip. 3 mens. 22 dier. incept. 7ª aug. stip. pro 1 lanc. 14 fl. 8 den.

1. *Bolognin de Verdengo.* — Libr. Eolognino de Verdengo in exon. stip. 3 mens. 1 diei incept. 28ª octob. pro 1 lanc. 44 fl. 8 den. gr. p. p.

2. *André de Viencino.* — Libr. Andree de Viencino et Francisco de Viencino in exon. stip. 4 mens. 15 dier. incept. 16ª septemb. pro 2 lanc. 107 fl. den. 4 gr.

2. *Jean de Valperga.* — Lib. Johanni de Valperga et Francisco de Furno in exon. stip. suorum 1 mens. 15 dier. incept. 14ª septemb. pro 2 lanc. 48 fl. p. p.

2. *François de Valperga.* — Libr. Francisco de Vallepergia fideli dni pro reman. stip. suorum, et Georgii bastardi de Vaupergue temporis quo pro 2 lanc. dno servierunt in anno 1426, computo facto 2ª novemb. 1426, 32 fl. p. p.

2. *Bertholin de Valperga.* — Libr. Bertholino de Valperga et Nicolino de la Rota in exon. stip. suorum 3 mens. 19 dier. incept. 14ª septemb. pro 2 lanc. 118 fl. 4 den. gr. p. p.

2. *Le châtelain de Valperga.* — Libr. Castellano de Valpergue et abbati de Rivolies in exon. stip. suorum 4 mens. 15 dier. incept. 14ª septemb. pro 2 lanc. 140 fl. p. p.

2. *Antoine, seigneur de Saint-Martin.* — Libr. Anthonio dno Sancti Martini et Anthonio Duserata in exon. stip. suorum 1 mens. 16 dier. incept. 16ª septemb. pro 2 lanc., videlicet dictus Anthonius dnus Sancti Martini cum 1 lanc. cum 3 equis, et Anthonius Duserata cum 1 lanc. cum 2 equis, 2 fl. 2 den. gr. p. p.

2. *Laurent de Gattinara.* — Lib. Laurentio de Gatinaria pro suis stip. et Johannis Sousana temporis quo pro 2 lanc. dno servierunt in anno 1426, facto computo Ypporigie penultima octob.

3. *Antoine de Placzio.* — Lib. Anthonio de Placzio, Johanni de Castel-

letto et Ludovico Nepotis in exon. stip. suorum 1 mens. 16 dier. incept. 16, sept. pro 3 lanc. 17 fl. p. p.

3. *Hugonin de Saluces.* — Libr. Hugonino de Saluciis pro reman. stip. suorum Thome de Fraxineto et Paoli Marmi temporis quo pro 3 lanc. dno servierunt in anno 1426, 31 fl. 4 den. gr. p. p.

3. *Jean Catelin de Solar.* — Libr. Johanni Catelini de Solario, Johanni Varodi et Anthonio Barberii in exon. stip. suorum 2 mens. 28 dier. incept. 14, aug. pro 3 lanc. 163 fl. p. p.

4. *Bois Provana.* — Libr. Bois Provane, Johanni de Lenix, Anthonio Provane, et Johanni Joly in exon. stip. suorum 4 mens. 15 dier. incept. 14ª septemb. pro 2 lanc. cum 3 equis et 2 lanc. cum 2 equis...

4. *Amédée de Luzerne.* — Libr. dno Amedeo de Lucerna militi pro reman. stip. suorum, Henrieti de Lucerna, Johannis de Lucerna et Franchequini Bursat temporis quo pro 4 lanc. dno servierunt in annis 1426 et 27, facto computo Bugelle penultima janv. 1427, 90 fl. 4 den. gr. p. p.

4. *Christophe Vuast.* — Libr. Xoforo Vuast, Oddono de Quier, Johanni Mistralis et Visino de Savilliano in exon. stip. 4 mens. 15 dier. incept. 14ª aug. pro 4 lanc. 269 fl. 8 den.

4. *Yblet de Montbel.* — Libr. dno Ybleto de Montebello, Ybleto Provane, Guilliermo dno de Saint Germain et Petro de Burgi pro stip. suis 1 mens. 18 dier. incept. 14ª septemb. pro 4 lanc. 128 fl. p. p.

4. *Jean Oddon de Sollens.* — Libr. Johanni Oddoni de Sollens, Reva de Solario, Anthonio Bajani et Ruffinot de Binancha in exon. stip. suorum 4 mens. 15 dier. incept. 14ª septemb. pro 4 lanc. 254 fl. p. p.

4. *Ambroise de Canalibus.* — Libr. Ambrosio de Canalibus, Paulo Bertrandi, Falconeto Bartholomei et Anthonio Fontierii in exon. stip. suorum 1 mens. 16 dier. incept. ut supra (16ª septemb.) pro 4 lanc. 17 fl. 8 den. gr. p. p.

4. *Claude du Sollier.* — Libr. Glaudio de Sollerio, Rudolpho de Vuyterney, Jacqueto de Alemant et Johanni de Coudra pro reman. stip. suorum temporis quo pro 4 lanc. dno servierunt in anno 1426, facto computo Thaurini 2ª novemb. 1426, 50 fl. p. p.

4. *Louis du Sollier.* — Libr. Ludovico de Sollerio pro reman. stip. suorum, Peroneti Montagne, Jovenini et Henrici de Mola, temporis

quo pro 4 lanc. duo servierunt in annis 1426 et 27, facto compulo Bugelle die penultima januarii 1427, 90 fl. [1]

5. *Henri de Valpergue.* — Libr. Henrico de Valpergua, Comur (sic) de Valpergua, Georgio de Gorea, dicto Bulliquino, Anthonio Perrechi, et Dominico de Marczonay in exon. stip. suorum 1 mens. 18 dier. incept. 14ª septemb. pro 6 lanc. 112 fl. p. p.

6. *Antoine Asinara.* — Libr. Anthonio Asinerii, Ansermo de Serrata, Claudio Dalliens Perrino de Cont... Jacobo de Carmagniole et Jacobo de Casalibus pro reman. stip. suorum temp. quo pro 6 lanceis servierunt in anno 1426 facto computo 2. novemb. 1426 84 fl. p. p.

7. *Perrinet Provana.* — Libr. Perrino Provane, Bartholomeo Provane, Claudio Vale, Joly de Jovent, Anthonio Porrache, Genar Provane et Thome de Baratonie pro suis stip. 1 mens. 18 dier. incept. 14ª septemb. pro 7 lanc. 224 fl. p. p.

11. *Jean de Vouzie.* [2] — Libr. Johanni de Vouzie, Symondo de Miranda, Helias Danthomana, Johanni Daciens in Navario, Leono de Monasterollo, Marqueto ex condominis Rivilliaschi, Jacquemino Maillan, de Querio, Ruppelino de Rippa, Fortino de Lovera de Cugneo, Girardo Ferrerii et Marqueto Parpally pro suis stip. 2 mens. 29 dier. incept. ultima octob. pro 11 lanc. 172 fl. 8 den. gr. p. p.

12. *Antoine de Cerridono.* — Libr. Anthonio filio Martini de Cerridono, Anthonio filio Henrici de Cerridono, Petro filio Anthonii de Cerridono, Meroni de Cerridono, Petro filio Johannis de Cerridono, Philippo de Crema, Philippo filio Augustini de La Mota, Berthelino de Mersazia, Bolognino de Angiano et Anthonio de Veronis in exon. stip. suorum 1 mens. 15 dier. incept. 17ª septemb. pro 1 lanc. 180 fl. p. p.

---

[1] Les compagnies de Jean-Oddon de Sollens, de Jean-Catelin de Solar, de Claude et de Louis du Sollier, classées parmi les bandes piémontaises, y sont peut-être mal placées, les noms latins de *Solleyrio*, de *Solario*, de *Sollerio*, répondent tour à tour dans les anciens documents aux noms français des *Sollyers*, du *Sollier*, *Solar* et de *Sollens*. Au milieu de cette obscure synonymie, il nous a été impossible d'acquérir une certitude. Nous savons qu'il existait en Savoie au XVᵉ siècle des gentilshommes du nom de Du Sollier, vassaux des seigneurs de Thorens; mais n'ayant rencontré dans les degrés généalogiques de leur famille aucun personnage appelé Claude ou Louis à l'époque de la guerre de Milan, nous avons cru devoir attribuer au Piémont ces deux chefs de lances qui peuvent appartenir à l'illustre maison de Solar dont la descendance s'est perpétuée jusqu'à nos jours.

[2] La formation de sa compagnie semble indiquer que ce chef de lance était Piémontais; toutefois son nom nous est inconnu.

12. *Henri Dailly (d'Aglié).* — Libr. Henrico Daillay, Ardiczono de
Front, Thome de Turri, Bartholomeo de Bodicie, Nicolas de Reneyro, Anthonio de Lourançey, Johanni Philippi, Berteto de Strambino, Stephano de Strambino, Ludovico de Parola, Gaspardo de Reneyro et Anthonio de Saint-Martino in exon. stip. suorum 1 mens. 16 dier. incept. 16ª septemb. pro 13 lanc. 238 fl. 8 den. gr. p. p.

14. *Mainfroy, des marquis de Saluces, chevalier, maréchal de Savoie.*
— Libr. dno Manfredo marescallo Sabaudie, Georgio de Frassinelo, Jacobo de Ciriserii et Theobaldo Pelleta pro suis stip. 5 mens. 19 dier. incept. 10ª aug. *Item* Ludovico de Saluciis, Nycollino de Puiliciis, Dominico de Breyda, Andree Maleti, Vullequin de Allemagnia et Perino Lozana pro suis stip. 4 mens. 15 dier. incept. 14ª septemb. *Item* Jacobo de Raconisio, pro suis stip. 1 mens. 18 dier. incept. 14ª septemb. *Item* Guilelmo de Champagniaco, Henrico Brisardi, et Coleto Quinti, balisteriis, pro suis stip. 3 mens. 1 diei incept. 28ª octob. pro 14 lanc. *computata lancea dicti dni Marescalli pro 3 lanceis* et pro 3 balisteriis recipiente quolibet balisterio 8 fl. per mens. 1546 fl. 4 den. gr. p. p.

17. *Louis Costa, des seigneurs de Bene et d'Arignan.* — Libr. Ludovico Coste, Petro Fantin, Thome Philip, Janino de Pioczase dicto Calantes, Anthonio Rachiel, Jacobo de Villafrancha, Anthonio Roz, Sandiez dicto Laczour, Flandres dicto Le Marc, Johanni de Lonier, Colino de Flandres, Johanni Denose, Lazarino de Monteforti, Johanni Blanc et Julliano de Romagnano pro stip. 4 mens. 15 dier. incept. 14 septemb. pro 17 lanc. Videlicet aliqui ex ipsis cum tribus equis alii pro 1 lanc. cum uno equo...

18. *Louis, marquis de Saluces.* — Lib. dno Ludovico Marchioni Saluciarum, dicto Branchino, dno Ancello de Saluciis, Lancellotto de Dalliane, Anthonio de Saluciis, Baldisar de sancto Damiano, Anthonio Martini, Petro de Custigliolles, Gileto de Geneva, Anthonio Ysnardi, Anthonio Garet dicto Suoc, dicto le Guoil, dicto Lalbe, Bartholomeo de Saluciis, Catayme Anserme, Guiliermo de Camonr (sic), Anthonio de Martine, et Johanni d'Espagniez in exon. stip. suorum 1 mens. 18 dier. incept. 14ᵐ septemb. pro 16 lanc. cum 3 equis et 2 lanc. cum 2 equis 476 fl. p. p.

25. *Louis de La Morée, chevalier.* — Libr. dno Ludovico de La Morée militi, Bernardo de Breyda, Johanni Ysnardi, Stephano de Cabonelo, Anthonio de Tribaudinis, Constancio Cambiani, Matheo Tap-

parelli, Thome Laurencii, Johanni Brocardi, Michaeli de Piobes et Jacobo de Sersenat, in exon. stip. suorum 4 mens. 18 dier. incep. 14ª septemb. *Item* Bono de Scalengue, Ludovico Royer, Johanni Asinerii, Bonifacio de Nuceto, Aymoni Trucheti, Johanni de Bremesio, Nycolino Masin, Joffredo de Tapparellis, Johanni Guillerini, Girardo Trucheti, Johanni Cusani, Viberto de Lora, Chaberto de Scalengue et Johanni de Scalengue in exon. stip. suorum 4 mens. 18 dier. incept. 14ª septemb. pro 25 lanc. cum tribus equis et 2 lanc. cum 2 equis 1074 fl. 2 den. 1/3 p. p.

LANCES DE LA BRESSE

Nombre de lances.

1. *Amédée du Saix.* — Libravit Amedeo de Saxo in exon. stip. suorum 4 mens. 10 dier. incept. 18ª aug. pro 1 lanc. 67 fl. 4 den. gr. p. p.

1. *Amédée Macet, écuyer.* — Libr. Amedeo Maceti in exon. stip. suorum 1 mens. 3 dier. incept. die 7ª octob. pro una lanc. 12 fl. p. p.

2. *Claude de Loriol, écuyer, seigneur de La Tour de Neuville.* — Libr. Glaudo Loriol et Dyonisio de Novo Castro in exon. stip. suorum 2 mens. 29 dier. incept. 8ª aug. pro 2 lanc. 64 fl. 6 den. gr. p. p.

2. *Geoffroy, bâtard de Villars.* — Libr. Joffredo bastardo de Villariis et Errodico Salamancha. *Item* Thome Langloys et Johanni Lescot archeriis in exon. stip. 4 mens. 23 dier. incept. 22ª aug. pro 2 lanc. et 2 archeriis recipientibus 6 fl. per mens. 222 fl. 10 den. gr.

2. *Pierre Masuer, maître de l'artillerie.* — Libr. Petro Masueri et Bartholomeo de Florano pro stip. suis 3 mens. 21 dier. incept. 8ª aug. pro 2 lanc. 228 fl.

2. *Amédée de Feillens.* — Lib. Amedeo et Jaonno (sic) de Feillens in exon. stip. suorum 3 mens. incept. 10ª aug. pro 2 lanc. 93 fl. 4 den. gr.

2. *Jacques Macet, seigneur de Treyverneys.* — Libr. Jacobo Maceti et Anthonio Belmes pro stip. suis et 1 mens. 3 dier. incept. 7ª octob. pro 2 lanc. 46 fl. 8 den. gr. p. p.

2. *Le bâtard de Varax.* — Libr. bastardo de Varax pro reman. stip. suorum et Nycolay de Monte temporis quo pro 2 lanc. servierunt in anno 1426, facto computo Thaurini...

3. *Guigues Richarme.* — Libr. Guigoni Richarmi, Johanni bastardo Richarmi et Petro de Furno in exon. stip. suorum 2 mens. 25 dier. incept. 14ª aug. pro 3 lanc. 118 fl. 9 den. gr. p. p.

3. *Humbert de Glarens, chevalier.* — Libr. dno Humberto de Glarens militi, Johanni de Groléc et parvo Johanni de Foras in exon. stip. suorum 3 mens. 7 dier. incept. 3ª aug. pro 3 lanc. 144 fl. p. p.

3. *Antoine de Juys.* — Libr. Anthonio de Juys, Johanni Donnet, et Philiberto Rossel in exon. stip. 2 mens. 22 dier. incept. 20ª aug. pro 3 lanc. 124 fl. p. p.

3. *Jean de Loëse.* — Libr. Johanni de Loes pro reman. stip. suorum,

Aymonis Torumbart, et Stephani Benoyt temporis pro quo 3 lanc. servierunt in anno 1426, facto compulo Thaurini 2ª novemb. 1426, 46 fl. p. p.

3. *Claude Lane de Lange.* — Libr. Glaudio Lane de Lange, Anthonio Petit-Ane (sic) de Lange et Johanni de La Beviere pro suis stip. 6 mens. 2 dier. incept. 7ª aug. pro 3 lanc. 364 fl. p. p.

3. *Merand de Franchellens, écuyer.* — Libr. Merando dno de Franchellens sculifero dni pro reman. stip. Guilielmi Braquemont, Gileti de Ousel, et Petri Veysin balisteriorum temporis quo pro 3 lanc. dno servierunt in anno 1426, facto computo Taurini die 2ª decemb. 1426, 18 fl. 18 den. gr. p. p.

4. *Jean de La Palud, seigneur de Jarnosse.* — Libr. dno Johanni de Palude dno de Jarnosse, Petro Filions, Henrico de Filions, et Roberto du Thiset. *Item* Gonino Meyrardi balisterio in exon. stip. suorum 1 mens. 14 dier. incept. 1ª octob. pro 4 lanc. et 1 balist. 69 fl. p. p.

4. *Antoine Maréchal, seigneur de La Tour de Deaul.* — Libr. Anthonio Marescalli, Anthonio bastardo Mareschal, Janino bastardo de Glarens et Johanni de Villenove in exon. stip. suorum 6 mens. 4 dier. incept. 5ª aug. pro 4 lanc. 363 fl. 4 den.

5. *Guillaume de Nancuyse.* — Libr. Guilielmo de Nancuese, Anthonio de Fonte, Guilielmo de Arveys, Glaudo de Fillens et Gileto de Ponte in exon. stip. suorum 3 mens. 7 dier. incept. 5ª aug. pro 3 lanc. 223 fl. 4 den. gr. p. p.

5. *Antoine de Varax, seigneur de Romans.* — Libr. Anthonio de Varax dno de Romans, Basto bastardo de Varax, Jacobo de Cresto, Nicolao du Mont et Guilielmo Gaffioz in exon. stip. suorum 3 mens. 4 dier. incept. 8ª aug. pro 3 lanc. 248 fl. p. p. 4 den. gr.

6. *Jean de La Baume, chevalier, comte de Montrevel et de Cynople, chevalier du Collier.* — Libr. nobili dno Johanni de Balma dno Valuffini (ailleurs on lit : *dno Johanni de Balma militi, comiti Montisrevelli consiliario dni*), dno Andree de Bouenco militi, Thome de Lange, Johanni Ratte, Johanni de Genost, et Glaudo Lovat in exon. stip. suorum 3 mens. et 9 dier. incept. 3ª aug. pro 6 lanc. sub stip. 20 fl. pro qualibet lanc. *et pro statu dicti dni Johannis de Balma* 10 fl. mens. 464 fl. p. p.

6. *Galois de Sachins, chevalier, seigneur d'Anières.* — Libr. Galesio de Sachins, Anthonio de Sachins, ejus filio et Petro de Barges pro reman. stip. suorum, Johannis bastardi de Barges, Johannis de

Castellione et Guillielmi dou Sellier temporis quo pro 6 lanc. dno servierunt in anno 1426, facto computo in sancto Germano die 17ᵃ novemb. 1427, 125 fl. 4 den. gr. p. p.

7. *Claude du Saix, seigneur de Rivoyre, chevalier, maître de l'hôtel et conseiller ducal.* — Libr. Claudio de Saxo consiliario et magistro hospitii dni, dno Revoyrie, Johanni et Bonifacio de Saxo ejus filiis, Amedeo de Challes, Guillelmo Provane alias Hermet, Girardo de La Lonière et Johanni Chanterelli per dnum debebantur pro reman. stip. pro septem lanc., etc., 64 fl. 8 den. gr. p. p.

14. *Jean Guyot, dit de La Garde.* — Libr. Johanni de La Garde, Symoneto de Saint-Ylaire, Francisco de Merlie, Anthonio de Sacognin, Philiberto de Laye, Johanni de La Teyssonnière, Petro de Bent, Johanni bastardo de Laye, Hugoneto Cupellini, Petro de Casalibus, Johanni bastardo Hostellein, Petro Roygny, Amblardo de La Balme et Claudio de La Gelière in exon. stip. 3 mens. 2 dier. incept. 10ᵃ aug. pro 14 lanc.

14. *Claude Chambu.* — Libr. Claudio Chambu, Francisco de Mont Rosart, Petro de Saint-Oyant, Gabrieli de Ayes, Humberto bastardo Chambu, Johanni Martinet, Johanni de Billieu, Petro de Chastillione, Guillielmo de la Crochière, Petro de la Brandière, Guigoni Rosset, Petro de Mollon, Guillielmo de Maleval et Gallesio de Sura in exon. stip. suorum 2 mens. 28 dier. incept. die 14ᵃ aug. pro 14 lanc. 626 fl. 4 den. gr. p. p.

19. *Oddet de Chandée, chevalier, bailli de Bresse.* — Libr. nobili et potenti viro Oddeto de Chandee, Claudo bastardo de Chandee, Petro de Tirant, Claudio Pennet, Claudo de La Teyssonniere, Johanni bastardo de Genost, Petro de Pollens, Claudo Doures, Bernardo de Saxo, Johanni de La Garde, Andree de La Vernea, Stephano de Saint Surpis, Johanni de Bas, Petro de La Gelière, Humberto de La Gelière, Francisco Corna, Guillermo de Rost, in exon. stip. suorum 3 mens. 5 dier. incept. die 7ᵃ aug. pro 19 lanc. 872 fl. 8 den. gr. p. p.

47. *Pierre de La Baume, chevalier, seigneur de La Roche et de Saint-Trivier en Dombe.* — Libr. dno Petro de Balma militi, dno de Ruppe et Sancti Triverii in Dombis, Henrico de Charnoz, Petro Dadriset, Reynaudo de sainct Tinant, Anthonio de Masseria, Anthonio bastardo de Ray, Henrico Baglaz, Hugoneto de Ponceto, Humberto bastardo de la Barta, Hugonino de Gorevod, Galesio de Vallegriniosa, Hugonino de Gramont, Claudo Doucyouz alias

Mont-Arnoz, Johanni de la Gellière, Petro de Boes-ardent, Claudo de Charno, Petro bastardo Langleys, Johanni de La Veliere, Johanni de Cotnoyre, Sybueto de Fillienco, Otthonino de Bellovidere, Johanni Magnini, Jocerando Chaponeys, Guiotto de La Beviere, Johanni le Moyne, Guilielmo de Molario, Anthonio de Montferrant, Guilielmo Bandot, Lancelotto de Fontana, Ludovico de Molario, Petro bastardo de Sancto Germano, Lancellotto de Fontenay, Petro Chacipol, Johanni de Mollens, Girardo Berthet, Henrico Gueyne, Johanni de Loysi, Humberto Bellier, Johanni de la Tour, Johanni Gax, Anthonio Pellossart, Francisco bastardo de Castellione, Claudo de Mont Real, et Johanni de Maimont in exon. stip. suorum 3 mens. 9 dier. incept. 3ª aug. *Item* Lancellotto de Fontenay, Anthonio bastardo de Grolee et Francisco Durand in exon. stip. suorum 3 mens. et 4 dier. incept. die 7ª aug. pro 47 lanc. 1110 fl. 4 den. gr. p. p.

LANCES DU BUGEY

Nombre de lances.

1. *Claude de La Balme.* — Libr. Glaudio de Balma in exon. stip. suorum 2 mens. 29 dier. incept. 8ª aug. pro 1 lanc., 44 fl. p. p.

1. *Gilles d'Arlod, seigneur de La Sercette.* — Libr. Gileto Darlo in exon. stip. 2 mens. 16 dier. incept. 10ª aug. pro 1 lanc. 30 fl. 8 den. gr. p. p.

2. *Henri de Parpillon.* — Libr. Henrico Parpillon et Anthonio de Ponte in exon. stip. suorum 3 mens. 7 dier. incept. 5ª aug. pro 2 lanc. 89 fl. den. gr.

2. *François de Longecombe, seigneur de Thuey.* — Libr. Francisco de Longecumba dno de Thuey et Petro de Longecumba ejus filio pro stip. suis 2 mens. et 9 dier. incept. ultima die aug. pro 2 lanc. 92 fl. p. p.

2. *Guidon de Grolée, seigneur de Saint-André de Briord.* — Libr. Guidoni de Grolea et Johanni Pellerini in exon. stip. suorum 3 mens. 3 dier. incept. 6ª aug. pro 2 lanc. 88 fl. 8 den.

2. *Jean de Vaugrigneuse.* — Libr. Johanni de Vallegrigniosa et Guillielmo de Sancto Germano in exon. stip. suorum 6 mens. 6 dier. incept. 3ª aug. pro 2 lanc. 182 fl. 8 den. gr. p. p.

2. *Jean Louat, seigneur de Champollon.* — Libr. Johanni Louat pro reman. stip. suorum et Andree de Spina temporis quo pro 2 lanc. dno servierunt in anno 1426, facto computo Thaurini die 2ª novemb. 1427, 32 fl. 8 den. gr. p. p.

3. *François, bâtard de Bussy.* — Libr. Francisco bastardo de Bussy, Henrico bastardo de Bussy et Ludovico Jacquier in exon. stip. suorum 3 mens. 2 dier. incept. die 7ª aug. pro 3 lanc. 128 fl. p. p.

3. *Guigon de Briord.* — Libr. Guigoni de Briord, Bastiano Gregoyre et Mermeto Boctelier in exon. stip. suorum 2 mens. 26 dier. incept. 13ª aug. pro 3 lanc. 129 fl. p. p.

3. *Jean de Cordon.* — Libr. Johanni de Cordone, Petro de Castillione et Petro bastardo Neyz in exon. stip. suorum 2 mens. 21 dier. incept. 14ª aug. pro 3 lanc. 110 fl. 9 den. gr. p. p.

3. *Guigues Lyobard.* — Libr. Guigoni Lyobardi, Guilioto Favelli et Glaudio de Briordo pro suis stip. 2 mens. 2 dier. incept. 8ª aug. pro 3 lanc. 184 fl. p. p.

3. *Brucreand de Dortans, chevalier.* — Libr. dno Brucreando de Dorten militi, Escot bastardo de Dorten et Rumel de Dorten in exon. stip. suorum 3 mens. 2 dier. incept. 10ª aug. pro 3 lanc. 124 fl. p. p.

3. *Guillaume de Dortans.* — Libr. Guillermo de Dorten, Glaudo de Chalton et Perrino Rosset in exon. stip. suorum 3 mens. 7 dier. incept. 1ª aug. pro 3 lanc. 154 fl. p. p.

4. *Antoine de Grolée.* — Libr. dno Anthonio dno Grolee, Archimando de Grolee, Anthonio Richier, et Johanni Chapponay in exon. stip. 2 mens. 15 dier. incept. 9ª septemb. pro 4 lanc. 144 fl. 4 den. gr. p. p.

4. *Eynard de Cordon, seigneur des Marches.* — Libr. Eynardo de Cordone dno de les Marches, Johanni Thome, Johanni filio bastardi de Cordone, et Petro de Cordone in exon. stip. suorum 2 mens. 22 dier. incept. 14ª aug. pro 4 lanc. 149 fl. 4 den. gr. p. p.

4. *Andrée de Moyria.* — Libr. Andree de Moyrie, Guillermo de Moyrie, Putodo de Moyrie, et Humberto Guerry in exon. stip. suorum 3 mens. 7 dier. incept. 5ª aug. pro 4 lanc. 178 fl. 8 den. gr. p. p.

4. *Jean de Buent.* — Libr. Johanni de Buent, Johanni Moysardi, Anthonio de Sancto Marcello, et Janino Guiot in exon. stip. 6 mens. et 4 dier. incept. 5ª aug. pro 4 lanc. 178 fl. 8 den. gr. p. p.

5. *Guillaume de Rougemont.* — Libr. Guillermo de Rogemont, et Glaudo de Molario in exon. stip. suorum 5 mens. et 7 dier. incept. 5ª aug. *Item* Francisco Favet et Glaudio de Marmont in exon. stip. suorum 3 mens. 4 dier. incept. 8ª aug. *Item* Anthonio de Lyon in exon. stip. suorum 3 mens. et 5 dier. incept. 7ª aug. pro 5 lanc. 218 fl. p. p.

6. *Guigues de Fistillieu.* — Libr. Guigoni de Fistillien, Anthonio Berlionis, Anthonio de Vensel, Petro Vernet, Johanni de La Forest et Petro d'Ayme Vigne, in exon. stip. suorum 2 mens. 25 dier. incept. 14ª aug. 268 fl. p. p.

6. *Claude de Dortans, damoiseau.* — Libr. Glaudio Dorten domicello pro reman. stip. suorum Clemencii de Biennioz, Petri de Saint-Moncez, Petri Mercerii, Johannis de Saint-Oyant, et Johannis de Grant-Valx, temporis quo pro 6 lanc. dno servierunt in annis 1426 et 27, et Johannis de Cambrey balisterii cum uno equo et ejus balista tempore eodem, facto computo Bugelle penultima januarii 1427, 132 fl. p. p. 10 den. gr.

8. *Louis de Luyrieux.* — Libr. Ludovico de Luyriaco, Georgio de Luy-

riaco ejus fratri, Anthonio de Barbut, Anthonio Maleti, Claudio
de Crepignier, Glaudio de Curia et Caroto de Peladru in exon. stip.
suorum 2 mens. 14 dier. incept. 24ª aug. pro 7 lanc. *Item* Petro
Percevalli in exon. stip. suorum 5 mens. 12 dier. incept. 24ª aug.
pro 1 lanc. 393 fl. 4 den gr. p. p.

11. *Claude de La Serraz.* — Libr. Glaudo de Serrata, Johanni de Loes,
Humberto de Rossillon, Aymoni Coromber, Johanni de Espagni,
Aymoni de Divona, Glaudo Jallet et Colino Granel, in exon. stip.
suorum. *Item* dicto Lyonard et dicto Begaules in exon. stip. 2
mens. 25 dier. incept. 13ª aug. pro 11 lanc. et 2 balisteriis sub
stip. 8 fl. pro quolibet balisterio, 462 fl. 8 den. gr. p. p.

14. *Jean de Cruvyn.* — Libr. Johanni de Cruvyn, Guillermo de Montefalcone, Ludovico Pioz, Anthonio Luyset, Johanni Loval, Andree
de Spina, Eynaro de Castilione, Petro de Leyssins alias Brisait,
Johanni de Varax, Johanni bastardo de Teysin, Petro de Cruer,
Anthonio bastardo Pioz, Johanni de la Sorie, et Petro de la Barme
in exon. stip. suorum 3 mens. 1 diei incept. 8ª aug. pro 14 lanc.
619 fl. 4 den. 7 p. p.

26. *Humbert Maréchal, chevalier, seigneur de Meximieux.* — Libr. dno
Humberto Marescalci militi pro reman. stip. suorum, Petri de
Cuyna, Petri Rost, Jacobi Reymondi, Stephani Bernard, Jacobi
Chalamant, Benedicti de Montferrando, Jacquemeti Guilloti, Francisci Pellerin, Jacobi Faureti, Gileti d'Arlo, dni de la Servete, Jacobi d'Arlo, Petri de Monteferrand, Anthonii de La Palu, Humberti
de Lescherene, Michaelis de Ponte, Johannis Galliart, Francisci de
Montgella, Johannis bastardi de Camera dicti de Aquabella, Johannis de Grantmont, Anthonii Ferrerii, Georgii de Cruce, Petri de
Cruce, Roleti bastardi Guigonis Villiencii et Guigoneti de Confleto
temporis quo pro 26 lanc. contra ducem Mediolani in anno 1426
dno nostro servierunt, facto computo Thaurini die 2ª novembris
1426, 462 fl. p. p.

56. *Humbert de Luyrieux, seigneur de La Cueille.* — Libr. N. et P.
viro dno Humberto de Luyriaco dno Cuellie, Anthonio de Luyriaco, Guillielmo Deyna, Humberto Deyna, Guillermo Julliani, Ginoto
La Mare, Guillermo Bovard, Henrico de Vallegrignosa, Ludovico
de Peylapusin, Guilielmo de Belmont, Francisco de Belmont, Andree Bavoux, Guigoni Pennet, dno Johanni Chambu, militi, Humberto de Tolonjon, Guichardo Chambu, Humberto bastardo Bovart,
Percevallo de Mataffellon, Guilielmo Morel, Guilielmo Mesple, Gui-

lielmo de Bussys, Johanni de Rogemont, Petro Pouceti, Guilielmo de Sancier et Guilielmo de Mojain in exon. stip. suorum 3 mens. 7 dier. incept. 5ª aug. *Item* scutifero du Munet et Vincentio Beca in exon. stip. 3 mens. et 5 dier. incept. 7ª aug. *Item* Claudio de Chavanes, Henrico de Montjovet, Johanni de Macon, Johanni de Verneys, Claudo de Ransy et Claudo Borgesi in exon. stip. suorum 3 mens. 2 dier. incept. 10ª aug. pro 36 lanc. 1578 fl. 4. den. gr. p. p.

LANCES SUISSES ET ÉTRANGÈRES

Nombre
de
lances.

1. *Pierre Porcellet, alias Amouyreux (Picard).* — Libravit Petro Porcellet alias Amouyreux pro reman. stip. suorum temporis quo pro una lancea cum tribus equis dno servivit in annis 1426 et 27. *Item* pro remanentia stipendiorum Martini de Burges escalatoris, temporis quo cum artificiis suis dno ad predicta servivit, facto computo Bugelle die penultima januarii 1427 per Jacobum Gareti, 42 fl. p. p.

1. *Flamens de Alamania.* — Libr. dicto Flamens de Alamania in exon. stip. suorum 1 mens. 25 dier. incept. 13 septemb. pro 1 lanc. 16 fl. 8 den. gr. p. p.

2. *Angelin de Respor (Bernois).* — Libr. Angellier de Respor et Henrico Lambert de Berna armigeris in exon. stip. suorum 2 mens. 27 dier. incept. 12ᵃ aug. *Item* Conrado Desthans et Petri Troy de Berna balisteriis in exon. stip. suorum 2 mens. 27 dier. incept. ut supra pro 2 lanc. et 2 balisteriis cum equo ad rationem 8 fl. pro quolibet et quolibet mens. 43 fl. 10 gr. p. p.

3. *Conrad de Halvey.* — Libr. Conrado de Halvey, Rodolf de Halvey, et Bluich Prothst Alamanis pro stip. suis 3 mens. 9 dier. incept. 5ᵃ aug. pro 3 lanc. 198 fl. p. p.

16. *Pierre de Vergy (Bourguignon).* — Libr. nob. et potenti Petro de Vergeyo dno de Chaveyni, Francisco de Mont, Johanni de Symirier, Francisco de Basses, Jacobo de Forel, Guidoni d'Avanches, Johanni de Symirier, Guillermo de Galeras, Guillermo Maour, Jacobo de Montagnier, Nicodo de Sancto Simphoriano, Johanni Chuley, Johanni bastardo de Morlen, Nycodo Passera, Jacobo d'Arvray et Petro de Gondon. *Item* Jacobo Maour, Vuerlich Trons et Angelino Viridi balisteriis in exon. stip. 2 mens. 27 dier. incept. 12ᵃ aug. pro 16 lanc. et 3 balist. sub stip. 8 fl. per mens. 642 fl. p. p.

90. *Le comte de Fribourg et de Neuchâtel.* — Libr. magnifico dno comiti Friburgi et Novicastri, Girardo du Ghasteller, Guillermo Dagremont, Hans de Scoffenberg, Roberto de Saint-Hulliens, Cicar de Loussy, Philippo de Marson, Henrico de Rosiere, Johanni de

Montureulx, Hennequino Dornant, Bertrando de Nybourt, Johanni Rolyn, de Tulit, Johanni Le Moyne, de Grant, Henrico Dasne, Guilielmo de Dele, Feiri de Recor Spempat, Jaquot de Blammont, Theobaldo de Vaudilicor, Theobaldo Macabie, Girardo de Grange, Girardo de Matel, Stephano de Rouchant, Theobaldo de Veler, Theobaldo de Losier, Tretry le Grant, Guilielmo d'Avanche, Reynaudo de Columbier, Nycodo de Gruere, Johanni de Losey, Anthonio Corne, Anthonio Darouse, Guiolo de Vallravert, Anthonio de Maadre, Johanni bastardo de Cortant, Theobaldo de Lacez, Hugoni de Castellione, Philippo de Cez, Jaquot Damance, bastardo Florimont, Jaquot de Cherime, Henrico Compagnon, Verlit du Ryn, Huelit de Cerlier, Hans de Cerlier, Hans de Risat, Henrico de Utingue, Hans Horey, de La Pierrez, Othenyn de Clarp, Georgio Compagniont, Johanni de Longeville, Petro de Paternay, Stephano de Domprez, Johanni Compagniont, Conrado de Domprez, Conrado de Ville-Valx, Anthonio de Domprez, Guilielmo de Pierre-Fontayne, Guillo Porchat, Hugoni Malet, Johanni Prevoust, Johanni Rochemont, Huelit Rousel, Hyno de Bolingue, Jaquot de Valmercus, Henrico de Noveville, Jaquot de Noveville, dicto Syedrix Castellano de Sons, Johanni Hennequin, Emer Hennequin, Johanni Thiebalx, Rodolf de Brisse, Georgio Buerrech, Johanni Siblot, Hans Cugnut, Francisco Blancenast, Johanni Blaer, et Sunder armigeris et stipendiariis dni. *Item* Hanse Pelecier, Hans Yeger, Girardin Richard Le Pit, Verlit l'arbalestier, Tietry de Coloigne, Nycolao de Lure le Messenet, Petro Dantheluch, Johanni Guilielmi, Henrico Frisey, Rodureto Champagnier, Jaquelo larchier, Othenino de Frisencor, Gaspart, Johanni Cos, Henrico Vulleche, bastardo Macobie, Guilielmo de Montbeliart, Cortois de Ryn, Tyetri de Mandiecor, Johanni de Saintfale, Lorant Dichle, Johanni Datheguig, Peter Poth, Guilliermo Gallart, Johanni de Messe, Clavoside Maier, Bernard de Malerob, Haudie son valet, Henrico de Strasbourg, Sterne de Bene, Gabeller de Bale, Hans Chremeniant, Petremando de Saint-Trosanne, Reynaudo de Chage et Peter Huequelit balisteriis stipendiariis dni pro stipendiis suis 3 mens. et 7 dier. incept. die 5ᵃ aug. pro 65 lanc. qualibet cum 3 equis et 14 lanc. qualibet cum 2 equis, ac pro 38 balisteriis sub stip. pro qualibet lanc. 3 equorum 20 fl. p. p. et pro qualibet lanc. 2 equorum 13 fl. 4 den. gr. p. p. et pro quolibet balisterio 10 fl. p. p. per mensem. *Item* Nycodo de

Sancto Martino, Johanni bastardo Destavaye, Francisco Armant, Jacobo de La Moliere, Guilielmo Guynart, Petro Dilliens, Nycodo Columbai et Hans Ayost, pro stip. suis 3 mens. incept. 12ª aug. cum equis et armis. *Item* dno Johanni de Novacastro dno de Balmeriis militi, Guilielmo de Dompierez, et Petremando Offembourg armigeris, Lyenart Vir, Languez bause, Hans Rotte et Henrico Rosser balisteriis pro stip. suis 2 mens. 19 dier. incept. 25ª aug. pro undecim lanc. et quatuor balisteriis sub stip. predictis 7425 fl. 6 den. 2/3 gr. p. p.

LANCES VAUDOISES

Nombre
de
lances.

1. *Jean de Vulliens.* — Libravit Johanni de Vulliens pro suis stipendiis 6 mensium et 3 dierum inceptorum 3ª augusti pro una lancea 122 fl. p. p.

1. *Rolet, bâtard de Guigues Villienc.* — Libr. Roleto bastardo Guigonis Villiencii in exon. stip. suorum 2 mens. 28 dier. incept. 8ª aug. pro 1 lanc. 43 fl. p. p.

3. *François de Moudon.* — Libr. Francisco de Moudon, Johanni de Vaulx et Guillermo de Sancto Martino in exon. stip. suorum 2 mens. 27 dier. incept. 13ª aug. pro 3 lanc. 136 fl. p. p.

3. *Henri du Colombier, seigneur de Vufflens.* — Libr. Henrico de Columberio dno Vufflens, Rodulpho Dulens, et Urbano de Tr... *Item* Andree Ormybloctz et Hans Anchelit balisteriis in exon. stip. suorum 2 mens. et 11 dier. incept. 29 aug. pro 3 lanc. et 2 balist. 139 fl. 6 den. gr. p.

4. *Etienne de Sanerclens.* — Libr. Stephano de Sanerclans, Johanni de Dulit, Girardo et Petro de Cracie in exon. stip. suorum 2 mens. 28 dier. incept. 12ª aug. pro 4 lanc. 174 fl. 8 den. gr. p. p.

5. *Hugon et Louis d'Estavayer.* — Libr. Hugoni de Stavayaco condno dicti loci, Ludovico de Stavayaco, Francisco Mareschel, Johanni Benela, et Petro Emfez in exon. stip. suorum 2 mens. 28 dier. incept. 13ª aug. pro 5 lanc. 218 fl. 4 den. gr. p. p.

11. *Guillaume de Colombier.* — Libr. Guilliermo de Columberio, Petremando de Millens, Petro Mistralis de Rua, Aymoni Dieur, Guioneto Mercerii, Humberto de Guyneur, Petro Banderet et Humberto Banderet, Anthonio Peyssey, Petro sous la tour, et Guillermo Banderet videlicet pro 8 lanc. ad 3 equos et 3 lanc. cum 2 equis. *Item* Conardo Ponchivalle, Lyonardo Serralis, Hans le balestrier, Henrico Auberson, Hans Messellere, Roul Duigne, Hans Sucher, Bourchat Melibat et Guilliero Riojoz pro 8 balisteriis in exon. stip. suorum 2 mens. 19 dier. incept. 19ª aug. 620 fl. 4 den. gr. p. p.

15. *Jean de Gingins, seigneur de Divonne.* — Libr. dno Johanni de Gingins dno Dyvone pro reman. stip. suorum et Guilielmi de Len-

gres, Stephani de Fleyer, Claudii Gentil, Petri d'Aulte-Roche, Stephani Mistralis, Guilielmi de Serrala, Francisci Florimont, Georgii le Gay, Petri bastardi de Bisancier, Johannis de Thoyrs, Aymoneti de Masiere et Johannis Chastel, temporis quo pro 15 lauc. dno servierunt in annis 1426 et 27, facto computo Bugelle die penultima januarii 1427, 309 fl. 4 den. gr. p. p.

LANCES DE LA VALLÉE D'AOSTE

Nombre de lances.

1. *Jean bâtard de Challant.* — Libravit Johanni bastardo de Challant in exon. stip. suorum 2 mensium 17 dierum inceptorum 6ᵃ octobris pro una lancea 11 fl. 4 den.

3. *Berthelin de Vallèse.* — Libr. Berthelino de Vallesio, Ardisoto de Turre et Georgio Cauda in exon. stip. suorum 1 mens. 16 dier. incept. 16ᵃ sept. pro 3 lanc. 4 fl. p. p.

5. *Boniface de Challant, chevalier.* — Libr. dno Bonifacio de Challant militi, Anthonio du Barmey, Anthonio Dilens, Guilliermo Jac, et Mugnino Bienant de Metz. *Item* Ludovico Lorent, Petro Pitiot, et Jacob Fouchieres in exon. stip. 2 mens. 7 dier. incept. 22ᵃ aug. pro 5 lanc. et 3 balist. 238 fl. 11 den. gr. p. p.

5. *Amédée de Vallèse.* — Libr. Amedeo de Vallesia, Johanni Vallet, Merleto Sogner, Francisco de Pon Veyro, et Johanni de Veyrie in exon. stip. 2 mens. 12 dier. incept. 20ᵃ aug. pro 5 lanc. 107 fl. p. p.

8. *Amédée de Challant, chevalier.* — Libr. dno Amedeo de Challant militi, Guilliermo de Rougemont, Guilliermo de Chimmant, Guigoni de Rougemont et Johanni bastardo de Flecheria in exon. stip. suorum 2 mens. 27 dier. incept. 13ᵃ aug. pro 8 lanc. 344 fl. p. p.

12. *Jean Sariod, conseigneur d'Introd.* — Libr. Johanni Sariodi condomino Introdi, Francisco Cuvagny, Francisco Voberti, Johanni domini de Boe, Petro de Mixio, Pantalioni Bonet, Anthonio de Arculo, Petro de Castellario, Humberto de Bocza, Rodulpho Machillier, et Ambiardo bastardo Gerbaysii, in exon. stip. suorum 1 mens. 16 dier. incept. 16ᵃ septemb. pro 12 lanc. 202 fl. p. p.

LANCES INCONNUES

Nombre de lances.

1. *Jacques de Mari.*	1. *Jean du Muguet.*
1. *Pierre de Meras.*	1. *Antoine Ferrier.*
1. *Mathieu Pellestort.*	1. *Le bâtard de Charnod.*
1. *Claude de Moyrons.*	1. *Antoine des Nuiz.*
1. *Jacques Durant.*	1. *Claude de Leys.*
1. *Hugonin de Raymbert.*	1. *Jean Bada.*
1. *Perrotin de Cotaben.*	1. *François Ardy.*
1. *Jean bâtard Raynayr.*	1. *Jean de Signie.*
1. *Pierre Chimisart.*	1. *Claude Rata.*
1. *Pierre Onéomet.*	1. *Jamet Humbert.*
1. *Hugonet Serragin.*	1. *Guillaume de Lavigne.*
1. *Mermet l'Amy.*	1. *Guichard Vergier.*
1. *Guillaume Garin.*	1. *Barthélemy Marchionis.*

2. *Jean Pascal.* — Libr. Johanni filio Reymondi Pasqualis et Jacobo Lira de Burgaro in exon. stip. suorum 4 mens. 2 dier. incept. 25ª aug. pro 2 lanc. 95 fl. 4 den. gr. p. p.

2. *Georges de Châtillon.* — Libr. Georgio de Castellione et Glaudo Guerry in exon. stip. suorum 6 mens. 4 dier. incept. 5ª aug. pro 2 lanc. 182 fl. 8 den. gr. p. p.

2. *Robert de Létanchy.* — Libr. Roberto et Petremado de Lestanchy in exon. stip. suorum 5 mens. 27 dier. incept. 10ª aug. pro 2 lanc. 182 fl. p. p.

2. *Guillaume de Sounier.* — Libr. Guillermo de Sounier et Petro Porterii in exon. stip. suorum 5 mens. 25 dier. incept. 12ª aug. pro 2 lanc. 175 fl. 4 den. gr. p. p.

2. *Rolet de Loysia.* — Libr. Roleto de Loysia et Francisco Despayrier in exon. stip. suorum 2 mens. 7 dier. incept. 12ª aug. pro 2 lanc. 88 fl. 8 den. gr. p. p.

2. *Pierre Biol.* — Libr. dicto Petro Biolli pro reman. stip. suorum et Johanni bastardi de Cons. temporis quo pro 2 lanc. servierunt in anno 1426, 26 fl. 4 den. gr. p. p.

2. *Guillaume de Savernier.* — Libr. Guiliermo de Savernier pro reman. stip. suorum et Petri Porterii quo pro 2 lanc. servierunt in annis

1426 et 27, facto computo Bugelle die penultima januarii 1427, 58 fl. p. p.

2. *Antoine, bâtard de Pillier (Pilly?).* — Libr. Anthonio bastardo de Pillier et Anthonio Trielle pro ipsorum stip. 2 mens. 26 dier. incept. 13ª aug. pro 2 lanc. 114 fl. 8 den. gr. p. p.

2. *Claude de Villiens.* — Libr. Glaudio de Villiens et Andree de Cupellino pro suis stip. 3 mens. 1 diei incept. 13ª aug. pro 2 lanceis.

Libr. eisdem manu Ottonini de Lamguiez 20 januarii 1427 *quos domnus Marescallus Sab. eisdem dare fecit et precepit, ipsis tamen existentibus captivis Vercellis, pro prosequenda ipsorum liberatione,* 25 fl. p. p.

2. *Jean du Rolloz.* — Libr. Johanni du Rolloz et Artimant. Luquine armigeris. *Item* Hans de Lucembourg balisterio in exon. stip. suorum 2 mens. 27 dier. incept. 12ª aug. pro 2 lanc. et 1 balisterio recipiente 8 fl. videlicet 1 lanc. cum 3 equis et alia cum 2. 89 fl. 10 den. gr. p. p.

2. *Pierre de Sergy.* — Lib. Petro de Sergiaco et Roleto de Sergiaco ejus fratri pro suis stip. 3 mens. 3 dier. incept. ultima octob. pro 2 lanc. 176 fl. 8 den. gr. p. p.

2. *Barthélemy et Nicod Canelli frères.* — Libr. Bartholomeo et Nicodo Canelli fratribus, pro reman. stip. suorum temporis quo pro 2 lanc. servierunt in anno 1426, facto computo Thaurini 2ª novemb. 1426, 28 fl. 4 den. gr.

3. *Louis Malingre.* — Libr. Ludovico Malingre, dicto Buyat de Sancto Genisio, et Jacquemino Rost, dicto Rimote, in exon. stip. suorum 3 mens. 7 dier. incept. 14ª septemb. pro 3 lanc. 138 fl. p. p.

3. *Pierre de Rivaute.* — Lib. Petro de Rivaute in exon. stip. suorum et Reymondini de Monrion et Girardini de Callein temporis quo pro 3 lanc. servierunt 232 fl. 8 den. gr. p. p.

3. *Ottonin de Lavigne.* — Libr. Ottonino de Lavignie, Rodulpho Benenez et Theobaldo de don de Dieu in exon. stip. suorum 6 mens. 2 dier. incept. 3ª aug. pro 5 lanc. 280 fl. 8 den. gr. p. p.

3. *Perceval de Versey.* — Libr. Percevallo de Versey, Guilliermo Buffardi et Johanni Ferley de Bernosa in exon. stip. 2 mens. 3 dier. incept. 9ª septemb. pro 2 lanc. 68 fl. p. p.

3. *Humbert des Mares.* — Libr. Humberto des Mares, Glaudio de Fontana et Anthonio Regis pro stip. suis. 3 mens. incept. die 8ª aug. pro 3 lanc. 186 fl. p. p.

3. *Pierre le Camus de Satonay.* — Libr. Petro le Camus de Satonay pro

reman. stip. suorum Petri l'Amy de Fernay et Jaqueti Maeur, temporis quo pro 3 lanc. dno servierunt in anno 1426, 45 fl. p. p.

4. *Christophe Vache.* — Libr. Xtoforo Vache pro reman. stip. suorum Oddonis Daquier, Johannis Marescalli et Visini de Savilliano temporis quo pro 4 lanc. servierunt in annis 1426-27, facto computo Bugelle penult. jan., 90 fl. 4 den. gr. p. p.

4. *Antoine de Jordans.* — Libr. Anthonjo de Jordanis, Petro de Jordanis, Francisco de Sixto et Anthonio Rubel in exon. stip. suorum 1 mens. 16 dier. incept. 16ª septemb. pro 4 lanc. 28 fl. 4 den. gr. p. p.

5. *François de Croicthon.* — Libr. Francisco de Croicthonis, Jacobo de Costis, Johanni Jacquelini, Petro Garini et Richardo filio Humberti de Cignie pro suis stip. 2 mens. 7 dier. incept. 28ª aug. pro 5 lanc. 225 fl. 4 den. gr. p. p.

5. *Antoine de Arculo.*[1] — Libr. Anthonio de Arculo pro reman. stip. suorum Francisci Voberti, Johannis Dominici de Voce, Petri de Castellario et Humberti de Bocza temporis quo pro 5 lanc. servierunt in anno 1426, facto computo Taurini 2ª novemb. 1426, 69 fl. 2 den. gr. p. p.

5. *Guillaume Champion.* — Libr. Guilliermo Champion, Petro de Galleras, Aymoneto de Galleras, Guigoni Goverdi et Petro Fondialis in exon. stip. suorum 2 mens. 28 dier. incept. 12ª aug. pro 5 lanc. 218 fl. 4 den. gr. p. p.

L'énumération minutieuse des arbalétriers, brigands, pavoisiers, archers et clients, qui firent l'expédition de Lombardie en 1486, serait fastidieuse pour le lecteur et dénuée d'intérêt. Il nous suffira de rappeler que les chefs ou connétables de ces bandes étaient pour la plupart piémontais. Les principales compagnies furent celles de Pierre Gay d'Avilliana, de Nycollet de Revel, de Jean de Bene, de Payen Gallemara de Caramagne,

---

[1] Cet Antoine de Arculo figure déjà dans la compagnie de Jean Sariod, conseigneur d'Introd (lances de la vallée d'Aoste); nous n'avons pas cru devoir rectifier ce double emploi, erreur du trésorier des guerres.

de Manuel Ricord, de Gabriel Brisa de Villafranca, de Daniel Dupuis, de Manfred de Racconis, de Jean de Scallengue, de Jean Bouczan de Cavallermaggiore, de Louis et Antoine de Castellengo, de Pierre Avogadro de Valdengo, d'Hector de Tournefort, de Thonin de Montbel et d'Oddon de Chieri, qui commandait 47 arbalétriers et 159 brigands.

Avant de compléter ce document par le tableau récapitulatif des forces de l'armée, nous croyons devoir citer *in extenso* une attestation d'Aymon de Châteauvieux, capitaine du Piémont, qui mentionne des règlements de solde faits avec Pierre Avogrado, Aymon de Brocio, Pierre Beiami et autres capitaines. Cette pièce établit plusieurs faits mentionnés dans notre premier mémoire.

Attestation d'Aymon, seigneur de Châteauvieux.

Libravit 35 sociis peditibus videlicet duodecim brigandis et viginti tribus paversardis. *(Suivent les noms.)*

Quorum Petri de Advocatis de Valdengo et aliorum suorum dictorum sociorum superius nominatorum dnus Manfredus ex marchionibus Saluciarum Marescallus Sabaudie computum (descriptis in rotulo seu cedula et justificatione superius insertis) fecit et visitavit; quibus visis et visitatis quamvis eisdem major summa pertineat et quia dicto marescallo non apparuit de ipsorum mostra, de consilio dni Petri Beiami potestatis Ypporigie, Ludovici Coste magistri hospitii, Jacobini Gareti thesaurarii guerrarum, Petri Probi et Petri de Croso secretariorum dni predictis stipendiariis solvi ordinavit 100 fl. p. p. ultra 18 scutos per ipsum Petrum de Advocatis receptos ab Aymoneto de Brocio capitaneo sancte Agathe, ut per literam dicti dni marescalli datam Taurini die 5ª feb. anno Dni 1427.

Allocantur sibi quos pro dno ejusque vice nomine et mandato, solvit et realiter libravit manu Petri de Croso secretarii dni, Domino Petro Belami consiliario dni ac potestati Ypporygie et custodi castri dni Roppolii cui per dnum debebantur pro custodia per ipsum dnum Petrum in dicto castro et villa Roppolii cum 25 clientibus stipendiariis dni facta sub stip. et modis in computo dicti dni Petri Beiami in quodam rotulo papireo descripto contentis et declaratis cujus tenor sequitur : Anno Dni 1426 die 27ª sept. illmus dnus noster cepit castrum et locum Roppolii et ipsum castrum michi Petro Belami dimisit in custodia tenendo ibidem clientes 25 de ejus mandato ad custodiam dicti castri et ville ad rationem 5 fl. pro quolibet balisterio et 4 fl. pro quolibet alio cliente et quolibet mense. Et inceperunt servire die 28ᵃ mensis predicti. Quibus solvi pro eorum stipendio pro uno mense sequenti ad subscriptam rationem fl. 106. *(Suivent les noms.)*

Libravi clientibus infra scriptis missis Roppolum die 5ᵃ mensis novemb. quia eram informatus per fide dignos, quod inimici debebant venire preliare dictum locum et quod habebant intentionem cum hominibus dicti loci, factis infrascriptis clientibus sumptibus per homines ipsius loci, eis solvi ultra dictos sumptus, grossos 21 pro quolibet pro 1 mense et sunt in summa fl. 21. *(Suivent les noms.)*

Die 17ᵃ mensis decembris capti fuerunt per illos de Salizolla homines undecim, videlicet quatuor ex illis qui stabant in Vinerono et septem de illis de Roppolo; per quam causam libravi infrascriptis clientibus pro quolibet fl. 1 ut irent ad locum Roppolii per octo dies loco predictorum captorum. Nomina sunt hæc: Petrus de Gatigo, Johannes Averonus, Johannes de Belleano, Cronelius de Piverono, Johannes Gorzanis, Johannes de Sala, Anthonius de Tonario, Bellenderius Maynard, Daniel de Pedemontio et ejus socius fl. 10.

Récapitulation des forces de l'armée réunie sous les ordres de Mainfroy de Saluces, maréchal de Savoie, pour la campagne de Lombardie.

(1426.)

Lances savoisiennes	586	
Lances piémontaises	186	
Lances de la Bresse	171	
Lances du Bugey	150	1367
Lances vaudoises	41	
Lances de la vallée d'Aoste	34	
Lances suisses et étrangères	113	
Lances inconnues	86	

Arbalétriers à cheval enrôlés à 8 et 10 fl. par mois...............	155
Arbalétriers à pied id. à 5 et 6 fl. id.	576
Brigands id. à 4 fl. id.	850
Pavoisiers id. à 4 fl. id.	225
Clients soit fantassins, sans désignation spéciale, à raison de 4, 5 ou 6 fl. par mois, suivant la qualité de leur équipement..........	47
Archers à 6 fl. par mois...................................	4
Echelliers	2
Maîtres de bombardes	7

DOCUMENT N° 3.

19 MARS 1396.

Noms des seigneurs et hommes d'arme désignés par Philippe le Hardi, duc de Bourgogne, pour accompagner en Hongrie son fils le comte de Nevers, avec les ordonnances qui règlent l'ordre de l'expédition, les attributions de quelques-uns des chevaliers et la police du camp.

(Document communiqué par M. Rosignol, conservateur des archives de Dijon.)

Cy aprez sensuyvent les noms de ceulx que monseigneur a ordonnez aler ou voyage de Honguerie, en la compaignie de Mgr de Nevers :

Premierement, Messir Philippe de Bar, luy, IIIIe de chevaliers et VI escuyers ;
   M^r l'admiral de France, lui, IIIe de chevaliers et VI escuyers ;
   M. de la Tramoïlle, lui, VIIIe de chevaliers ;
   M. le mareschal de Bourgougne, lui, IVe de chevaliers ;
   M. Odard de Chaseron, lui, IIIe ;
   M. Jehan de Sainte-Croix, lui, IIIe ;
   M. Guillaume de Merlo, lui, IIIe ;
   M. Gioffroy de Charny, lui, IIIe ;
   M. Elion de Meilhac, lui, IIIe ;
   M. Jehan de Blaisy, lui et un escuyer ;
   M. Henri de Montbellard, lui, IIe de chev. et VI escuyers ;
   M. de Chatel-Belin, lui, IIe de chev. et II escuyers ;
   M. Guillaume de Vienne, lui, IIe de chev. et II escuyers ;
   M. Jacques de Vienne, lui, IIe de chev. et II escuyers ;
   M. Jacques de Vergy, lui, IIIe ;
   M. Thibault de Neufchastel, lui, IIIe ;
   M. Guill. de Vergy et son frere, chascun lui, IIe de chev. ;

M. Henri de Salins;

M. Henri de Chalons, lui, II° de chev. et II escuyers;

M. le Haze de Flandres, lui, III°;

Le sire de Ray;

Le frere de la femme messire Henri de Montbeliard.

Cy-apres sensuyvent autres de l'ostel de mon dit sieur:

M. Berthaut de Chartres. — M. Louis Dugray, 1ᵉʳ escuyer. — M. Jehan des Boues. — M. Tort des Essarts. — M. Girard de Rigny. — M. Raoul de Flandres. — M. Jehan de Pontallier. — M. Jacq. de Pontallier. — M. Jehan de Savoisy. — M. Philippe de la Tramoille. — M. Loys le marechal. — M. Loys de Zwenenghen. — Philibert de Vilers. — le sire de Graville, lui, III° chevalier. — le sire de Plancy, lui, II°. — M. Jacques de Cortiamble. — M. Jehan de Crux. — M. Hugues de Monetoy. — M. Philipe de Mussy. — Jehan de Rigny. — M. de Naumes. — M. Fouques Pagnuel. — M. le Galois de Renty. — Antoine de Baloire, lui, III°. — M. Anceau de Pommart. — M. Henri de Rye. — M. Jehan de Saint-Aubin. — M. Jehan de Montaubert. — M. Jehan Prunelle. — M. Jehan Tanquers. — M. Charles d'Estoulteville. — M. Jehan de Grançon. — M. de Ve, lui, II°. — M. Jehan le Sarrazin. — M. Jehan de Saint-Germain. — M. le Petit Broqueton. — Boetin Villers. — le fils de syre de Chastillon, lui, II°. — M. Raoul de Reneval, lui, II°. — le sire de l'Espinace. — le sire de Montigny. — M. Loys de Glac et un escuyer. — M. Gauvanay de Bailleur, lui, II°. — Le Normandea, maistre dostel et iceulx qu'il plaira à mon dit sgr. — Damas de Baxeul. — Briffault. — Robert de Hardintun. — Guillaume Bretcon. — le jeune Monnoyer. — Montaubert. — Jehan de Sercus. — Rochechoart. — Anceau de Villers. — Guillaume de Vautravers. — Jehan de Cepeaux. — Seymon Breteaux. — Gauvignon. — Guillaume de la Tramoille. — Goscale. — Loys Doné. — Estienne de Montsajon. — Victor bastard de Flandres. — Estienne de Germigny, escuyer d'escurie. — Jehan de Granson. — Le Porcelot de Besançon. — Thomas de Carruvel. — Matey Lalleman. — Enguerammet. — Claux de la Babaignon. — Guillaume de Lugny. — Jehan de Ternant. — Bertrand de Saint-Chatier. — Georges de Rigny. — Pierre de la Haye. — Jehan de Pontballier. — Thierry de Saint-Soigne. — Jehan de Germigny. — Guill. de Craon, lui, II°. — Regnault de Flandres. — Batelean. — Guill. de Nanton. — Maubuisson. — le fils au sire de Garanciere. — Rosse de Ranty. — le fils de Mᵐᵉ de Malicorne. — Huguenin de Lugny. — Mathery. — Pierre de la Tramerie. — Grathuse. — Jacq. de Baxeul. — Thoulongeon. — Huart. — Jehan Bugnot. — Cajaut. — Rollin de la Cressonniere. — Copin Paillard. — Jehan Huron. — Philippe de Nanthon. — Bonneu. — Guill. Daunoy. — Cheffreval. — Jehan de Blaisy. — Rosse Tanques. — Nicle de Condebouich. — Robert Gaudin. — Octeville. — Jacquot de Sunx. — Le Begue de Rosso.

Item dix archers :

Laurent Cogniguehaut. — Donat de Cops. — Ogier Bloes. — Jehan Tarnes. — Jehan Robichsu. — André le petit Archer. — Gadefer. — Brocart. — Berthelot de Revel. — Adam Pasquot.

Item vingt arbaletriers.

Les gens qui sont advisés pour aler devant en Honguerie pour faire les provisions de Mgr de Nevers :

Symon Breteau, maistre d'ostel. — Guill. Breteau, pennetier. — Jehan de Ternan, eschanson. — Robert de la Cressoniere. — Copin Paillard, escuyer de cuisine. — un boucher. — un poulailler.

Cy après sensuyvent les choses nécessaires appartenantes ou fait que Mgr Nevers doit faire presentement en Honguerie :

Premierement, il est ordonné que touz ceulz qui vont en sa compaignie soyent au xxe d'avril à Dijon, et illec on fera prest pour iv mois, c'est assavoir au chevalier quarante frans et à chacun escuyer vingt frans et chacun archer douze frans par chacun mois.

M. le comte de Nevers sera le xxe jour d'avril à Dijon, et seront payés toutes ses gens, et sera a la fin d'avril a Montbellard pour suivre son chemin.

Ceulx par qui M. le comte se conseillera :

Premierement, messire Philippe de Bar. — M. l'Admiral. — M. de la Tramoille. — M. Guillaume de la Tramoille. — Odard de Chaseron.

Et quand bon semblera :

M. de Bourbon. — M. Henri de Bar. — M. de Couxy. — M. le connestable. — M. le mareschal Boucequant.

Et aussy quand bon luy semblera :

M. Henry de Montbeliard. — M. Henry de Chalon. — M. Guill. de Vienne. — M. de Chastel-Belin. — M. de Longry. — M. Guillaume de Merlo. — M. Geuffory de Charny. — M. Jehan de Blaisy. — Elion de Neilhac. — M. Jehan de Trye.

Pour le fraire de M. le comte de Nevers :

M. Guillaume de Merlo. — M. Jehan de Blaisy. — M. Jehan de Sainte-Croix. — M. Elion de Neilhac. — M. Guillaume de Vienne. — M. Gieuffroy de Charny.

La banniere de M. le comte de Nevers, messire Phelippe de Mussy la portera.

Pour l'accompaignier :

Courtiambles. — Jehan de Blaisy. — de Buxeul.
Le panon de M. le comte, Grathuse le portera. — Nanton et Huguenin de Lugny pour l'accompagner.

Ordonnance faite par M. le comte :

Que gentilhomme faisant rumour perd cheval et harnois ;
Et varlet qui feist du coutel perd le poing ; et s'il robe, il perd l'oreille.
Item que M. le Cte et sa compaignie a à requerir l'avant garde.
Ordonné par Mgr.
Presents M. le comte de Nevers. — M. l'Admiral. — M. de la Tramoille. — M. Odard de Chaseron. — M. Elyon de Neilhac, — et Pierre de la Tramoille.

Le xixe jour de mars avant Pasques, l'an mil-trois-cens-quatre-vingt-quinze.

DOCUMENT N° 4.

1443

Détails sur la fabrication de la bombarde GANDINETTE *fondue à Bourg le 25 septembre 1443, par H. Giles, maître bombardier de Mâcon.*

(Du compte des héritiers de Jean Maréchal, trésorier de Savoie, archives de la Chambre des Comptes de Turin.)

S'ensuyvent les livrées faites et artilleries de Bourg pour la prinse de Vimier et aussi pour refaire la bombarde appelée *Gandinette* lesquelles livrées et ouvrages ont esté délivré et expéditz par le commandement de mon très redoubté seigneur le duc de Savoye et de M. le mareschal seigneur de Barjac par la main de Jehan de Lornay et aussi par Pierre Jaillet maistre des ouvres tant à Bourg comme autre part depuis le 2ᵉ jour d'avril jusques à 8ᵉ jour d'octobre de l'an 1443.

Premièrement ont livré les dessus ditz Pierre Jaillet et Jehan Amarguin 42 tomberlées de terre achetée et amenie par Jehan Masuir vendue une chacune tomberlée 1/2 den. gr. pour fayre les muelles et la fornayse de ladite bombarde 21 gr.

Item a livré a Jehan Clopel pour 500 carrons ahetés de lys pour employer en la dite fornayse 14 gros 1/2.

Item a livré à petit Jehan de Prin charbonnier de Mascon pour employer à la fondue de ladite bombarde et aussi pour chauffer les muelles d'icelle assavoir 72 petits sacs et 44 grans sacs, les petits à rayson de 5 fors, et les grans à rayson de 2 gros mens quart montent en somme 10 fl. 1 gr. 1/2.

Item a livré pour sieu (suif) acheté de Jehan Veyron tant pour chandeles comme sieu 26 livres à rayson une chescune livre de sieu vendue 6 fors enclus les 6 livres de chandeles ung gros la livre tant à lumer de nuyt et d'entour la bombarde et quant lon fondist et pour engreysser et oyndre les muelles et le noyel quand il fust mis en terre pour ce que le mectel prist mieulx sur le fert de la dite bombarde monte le tout 2 fl. ob. gr.

Item livré à Guichard fustallier acheté de ly une pale de boys 2 quars, une seillie ferrée de 3 cercles de fer 3 gr. deux coppons 2 gr. 3 bennes et ung seil chascune benne et seil vendu 2 gr. 1/4 les quelx aysemens furent nécessaires dentour le maistre de la bombarde tant à pourter aygue pour mollier la terre des muelles et à pourter charbon en la fornayse quand on fondist et les autres choses nécessaires en la matière. — *Item* pour troys bennes de palices achetées du dit marchant par le pris de 2 gr. 1/4, en somme 16 gros 3/4.

Item livré le dit Armagnin à Benoite femme de Jehan Jalliard d'Ambronay pour 11 livres de cheneve pour meler avec la terre pour fere tenir la terre du dit muelle tant dessus la muelle que dessus la chappe de la dite bombarde, monte 8 gr. 1/4.

Item livré le   agnin à Vergnet de Cartafroy pour 12 fais de verjan achete de luy, chacun fas 6 fors pour verjauter tout entour de la fornayse le dit verjan monte 7 gr. 1/2.

Item livré à Antoine Pelerin drappier acheté de ly 4 livres de bourres et de drap necessayres es muelles de la dite bombarde alier et meler avec la terre ainsy que le maitre de la bombarde le devysoy, monte 1 gr. 1/2.

Item livré à Claude Machard pour troys feuilles de fert noyr acheté de ly pour mectre un sopirel de la dite bombarde quand le maistre bombardier faist coller le metail pour 6 sospirelx qui estoient quand lon fondit le dit metail et chascune feuille vendue 3 quarts qui sont en somme 3 gr. 3 quarts. — *Item* ung quarteron de clos de 6 milliers un gros le quarteron employés en leuvre de la dite fondue ici dessoubt escripte pour claveler les rables et la chappe de la bombarde et gouverner la brase dedans la fornayse. — *Item* demy cent de grans clos desquelx on a clavellé de grans poulx d'antour la fornayse affin que l'on ne destourba 2 gr. monte 8 gr. 3 fors.

S'ensuyvent les livrées faites par le dit Jehan de Lornay à maistre Jehan Giles de Mascon bombardier pour faire la fondue de la seille de la bombarde appelée *la Gandinette* c'est à savoir 39 quintaulx 88 livres et demy lesquelx 39 quintaulx 88 l. 1/2 n'avoit en la artillerie 8 quintaulx 63 livres et par ainsi a esté livré et baillé au dit maistre bombardier 31 quintaulx 20 livres 1/2 lesquelx 31 quintaulx et 20 livres 1/2 ont été achetés de ceulx qui sont nommés en la dite parcelle de quoy en ya demouré en la artillerie 85 livres.

Noms de ceulx qui ont vendu le métail et prix.

Perronnet Guilliod de Bourg...	1 quintalx et 18 livres	15 fl.	
Abraham Juif de Lyon..................	80 l.	7 fl.	
Guillaume de Vifail	1 quint.	44 l.	18 fl.
Monet Pellet................	2 quint.	64 l.	34 fl. 3 gr.
Jehan maçon de Chastellion ...	2 quint.	10 l. 1/2	25 fl. 3 gr.
Mugonet Matel		67 l.	8 fl. 1 gr. 1/2
Joly le Peyrollier....................		30 l.	3 fl. 9 gr.
Perronet Guillod		25 l.	3 fl. 11 gr.
Guillaume Barde............	10 quint.	11 l.	154 fl. 11 gr.
Martin Bijard	10 quint.	10 l.	155 fl. 9 gr.

Le métail a couté 405 fl. 2 gros.

S'ensuyt le jour ou quel fut fondue la *Gandinette* c'est assavoir le 25ᵉ jour septembre l'an 1443 et aussi les livrées de la dispense que a este faite à cause de la dite fondue.

Premièrement quand lon fondit la dite *Gandinette* vaquerent 60 hommes qui vaquoient depuis 10 heures devant mydi jusques près de 9 heures devant minuit à mener les souffles pour fere fondre le métail de la dite bombarde livré en pain 8 douz. de grans pains et en vin un cent et 4 pintes à 1/2 gros la pinte (pris en lostel de Henriet) monte 6 fl. 4 gr.

Item à Jehan Masuer pour amener les souffles de Sellion au lieu de la fornayse. — *Item* plus livré au dit Jehan pour la jornée de ly et son cheval qui vaqua ung jour durant la fondue a amasser les souffles des maistres mareschaux de Bourg necessaires pour fondre le métail de la dite bombarde pour ses despens et salaire 5 gr. et aussi pour mener une tomberollée de terre pour mettre en la fornayse affin que le feu ne se prist en les clées de trayre, et a mené ung gros pour ce, monte 6 gros.

Item le jour qui fut trayte dehors de terre la dite bombarde pour les depens de 12 hommes en pain et vin.

Item deux carriaulx d'acier acheté de Henry Gestral à 1 gros et 1/2 le carrel le quel acier a esté pour acciarer les sciseaux pour rompre le remanent du métail de la bombarde quant elle fut traite de terre. — *Item* a acheté ung aultre carreaux dacier de Claude Machard signé ou bergamas fin, pour fere les martelles a 2 taillans pour rougnier le dit métail qui passoit la trompe de la bombarde a cause de la fondue monte 4 gros.

Item livré à Guillaume Revermont favre pour ung cercle de fer acheté de luy peysans 32 livres à raysons de 3/4 pour livre pour lier la trompe de la dite bombarde empres dernier du blochier d'icelle monte 22 gr. 1/2.

Item au dict maistre pour fere le tappon de fert pour mectre au pertuys de la fornayse pour ce que le métail ne collay pas 6 livres de fer pour œuvre compte la livre 3 quars.

Item pour les reppons de fer pour reponster le dit tappon lequel gardoit de coler hors, le dit métail, la faczon 1 gros 1/2 monte 6 gros.

Item en cercles de fer qui estoyent de la artillerie et lesquelx a refforgié le dit maistre pour lier la chappe de la dite bombarde, pour sa peine et faczon 4 gros.

Item à maistre Jehan de Nyon et Guillaume Revermont favres pour 6 vingt livres de fer tout employé en la *Gandinette* pour lier le noyel et la chappe de la dite bombarde à 3 quars pour livre et aussi pour achat monte 15 florins.

Item au dit maistre pour la faczon de trois martelles à deux taillans et à sougnié, le fer peysant 8 livres dedans le acier et sont fait pour rompre et hoster la terre qui estoit au devant de la seille de la dite bombarde à cause de la fonduc, compte la faczon et le fer 8 gros.

Item plus deux sissiaux de fer sans acier pesans six livres à fossiller ce qui passe la trompe de la dite bombarde pour euvre et faczon 4 gr. 1/2.

Item pour accirer deux presses de fer pour rebouter hors le métail qui estoit dedans la bombarde pour la vuyder chescune presse 2 gros monte 4 gros.

Item au dit Guillaume à accirier deux petits sissiaux pour nectoyer la bombarde 3 quars monte 1 gr. 1/2.

S'ensuyvent les journées de la charpenterie touchant la réparation de chars et aultres ouvrages que Pierre Jailliet maitre des ouvres et Jehan Armagnin ont fait faire en la artillerie de Bourg de mon très-redoublé seigneur le Duc pour la prinse de Vimiers pour faire conduyre et mener sur les dits chers les deux bombardes de la dite artillerie nommées *Bergerette* et *Gandinette* ensemble 4 bombardelles et 4 vulgaires par le commandement de Jehan de Lornay, et ont ovré et besognié le dit Jaillet et les autres chappuis depuis le 2ᵉ jour d'avril jusques au dernier jour de may ensuyvant et plus comme se contient particulièrement es chouses cy-dessoubs escriptes l'an 1443.

Premièrement. A vaqué le dit maistre Jaillet 4 jours à chival pour le pays de Bresse en divers lieux serchant et perquirant gros ormes et noyers necessaires à faire les plos chasses et siéges des dites 2 grosses bombardes et aussi pour faire les siéges de 4 bombardelles et 4 vulgaires et les enchasser pour les fayre conduire de Bourg au dit Vimier à débuter hors les ennemis de mon dit seigneur ainsy comme avoit esté ordonné par mon très redoublé seigneur le Duc et son conseil, prenant par jour le dit maistre pour ses despens de ly et de son chival 6 gros, monte 2 florins.

Item ont livré les dits maistres Jaillet et Armaguin par le commandement que dessus despuis le dit jour jusques au dernier jour du mois de may pour les despens de 6 vingt hommes charpentiers de une part et 60 journées d'autre part que sont en nombre de 9 vingt journées les queulx ont vaqué à fayre les dits plos chasses et siéges faire reparailler les dits six chers, trafüler chaussier tailler bois en la forest de Jasseron pour fere et furnir les dits chers des eissis fors eschannaux cuvix et deux paire de eyssis à une chescunc commorsure des dits chers à soustenir et pour charroyer seurement les dites artilleries et lesquels chers sont pretz et furny comment dit est.

Item ont fait les dits chappuis tant en l'ouvrage dessus dit commen ainsi à faire engins crusies de boes à soustenir le movle du noyel de la dite *Gandinette* et pour fayre la chappe à logier angins pour lever et giter hors et faire rubas *(rouleaux)* de boes pour mener la dite bombarde declans le crosat ou a esté fondue et aussi fait sorcles et chivalles de boes à soustenir les souffles nécessaires à fondre le métail de quoy a esté refaicte la dite bombarde.

Item ont fait les dits charpentiers une noysie de boes pour cyndre la fornayse d'icelle affin qu'elle ne rompist.

Item ont vaqué les dits chappuis à tirer hors de la fornayse la dite bombarde et aussi plusieurs choses nécessaires à la dite artillerie prenant ung chascun d'eulx pour leurs jornées et despens 3 gros par jour pour tout 46 florins.

Item à Cathelin Berardin de Bourg pour 240 livres de fert pour ensochier en boes 4 grosses bombardelles et 4 vulgaires de 3 livres chescune lune forgée et employée à 1 gros la livre valent 20 florins.

Item à Franczois de la Verna moyne de Brou pour pierres lesquelles furent taxées par Pierre Jaillet et autres de lesquelles furent faites les pierres des bombardelles à 3 gros la pièce et 48 pierres de vulgaires à 1 gros 1/2 la pièce valent 23 florins.

Item à Jehan de Nyon et Perronet Guillot pour 2 bombardelles de fert et 4 grandes vulgaires qui furent données par mon dit seigneur le Duc es Bernoys estimées par hommes 240 florins.

DOCUMENT N° 5.

8 DÉCEMBRE 1427.

Noms des cinquante gentilshommes, chefs de lances, qui accompagnèrent Mainfroy de Saluces, maréchal de Savoie, lorsqu'il prit possession de la ville de Verceil au nom du duc Amédée VIII, le 8 décembre 1427.

(Du compte du trésorier général de Ferro, n° 74, arch. de la chambre des comptes de Turin.)

Libravit dno Manfredo ex marchionibus Saluciarum marescallo Sabaudie in quibus dnus sibi tenebatur causis et rationibus contentis et descriptis in quodam rotullo papireo sirico sex folia simul suta continens (sic) cujus tenor talis est : Sequuntur librate facte per illustrem dnum Manfredum marchionem Saluciarum marescallum Sabaudie seu per Andream Maleti ejus secretarium de ipsius mandato ad causam apprehensionis possessionis civitatis Vercellarum ad manus illustrissimi dni nostri Ducis Sabaudie novissime reducte sub die 8ª mensis decembris anno 1427, et primo libravit idem dnus marescallus per manus dicti Andree, armigeris qui ipsum dnum marescallum associaverunt in dicta apprehensione possessionis ipsa die quilibet pro una lancea cum tribus equis ut infra. Et 1° dno Johanni de Compesio militi 5 fl. p. p. — Johanni de Barrali, idem. — Aymoni de Creto, id. — Dno Coudrée militi, id. — Aymoni de Arenthone, id. — Georgio de Contamineta, id. — Anthonio de Les Clées, id. — Francisco de Arenthone, id. — Roberto de Duyno, id. — Johanni de Lorniaco, id. — Francisco de Bionate, id. — Francisco Rossini, id. — Johanni Championis, id. — Bertheto de Riveria, id. — Dno Ludovico Francesii dno Alimorum, id. — Anthonio de la Duyre, id. — Ludovico de Rovorea, id. — Petro de Challes, id. — Johanni Chaloures, id. — Guillelmo de Gebennis, id. — Guillelmo de Ferney, id. — Hugoneto de Cholay, id. — Roleto de Noveyrieu, id. — Amedeo de Spagniaco, id. — Ludovico de Alladio, id. — Benetino de Verall, id. — Claudio de Salormato, id. — Jaquinio de Gebennis, dono sibi facto per dnum marescallum ultra stipendia videlicet 3 fl. 6 den. gr. p. p. — Dno Amedeo de Challant militi 5 fl. p. p. — Guigoni de Rubeo Monte, id. — Anthonio de Barmey, id. — Hugoneto Beraldi, id. — Johanni de Aquis dno Barjacti, id. — Johanni de Mouxiaco, id. — Michaeli de Ponte, id. — Johanni de Moylliena, id. — Johanni de Moygny, id. — Johanni de Menthone, id. — Johanni de Mugneto, id. — Claudio de Leys, id. — Petro de Castillione, id. — Anthonio de Muris, id. — Johanni de Turri, id. — Stephano Borgelli, id. — Dno Guillelmo Dandelost, id. — Johanni Pennardi, id. — Petro de Pyno, id. — Johanni de Saxo, id. — Guillelmo de Rubeomonte, id. — Andiseto Cadoti, id. — Amedeo de Urteriis, id. — Ludovico Le Blanc, id. — Vauterio Thoreni, id. — Johanni de Mussiaco, id. — Nicodo de Belloforte, 5 fl. p. p.

Autres détails des dépenses occasionnées par la prise de possession de Verceil.

Libravit die 12ª decembris ibid. Petro Masuerii 2 fl. p. p. Henrico et Johanni ex comitibus Vallispergie pro suis stipendiis veniendo a Pynerolio Vercellas cum decem equis, ibi que stando cum dicto marescallo et inde redeundo 35 fl. p. p.

Libr. Bernardo Masuerii secretario pro expensis suis trium equitum pro decem diebus quibus vacavit cum dicto dno marescallo circa apprehensionem dicte possessionis Vercellarum 6 fl. 8 den. gr. p. p.

Libr. eadem die et loco duobus tubetis ipsius civitatis Vercellarum qui venerunt ad presentiam dni marescali predicti 1 fl. 10 den. gr. p. p.

Libr. Anthonello custodi clavium tempore palacii ducis Mediolani quas presentavit et exhibuit eid. dno marescallo 1 fl. p. p.

Libr. eadem die duobus tubetis et totidem mimis dni Brienorii de Scala qui ad presentiam dicti dni marescalli silenter venerunt 1 fl.

Libr. dno Justo de Florano legum doctori pro eo quod servivit et pro suis expensis vacando cum dno marescallo circa premissa videlicet 20 fl. p. p.

Libr. dno Johanni de Ferrariis legum professori vicario sancte Agathe pro suis expensis trium dierum cum tribus equis vacando in premissis 3 fl. p. p.

Libr. Aymoni de Brocio capitaneo sancte Agathe pro suis expensis sex dierum pro octo equitibus ipso incluso quibus vacavit circa premissa cum predicto dno marescallo 8 fl. p. p.

Libr. Eustacio de Baloco conestabuli peditum pro septuaginta sex clientibus per ipsum conductis cum dicto dno marescallo ad premissa et postea remissi et hoc pro sex diebus computatis eisdem pro suo adventu et regressu 25 fl. p. p.

Libr. qui fuerunt detracti super receptis pro decem octo servientibus de sancta Agatha et Casanova ordinatis et dimissis in custodia castri et citadelle dicte civitatis Vercellarum et hoc pro uno mense die dicte adheptionis inchoando et inde immediate sequnturo (sic) 72 fl. p. p.

Libr. Johanni de Faurentinis servitori Collardi de la Guisuelle certis ex causis, 1 fl. p. p.

DOCUMENT N° 6.

(Extrait du compte de noble Michel de Ferro, citoyen de Genève, trésorier général de Savoie, du 1ᵉʳ janvier 1428 au 1ᵉʳ janvier 1429, f° 301 v°.)

TROUSSEAU DE MARIE DE SAVOIE, DUCHESSE DE MILAN.

Allocantur sibi quos pro d..mino et ejus mandato solvit et realiter liberavit personis et causis contentis descriptis et declaratis in particulis scriptis in quodam rotullo papireo viginti duo folia simul suta continente et litteram dni de mandato allocandi eidem rotullo annexam, cujus rotulli tenor sequitur et est talis :

Le ruelle des ornemans paremans de chapelle, vestimans, vaissella et autres garnymans de ma tres redoubtée dame Madame de Milan, porveus et fais pour sa allée de Savoye à Millan.

POUR LA CHAPELLE.

1° *Premièrement* livré a meistre Perrin Rollin lorfèvre demourant a Geneve pour une croys dargent dourée et esmaillie des quatre evangelistes et a les armes de ma dite dame de Millan pesant vi mars vi onces xx deniers par or et par faczon a rayson de cinq escuz 2/3 descus pour marc selon le pat fait avecques ledit orfevre comme en la cedulle dau pat escripte de la meyn daudit maistre Perrin se contient montet 38 escuz 3 quart et quart descu et du quart dung dozein descu dor à 20 gros par escu.

2. *Item* a livré au dit orfevre pour un galice dargent tout douré et a les dites armes pesant deux marcz et une once et dimi par or et par faczon 3 escuz et dimi pour marc montet... 7 escus et dimi et quart dung dozein descuz dor ad 20 gros.

3. *Item* a livré au dit Perrin pour la boyte dargent pour tenir les osties seur dourées les soages qui poyset 7 onces et dimy pour or et par faczon 1 escu.

4. *Item* a livré au dit orfevre pour deux eyguyeres dargent seurdorées les soages pour la dite chapelle pesant ung marc deux onces six deniers a rayson dung escu et dimy le marc montet 3 escuz quart et vi dung escu et le xii dung xii descuz dor a la rayson que dessus.

5. *Item* livré pour deux chandelliers d'argent dourés les soages pesants quatre marcz une once trois quarts donce a un escu et dimy le marc pour or et pour façzon 6 escus vi et quart descu et quart et quart de dozein descu.

6. *Item* a livré pour le bacin dargent dorés les soages pour loferande pesant troys marcz troys quarts descu le marc montet 2 escus 1 quart.

7. *Item* livré pour le benoytier et espargieur dargent dourés les soages pesant 3 marcz troys onces six deniers a 1 escu et dimy le marc montet... 5 escus le xii dung escu et le tiers dung xii descu.

8. *Item* pour la pays dourée pesant ung marc et dimy.
   Item pour la clochette d'argent pesant un marc six onces a troys quarts descu pour marc montet 1 escu vi et quart descu et le quart dung dozein descu.

PAREMANS DE CHAPELLE.

Premièrement pour onze aulnes de damasquin cremouysin broché d'or fin acheté de Marc Bellacy d'Avignion pour la chassuble et le garnimanta pertevant et 2 draps pour lautel de la dite chapelle chescune aulne 15 livres de monoye qui montent 165 livres.

Item livré par deux aulnes de damasquin pers employé es ditz draps de lautel de la dite chapelle chascune aulne quatre livres montent 8 livres.

Item livré pour quatre aulnes de toyle perse pour forrer les dessus dits draps chascune aulne 3 gros valent 12 solz.

Item livré pour une pièce de tiercelin rouge pour forrer la dite chassuble 4 livres.

Item livré pour 3 orfreys ou il ha 3 grans chapirons des quelx chapirons lon a mis les daix au myelieu des dessus dits draps de lautel et lung des dits orfreys en la chapelle dessus dite, lautre Berlod chambrier de mon dit seigneur portast de Geneve a morge et laultre orfreys a esté mis en une chassuble de satin pers pour la chapelle de mon dit seigneur ; achetés les dits orfreys de Jehan Lagorfa brodeur pour pris de 120 livres.

Item livré a Claude Tissot pour 9 aulnes de toyle fine de lin pour fere larbe et lamit de la dite chassuble pour pris de 12 gros laulne montent 5 livres 8 solz.

Item livré pour 9 aulnes de satin avellué cremeysin pour fere 5 carreaux pour la dite chappelle et 2 aulnes et demy du dict satin pour loratoyre a raison de 9 livres de monnoye laulne montet 103 livres 10 solz.

Item livré pour 2 aulnes de satin avellué pers pour les gottieres daudit oratoyre a rayson de 5 livres de monoye laulne montet 10 livres.

Item livré pour 9 aulnes de toyle perse pour les dits carreaux a 3 solz laulne 27 solz.

Item livré pour cinq pièces de tiercelin rouge pour les curtines dau clotret de loratoyre achetée de Nicola Strech de Luques a quatre livres la pièce montent vingt livres de monnoye.

Item livré pour 80 aneaulx de lotthon achetés de Colin mercier pour le dit clotret 20 solz.

Item livré pour deux tapis pour le dit oratoyre achetés de Guillermin de Marlian de Millan pour tant 5 livres de monnoye.

VAYSSELLE.

1° **Premièrement** livré a meistre Perrin Rollin lorfevre pour 24 escuelles dargent blanches pesant 48 marcz a rayson de huict gros pour marc pour faczon 19 livres 4 solz de monoye.
2. *Item* livré au dit orfevre pour 12 platz dargent blanc pesant 36 marcz et dimy a 8 gros pour marc montet 14 livres 12 solz de monoye.
5. *Item* livré pour quatre dozennes de copes dargent veyries pesant 70 marcz a dimy escu pour or et pour faczon par marc montet 35 escus ad 20 gros.
4. *Item* livré pour deux bacins d'argent tout dourés a lanvers a les armes de ma dite dame de Millan pesans onze marcz 19 deniers a trois escus pour marc pour or et pour faczon montet 33 escus quart descu et quart et quart dung douzein descu.
5. *Item* livré pour 12 platz dargent blanc pesant 36 marcs et demy a raison de 8 gros le marc montet 14 livres 12 solz de monoye.
6. *Item* livré pour 24 escuelles dargent blanches pesans 47 marcz 2 onces a 8 gros le marc montet 18 livres 18 solz de monoye.
7. *Item* livré pour 2 bacins dargent blancs pour le comun pesans neuf marcz et dimy a 10 gros pour marc montet 4 livres 15 solz.
8. *Item* livré pour deux grands polz d'argent tout dourés et esmalliés es armes de ma dite dame de Millan pesans 21 marcz 3 onces a deux escus et dimy le marc montet 53 escus quart et vi dung escu et quart dung douzein descu dor.

9. *Item* livré pour aultres deux pos dargent toutz dourés es dites armes pesans dix marcz 2 onces 3 deniers a la raison que dessus... 25 escus tiers quart dung escu dor.

10. *Item* livré pour quatre aultres polz dargent blanc es dites armes pesans 22 marcz a 16 gros pour marc 17 livres 12 solz.

11. *Item* livré pour 2 eyguyères dargent blanches es dites armes et doures les soages pesans 4 marcz 6 onces et demy a un escu et demy le marc 7 escus et quart et le xii dung escu et quart dung douzein descu dor a la susdite rayson.

12. *Item* livré au dit orfevre pour la faczon dune eyguere dor pesant ung marc cinq onces ung denier pour ma dite dame de Millan, 7 escus ad 20 gros.

13. *Item* livré au dit orfevre pour la faczon de 3 marcz une once 19 deniers troys quarts de deniers de pallietes dor pour mettre sur ung chapiron descarlate de ma dite dame de Millan a rayson de 16 livres le marc qui montet 51 livres 12 solz 11 den. de monoye.

14. *Item* livré pour troys chandelliers d'argent pour table es armes dessus dites les soages dorés pesans 12 marcz 6 onces a ung escu le marc montet 12 escuz troys quarts descu.

15. *Item* livré pour ung benoytier et espargieur dargent dourés les soages pour la chambre pesans 2 marcz 3 onces ung quart a ung escu et demy le marc montet 3 escus 2 tiers descu dor.

16. *Item* livré pour deux eyguyeres dargent tout dourées pesans cinq mares deux onces a troys escus pour marc, pour or et pour faczon 15 escus 3 quars descu.

17. *Item* livré pour douze trancheurs d'argent tout dourés pesans six marcz sept onces troys quars donce a 2 escus et dimy pour marc pour or et faczon 17 escus quart et vi descus.

18. *Item* livré pour une nef dargent tout dourée pour la table pesant 23 marcz 2 onces troys quars donce a quatre escus le marc pour or et pour faczon 93 escus quart et quart descu.

19. *Item* livré pour deux eyguyeres dargent blanches pour le cumun pesans cinq marcz une once a ung escu le marc 5 escus et quart descu.

20. *Item* livré pour une sallière dargent dourée es dites armes pesant un marc 3 onces et demy pour or et faczon 6 escus.

21. *Item* livré pour ung grand dragieur dargent tout douré es armes de ma dite dame pesant 14 mares une once et demy a 3 escus et demy le marc 49 escus tiers quart dung escu et troys quars et quart dung douzieme descus.

22. *Item* livré pour un aultre dragieur meneur tout douré es dites armes pesant 8 marcz 4 onces a la rayson que dessus 29 escus troys quars descu dor.
23. *Item* livré pour le bacin a barbier dargent blanc pesant onze marcz six onces a 8 gros le marc montet 4 livres 14 solz.
24. *Item* livré pour 24 copes a pié toutes dorées pesans 38 marcz 3 onces a 2 escus et demy pour or et faczon pour marc 95 escus 2 tiers un quart descuz dor au pris que dessus.
25. *Item* livré au dit meistre Perrin quatre marcs 6 onces 20 den. 3 quars de denier dor et desquelles quatre marcs 6 onces 20 den. 3 quars dor le dit maistre Perrin a fait la susdite cyguière et les dessus dites pailliettes que coustet chacun marc 60 livres montet 291 livres 9 solz 8 deniers 1 quart.
26. *Item* livré pour 86 marcs 3 onces onze deniers dargent a xi den. viii gros achettées de Guilliermin de Marlian de Millan pour faire la vaysselle sus escripte chascun marc 10 florins 3 gros... 888 florins 5 deniers 2 tiers 1 quart gros petit poys lequel argent est elius bailliés et délivré a meistre Perrin Rollin orfevre de Geneve pour fere la dessus dite veisselle.
27. *Item* mays livré au dit orfevre le 12e jour d'avril onze marcz 4 onces 9 deniers d'argent a la ligue et pris que dessus montet 118 florins 4 deniers 1 quart gr. p. p.
28. *Item* livré au dit orfevre le 8e jour de may pour la meyn daudit Guillermin 172 marcs 2 onces dargent achettés chascun marc pour dix florins deux gros que montent 1751 florins 2 den. obol. gros p. p.
29. *Item* livré le 1er jour de juing au dit orfevre 24 marcs 3 onces dargent achetées de Johan de Mengo de Florence pour dix florins ung gros chescun marc montent 215 florins 9 gros quars et quars gros p. p.
30. *Item* livré au dit orfevre le dit jour 2 marcs et demy dargent au pris que dessus 25 fl. 2 gros et demy.
31. *Item* livré au dit orfevre le 10e jour de juing 24 marcz dargent achettées de Guillermin de Millan chascun marc pro 10 fl. 1 gros montent 242 fl.
32. *Item* livré au dit orfevre le 3e jour de juillet 24 marcs 4 onces 4 deniers dargent achetées de Johan Pagnyquerolla de Millan chascun marc pour 10 fl. 1 gros montent 247 fl. 3 gros.
33. *Item* livré au dit orfevre le 6e jour daudjt moys 21 marcs demi once dargent achetée de Acquinet le juif demourant a Geneve a 10 fl. 1 gros pour marc montet 212 fl. 4 deniers tiers quars gros.

34. *Item* livré le 7e jour daudit moys au dit orfevre 18 marcs 2 onces 3 deniers dargent achetés de Johan de Mengo a 10 fl. 1 gros le marc montet 194 fl. et le 12e dun denier gros p. p.
35. *Item* livré au dit orfevre le 15e jour daudit moys 9 marcs dargent a raison de 10 fl. 2 gros le marc montent 91 fl. et demy.
36. *Item* livré le 25e jour daudit moys 34 marcs une once et demy achettées de Bernard Painquerollo de Millan a 10 fl. le marc montent 390 florins.
37. *Item* livré le 29e jour daudit moys 39 marcs dargent achettées de Cristofle de Millan a 10 fl. le marc montent 390 fl.
38. *Item* livré au dit orfevre le 4e jour daoust 25 marcs 5 onces 10 deniers dargent achettées daudit Cristofle a 10 fl. le marc montent 256 florins 9 deniers 1 quart gros.
39. *Item* livré au dit orfevre 17 marcs 6 onces dargent achettés daudit Cristofle a 10 fl. le marc montent 170 fl. 7 den. obol. gr.
40. *Item* livré au dit orfevre 57 marcs 2 onces dargent achettées de Fanczon Versonay a 10 fl. le marc montent 372 fl. 6 den. gros.
41. *Item* mays livré au dit orfevre dernierement 29 marcs a 10 fl. le marc 290. La quelle quantité de marcs sunt en somme 576 marcs 3 onces 1 denier vaillant en somme au pris que dessus 5828 fl. 11 deniers tiers et quart gros p. p. dont le dit orfevre neat rendu en la vaisselle dessus dite fort que 478 marcs 6 deniers dargent et ainsi il retient au dit tresaurier 98 marcs 2 onces 19 deniers. Toutefoys le dist tresaurier nen compté a Monseigneur que les dits 478 marcs 6 deniers dargent qui valent a la rayson qui dessus est escripte 4859 fl. 11 den. 06 1/3 gros p. p. qui valent a livres 2965 liv. 19 s. 10 den. de monoye.

VESTIMANS.

1. Livré à Nicolar Strech marchant de Luques pour 18 aulnes de draps de daumaz blanc brochié dor fin pour le manteaulx et le corset de ma dite dame de Millan pour lespouser acheté de ly chescune aulne 15 livres montent 270 livres.
2. *Item* livré au dit Nicolar pour une pièce de tissut dor fin pour une robe pour ma dite dame de Millan a grand manches acheté de ly pour tant 598 livres.
3. *Item* livré pour une pièce de vellu cremoysin brochié dor fin riche achetée de Marc Bellacy davignion contenant 20 aulnes 2/3 acheté de ly pour tant 530 livres.

4. *Item* livré pour une pièce de vellu plein cremoysin acheté daudit Marc contenant 20 aulnes 2/3 pour une raube a grand manches pour ma dite dame chacune aulne pour pris de 7 livres 14 solz montent 159 livres 2 solz 8 deniers.

5. *Item* livré pour une pièce de vellu hault et bas noir acheté daudit Marc contenant 23 aulnes pour une raube à grand manches pour ma dite dame chascune aulne 10 livres qui montent 230 livres.

6. *Item* livré pour une pièce de vellu hault et bas violet cremoysin contenant 15 aulnes pour raube pour ma dite dame a petites manches achetées de Roulant Peyrolier de Jeynes a rayson de 12 livres laulne montent 180 livres.

7. *Item* livré pour 7 aulnes et 1/2 de vellu cremoysin rouge pour gunelle pour ma dite dame a 7 livres 14 sols laulne 57 livres 15 sols.

8. *Item* livré pour 7 aulnes de satin cremoysin violet pour une gunelle pour ma dite dame a 4 livres laulne montent 28 livres.

9. *Item* livré pour onze aulnes 2/3 de taffetan blanc refforcié de florence pour forrer la raube de lescarlate de ma dite dame a 2 livres 1/2 laulne 29 liures 3 solz 4 deniers.

10. *Item* livré pour 6 pièces de tiercellin rouge deslivrées a Johan Poysat codurier pour forrer la robe dau vert brun de ma dite dame et les gunelles a 4 livres la pièce montent 20 livres.

11. *Item* a livré pour 18 aulnes de satin pers refforcié pour forrer la robe dau violet de ma dite dame a 3 livres laulne 55 livres 10 solz.

12. *Item* a livré dau commandement de mon redoubté seigneur a Thomas Merquat de Luques pour une pièce de vellu hault et bas pers brochié dor fin contenant 20 aulnes 1/4 la quelle mon dit seigneur avait achetée daudit Thomas pour le pris de 22 livres laulne et lavait promis de payer mon dit seigneur montet au pris que dessus 445 livres solz.

13. *Item* livre a Marc Bellacy davignion pour une pièce de vellu ault et bas noyr brochié dor fin contenant 20 aulnes 1/2 achetées pour une raube pour ma dame de Montfort chascune aulne pour pris de 22 livres montent 451 livres.

14. *Item* livré du commandement de mon dit seigneur au report de Nyco de Menthon au dit Nyco une pièce de satin avellue noir contenant 18 aulnes pour aucune chouses que mon dit seigneur en avait affere costant chascune aulne 5 livres montent 90 livres.

15. *Item* livré dau commandement de mon dit seigneur au report de Pierre de Menthon à Johan de Menthon escuyer de mon dit seigneur

six aulnes de damasquin gris a luy données en recompensation dune raube descarlate que mon dit seigneur avoit fet donner a Clerevaux le chivallier chascune aulne 4 livres. 24 livres.

16. *Item* livré a François Meyrin de Jeynes pour 8 aulnes de damasquin cremeysin acheté par la mein de messire Jehan de Compeys pour le prix de six livres demy tiers laulne ponr mons. le Conte de Geneve monté 49 livres 6 solz 8 den.

17. *Item* livré pour 2 aulnes de damasquin violet cremeysin délivré au dit messire Jehan de Compeys pour ung porpoing por mon dit seigneur de Geneve qui coustet chascune aulne 5 livres 1/2 11 livres.

18. *Item* livré au dit messire Jehan de Compeys por mon dit seigneur de Genève por ung porpoing por mon dit seigneur deux aulnes de damasquin pers qui coustet chacune aulne quatre livres 8 livres.

19. *Item* livré dau commandement de mon tres redoubté seigneur a messire Jehan de Compeys chivallier conseiller de mon dit seigneur et a Estienet Michaud le chambrier envoyés par mon dit seigneur a Paris pour porveoir et fere a fere les raubes vestimans orfevrerie et aultres abilliemans pour Mess. le Prince et Conte de Geneve, de la summe de 676 salus dor 3 solz 6 den. parisis a rayson de 21 gros de monoye de Savoye par salus a laquelle rayson les a rendu et paya le dit tresaurier a Jacques Serrat marchant frere de Franczois Serrat qui les avoit deslivré a Paris es dits messire Jehan de Compeys et Estienet Michaud au nonz daudit tresaurier et pour sa lettre de requeste de la quelle il ont livré et employé pour les abilliemans daudit Mons. le Prince et comant se contient en ung ruelle que le dit messire Jehan monstrat a mon dit seigneur et dont le dit tresaurier ne complet riens quar il a esté en partie rendus comme sensuyt cest assavoir 343 salus 19 solz 3 deniers parisis qui valent a florin de Savoye a la rayson que dessus 558 fl. dont ledit Mess. Jehan a rendu au dit tresaurier en plusieurs parcelles or et monoye en somme 513 fl. 2 gros et demy et ansy est encor dehu au dit tresaurier 44 fl. 9 gros et demy et le remanent de la quantité dessus escripte est ehus baillié et delivré pour les abilliemans de mon dit seigneur de Geneve ainsy commant mon dit seigneur de Savoye a vehus particulierement au dit rolle dont le dit tresaurier contet icy en somme cest assavoir 336 salus 6 solz 2 deniers parisis qui montent a la rayson que dessus a livres 374 2 solz.

20. Livré a Septime le cudurier pour la façzon de quatre chapirons les deux descarlate lung frappé et garni tout antor dorfevrerie dor et la

cornete laultre doublé sans frapper et les autres deux noyr lung freppé et laultre double sans frapper. *Item* pour troys pars de chauces et troys pars de manches noyres pour ma dite dame de Millan pour six cuduriers qui ont demeuré six jours a fere les dits garnimans a deux gros et demy pour jour pour chascun qui montent 7 fl. *Item* pour les despens et salayre de quatre cuduriers qui ont demeuré 2 jours pour atenir les chouses dessus dites et a estachier l'orfevrerie au dit chapiron de ma dite dame a 3 gros par jour pour chascun 2 fl. *Item* pour les despens daudit Septime et de son cheval de 9 jours qu'il a vacqué alant de Morge à Geneve demourant audit lieu et feysant les dits garnymans et sen retournant a 4 gros par jour. 3 fl. qui sont en somme 12 fl. qui valent a livres 7 livres 5 solz.

LES FORREURES DE PELLATERIE.

1. Livré a Henri Arbissen de Bala pour 29 martres sybellines achetées pour les forreures des dites robes a rayson de 53 solz de monnoye la pièce montent 76 livres 17 solz.
2. *Item* livré pour 100 martres sybellines achetées de Mermet Chatellet par la meyn de Pierre de Menthon pour les dites forreures pour tant 130 livres.
3. *Item* livré a Janin Burel de Flandres pour 8200 de vars pour les dites forreures achetées de ly a rayson de 38 livres 1/2 le miller montent 315 livres 14 solz.
4. *Item* livré au dit Mermet Chatelet pour 2400 de gris a X tires achetés de ly pour les dites forreures a la rayson de 40 livres le millier montent 96 livres.
5. *Item* livré au dit Mermet et a Rolet Curtet pour 5000 et demy de gris a 9 tires achetés de leur pour les dictes forreures a 30 livres le milier 165 livres.
6. *Item* Livré au dit Rolet pour afeutrer et appareiller les dessus escriptes 129 martres sybellines 7 fl. qui valent 4 livres 4 solz.
7. *Item* livré a Jehan de Bornier pellicier de Geneve pour troys manteaux de martres sybellines achetées de ly pour la meyn de Pierre de Menthon pour les dites forreures pour pris de 40 livres le manteau monte 120 livres.
8. *Item* livré au dessus escript Mermet Chatelet pour 100 gris engreyne achetés de ly pour les forreures des raubes de ma dite dame pour tant 12 livres.

9. *Item* pour deux manteaulx de leytices achetés lung de Franczois Versonay laultre de Jehan de Florence délivrés à Nyco de Menthon escuyer descuirie de mon dit seigneur au Borget qui costent ensemble 50 livres.

10. *Item* a livré a Jehan de Bornies pour la pellacterie que le dit Jehan a livré et acheté pour ma dite dame de Millan et pour Mons. de Geneve comme sensuyt ici après.

Premierement pour 100 dos et deux manteaux de ventres de martres lesquelles le dit Jehan a bailllié pour pris de 88 livres.

11. *Item* qui ha acheté de Jehan Salamon de Chalon 200 dos de martres et troys manteaulx de ventre qui costent tout ensemble 150 livres.

12. *Item* quil a acheté de Jaquemet Peccolat 100 dos de martres qui costent 40 livres.

13. *Item* quil a acheté de Jehan Bellot un cent de dos de martres qui costent 40 livres.

14. *Item* a recehu le dit Johan de Bornes de messire Jehan de Compeys et dau tresaurier 200 dos de martres achetés lung des cent de Jaquemet Peccolat pour pris de 42 livres et laultre acheté de Gillet pellicier pour 36 livres qui sont en somme 78 livres.

Et ainsy est en somme la dite pellacterie que le dit Johan de Bornes a acheté et recheus 700 dos de martres et 5 manteaulx de ventre de laquelle il a livré comme se contient ici après.

15. Et *premierement* il a livré en la forreure dune raube de vellus cremeysin a grand manches pour ma dite dame de Millan pour la forreure du corps de la dite raube 5 manteaulx de ventres et en les manches 212 dos de martres. *Item* en la forreure dune raube de damasquin vert obscur brochié dargent a manches ouvertes pour mon dit seigneur de Geneve 220 dos de martres. *Item* en une aultre raube de damasquin cremeysin a manches closes pour mon dit seigneur de Geneve 80 dos de martres. *Item* a livré en la forreure dune huque daudit damasquin pour mon dit seigneur de Geneve 160 dos de martres. *Item* a livré a Johan de Larpe pellicier pour forrer les colles et pugnies des deux robes de mon redoublé seigneur de Savoye 12 dos de martres. *Item* a livré dau commandemant de Pierre de Menthon pour fere le zaro le collet et le pugnel dune raube de Johan de Menthon 12 dos de martres. *Item* a livré le dit Johan a Pierre de Menthon 4 dos de martres les quelx demourarent de la susdite pellacterie et ainsi le dit Johan de Bornes a employé la susdicte pellacterie pour ma dite dame de Millan et pour mon dit seigneur de Geneve. *Item* livré

dau commandement de Pierre de Menthon es varles daudit Johan de Bornes pour le vin des raubes de ma dite dame et de mon dit seigneur de Geneve 24 solz.

FACZON DES VESTIMANS.

1. *Premierement* pour la faczon dune cotte et dung mantel de drap dor blanch contenant 18 aulnes fait par Johan Poysat ensambles les aultres vestimans icy apres ensequant escrip 48 solz.
2. *Item* pour une raube descarlate a grans manches forrez de tercellin blanc 24 solz.
3. *Item* pour ung manteaulx descarlate 12 solz.
4. *Item* pour une raube de vert brun forrée de tercellin rouge 24 solz.
5. *Item* pour une raube et ung manteau de gris de Monstivillier blanc 20 solz.
6. *Item* pour une raube de gris brun pour de nuyt 12 solz.
7. *Item* pour une raube de vert doublée de fustayne blanc pour chevauchier 12 solz.
8. *Item* pour ung manteaux de vert pour chevauchier 12 solz.
9. *Item* pour une robe de violet forrée de satin pers 24 solz.
10. *Item* pour une cotte juste de velluet rouge ou il a 8 aulnes et demy 24 solz.
11. *Item* une cotte juste descarlate 12 solz.
12. *Item* une cotte juste de mallines noyres 12 solz.
13. *Item* pour ung couverteur vert forré de blanc 12 solz.
14. *Item* pour une raube de vert fourrée de fustayne blanc pour Madame la mareschale 12 solz.
15. *Item* pour une raube de vellus ault et bas noyr a grant manches forrées de vars pour ma dite dame de Millan 24 solz.
16. *Item* pour une raube de vellu cremoysin a petites manches forrées de gris 24 solz.
17. *Item* pour une raube de vellut aut et bas noyr brochié dor forrée de vars pour madame de Montfort 24 solz.
18. *Item* pour les despens daudit Johan dou tamps qu'il a vaqué a Geneve pour faire les dictes chouses pour 48 jours a 4 gros par jour 9 livres 12 solz.
19. Livré a Pierre Noblet citeyen de Geneve pour faczon dune raube de tissu dor cremoysin pour ma dite dame de Millan. *Item* pour faczon dune aultre raube de vellu plain cramoysin brochié dor a grant man-

ches. *Item* pour une aultre robe de vellu pers ault et bas broché dor a grand manches. *Item* un aultre robe de vellu hault et bas violet cremoysin a..... pour chascune raube six florins pour la faczon montent a 14 livres 8 solz.

20. *Item* pour faczon dune raube de pers de Ruant a petites manches 16 solz.
21. *Item* pour Madame de Monfort une raube daudit drap a petites manches 16 solz.
22. *Item* pour dameiselle Margarite pour une raube daudit drap pers a petites manches 16 solz.
23. *Item* pour les dames de Chautagnie, de Barjat, Catherine de Compeys, de Gruffie, Reynaude l'Allemande, de Lulin, la feme amye dau Crecherel, Anthoine Allemande et deux dames de Pyemont pour chascune une raube de vert double de fustayne jusques parmy jambes qui sont onze raubes a 16 gros chascune montent 8 livres 16 solz.
24. *Item* pour ma dite dameiselle Margarite une raube de drap violet a grand manches 16 solz.
25. *Item* pour lorfelline et la gironde pour chascune une raube de vers double comme dessus 52 solz.
26. *Item* pour monseigneur de Geneve Philippe mons. Rol de Montfort, Mess. Jehan de Compeys, Montbuyron, Guige Gerbays et les trois pages de mon dit seigneur de Geneve. *Item* Henry de Columbier, Robert Vuagnard, Amye dau Crecherel, Jacquemet de la Fleschere, Franczois de Briord, Franczois Ruffin, Guillaume Rigaud, Claude de la Balme, Hugue Belciam, Jehan Mareschal, Nico de Menibon, Girard de Geneve, Janin Leon, Franczois Guigonard, Voutier Thoren, Jehan de Lornay, Guillermin de Ranty, Hugue Musel, Falconet, Jehan Basin, Alisandre de Choutagnye, mestre Nicolar sitorgien, Franczois Combe, Jehan Glouteret, Girard Barbier, Loys palaffrenier, Pierre Boy vallet de pyé, Jehan Rubert varlet, les deux menestriers et deux varletz daventure pour mons. de Geneve. *Item* Estevenin et Gaspard clerc dau tresaurier Jehan Belicin, Chivallet, Pierre Brasset, Estyenent Michaud, Guillaume Duc, Guillaume chambrier, Collet cusinier, Manget, Pierre Sellier, Pierre de Rumillie cusiniers, Denisot palaffrenier, le Mattin portier, Jean son varlet, Franczois Mareschal, Franczois Ruffin, Pierre Thomasset botelliers, le clerc de la chapelle, et 16 robes pour charretons et varletz daventure qui sont en summe 33 raubes de gentilzhommes et 44 de serviteurs et varletz qui est en summe toute 77 roubes chascune a 10 gros montent 58 livres 10 solz.

27. *Item* pour 13 garnison ensamble les couvertures de les selles entretaillies a chievrons pour Madame de Millan et ses 12 dames pour chascune une telle garnison à 50 gros chascune montent 19 livres 10 solz.
28. *Item* pour 12 tapis de somiers pour ma dite dame de Millan et quatre tapis de somiers pour Mons. de Geneve qui sont 16 tapis a 6 gros chescun 4 livres 16 solz.
29. *Item* pour 8 aulne de toiles noyre pour garnir les dits a 5 gros laune montent 40 solz.
30. *Item* pour une raube de drap dargent pour Rol de Montfort 56 solz.
31. *Item* pour une aultre raube de damasquin noyr pour ledit Rol de Montfort doublé de drap 36 solz.
32. *Item* pour 5 aulnes de toyle noyre pour dobler la dite raube daudit Rol de drap dargent à 5 gros laune 35 solz.
33. *Item* une raube de Franczois de Vuy 56 solz.
34. *Item* pour demy livre de frenges de soye baillices à Gabey pour les selles de ma dite dame de Millan 40 solz.
35. *Item* pour les despens daudit Noblet faitz troys jours entiers quil ha demouré a Anneissie pour prandre les mesures de les dames dessus nommées a 6 gros pour chascun jour enclu le loage de son chival 18 solz.
36. *Item* pour despens daudit Noblet de cinq jours qu'il a vaqué en alant de Geneve a Anneissie pour essayer les raubes de les dames dessus dites et prandre des mesures enclus 2 jours quil ha vaqué à Sellenove et en Choulagnie pour prandre les mesures des dames a 6 gros par jour comme dessus montent 30 solz.
37. *Item* pour la faczon dune couverte de charriot de ma dite dame de Millan de drap dor doblé de damasquin vert montet 48 solz.
38. *Item* pour faczon de troys raubes de Mons. de Geneve lune de drap dargent et les deux de damasquin cremoysin a 3 fl. pour raubes 108 solz.
39. *Item* pour troys manteaulx de gris pour deux pages de Mons. de Geneve et pour Girard de Geneve pour la faczon de chescun manteau 6 solz 18 solz.
40. *Item* pour la faczon dung couvertes de v... torré de blanc pour Mons. de Genève 10 solz.

FORREURES.

1. Livré a Jehan de Bornes pour forrer les raubes ensequans. *Premierement* pour forrer une raube pour mon dit seigneur de viollet au mois de may onc est entré 921 dos de gris a 10 tires et 200 de gris a 9 tires les quelx gris a baillié le tresaurier laquelle raube a esté forrée par deux foys 48 solz.

2. *Item* pour forrer une aultre raube de viollet par mon dit seigneur de penne dé Romanye bailllié pour Jacquemet Peccolat enclus le pris de deux manteaux baillié par le dit Jehan de Bornes pour forrer les manches vaillant 18 sols montent 42 solz.

3. *Item* pour forrer une raube de velluet vermeille pour mondit seigneur forrée de gris a 10 tires ou est entré 600 gris et pour les esquirieux mises es manches vaillant 2 livres 76 solz.

4. *Item* pour forrer ung tissu dor pour madame de Milan forré de ermines 6 livres.

5. *Item* pour forrer une raube de velu pers pour madame de Milan forrée de menus vars 6 livres.

6. *Item* pour forrer une raube de drap dor cremoysin pour ma dite dame forrée de martres sybellines onc est entré 618 martres 96 solz.

7. *Item* pour forrer une aultre raube de velluet vermeille forrée de martres dalamagnie 72 solz.

8. *Item* pour 3 raubes de drap pers a petites manches forrée de menu vars lune pour madame de Milan laultre pour madame de Montfort et laultre pour ma demoiselle Margarite onc est entré 158 ventre de menus vars 18 solz.

9. *Item* pour forrer ung mantel descarlate pour ma dite dame Milan onc est entré 1200 de menus vars 48 solz.

10. *Item* pour forrer ung mantel de gris blanc pour ma dite dame onc il est entré ung millier de gris a 9 tires et 10 dos de gris a 10 tires au collet 48 solz.

11. *Item* pour une raube gris brun pour ma dite dame onc il est entré ung millier et 50 dos de gris a 9 tires et 52 dos de gris a 10 tires pour les collet et pour les manches 48 solz.

12. *Item* pour une raube de gris brun pour ma dite dame onc est entré 1500 dos de gris a 9 tires et 100 dos de gris a 10 tires pour les manches et 15 dos de gris en boutat pour le collet et pour dedans 48 solz.

13. *Item* pour forrer ung mantel de drapt dor blanc pour espousier ma dite dame de Millans forré dermines monte 24 solz.
14. *Item* pour forrer une raube de vellus ault et bas noyr a grand manches pour ma dite dame onc il est entré 1800 de menu vars monte 72 solz.
15. *Item* pour forrer une raube de vellu violet pour ma dite dame onc est entré 1300 de gris a 9 tires et 100 dos de gris a 10 tires et ung quarteron de gris en butast pour le collet et les manches 3 livres 12 solz.
16. *Item* pour forrer une raube de viollet pour madame de Montfort onc est entré 1450 ventres de menus vars 48 solz.
17. *Item* pour forrer une robe de viollet pour ma dameiselle Margarite onc est entré 1300 ventres de menus vars 48 solz.
18. *Item* pour forrer une raube pour madame de Gruffie de drapt dor onc est entré 1300 de menu vars 48 solz.
19. *Item* pour forrer 13 raubes de vert de la livrée de ma dame de Milan cest assavoir les colles et les manches de menu vars pour ma dite dame la mareschalle de Choulagnie de Barjat Catherine de Compeys de Gruffie Reynaude lallemande de Lullin la feme amye dau Crecherel Anthoyne Alamande et deux dames de Pyemont onc sont entré 536 ventres de menu vars a 6 gros pour chascune raube monte 78 solz.
20. *Item* pour forrer la robe de lorfeline onc est entré 44 dos de gris a 9 tires 6 solz.
21. *Item* pour forrer la raube de la Gironde de pointes de vars qui costent 18 solz et pour forrer 6 solz montent 24 solz.
22. *Item* pour forrer une raube de drapt dargent pour monsieur de Geneve onc est entré 220 dos de martres 36 solz.
23. *Item* pour une raube de damasquin cremoysin a manges closes pour mon dit seigneur de Geneve onc est entré 80 dos de martres enclus 100 exquireux pour les manches monte 72 solz.
24. *Item* pour forrer une huque de damasquin onc est entré 160 dos de martres 36 solz.

BRODEURE.

1. Pour les ouvrages de brodeure fais pour Jehan le Corfa brodeur au pris que sensuyt.

Premierement pour reapparallier et croystre les deux chappirons de chappe et mettre sur deux draps dautel de draps dor 6 livres.

2. *Item* sept-vingt estoilles de brodeure dor mises sur les ditez 2 draps dor a rayson de 2 gros pour chascune étoille 14 livres.

3. *Item* pour troys losenges de brodeure es armes de monseigneur de Savoye pour mettre sur une chassuble perse 56 solz.
4. *Item* pour la faczon de la dite chassuble doublée de toyle perse et pour la soye 24 solz.
5. *Item* pour la faczon dune chassuble de drap dor de tercellin rouge et pour la soye 24 solz.
6. *Item* pour la faczon de deux draps dautel doublés de toille pour faczon et soye 48 solz.
7. *Item* pour trois curtines de tercelin rouge pour loratoyre de ma dite dame de Millan pour faczon et soye 24 solz.
8. *Item* pour vuydier cirier et estachier sur les susdits draps dor 12 escussons 12 solz.
9. *Item* pour taillier cirier et coudre une cotte darmes de sattin blanc et rouge et pour la soye 24 solz.
10. *Item* pour une chassuble perse garnie dorfreys pour la faczon et pour la soye 25 solz.
11. *Item* pour deux draps dautel de sattin pers doublé de toille pour la faczon et pour la soye 24 solz.
12. *Item* pour losenger le drap ovré des armes de mon dit seigneur pour mectre sur les deux draps et sur la chasuble perse 6 livres.
13. *Item* pour fere 7 escussons de brodeure des armes de madame de Milan pour mectre sur les goctieres 8 livres 8 solz.
14. *Item* pour fere 60 esteilles dor que sont escurcellées dor par dedans a 3 gros pour chascune 9 livres.
15. *Item* pour broder deux manches de fautayne pour ma dite dame de Milan a 3 fl. chescune 3 livres 12 solz.
16. *Item* pour deux manches pour la fillie a la altamande des dites fontaynes au dit pris 3 livres 12 solz.
17. *Item* pour deux manches pour la feme Amé dau Crecherel es dites fontaynes 3 livres 12 solz.
18. *Item* semblablement pour dame Reynaude deux manches des dites fontaynes 3 livres 12 solz.
19. *Item* pour deux dames de Pyemont quatre manches des dites fontaynes 7 livres 4 solz.
20. *Item* pour Amyé dau Chrecherel meistre dostel de mon dit seigneur pour 2 fontaynes comme dessus 3 livres 12 solz.
21. *Item* pour Jehan Bellen espicier deux manches des dites fontaynes 3 livres 12 solz.
22. *Item* pour les raubes de la livrée des pincières de Mons. le comte de Geneve pour les dessoubz nommés.

Premierement pour mon dit seigneur le conte de Geneve pour deux manches. *Item* a chascun des aultres pareillement cest assavoir Philippe Mons. *Item* Rol de Montfort, Mess. Jehan de Compeys, Montbuyron, Clereveau, Guigue Gerbais, Amye Compeys, Amye de la Fleschere, Claude de Menthon, Jehan de Menthon, Guillaume de la Fleschere, Alizandre de Choutagnie, meistre Nicolar Silorgien, Bonivard B.... de la Valla. *Item* pour les varlets qui sensieguent. Premierement Loys le pallaffrenier, Jehan Glouteret Franczois Combe, Jehan Rolle de lestable, Pierre Buet de lestable. *Item* pour les deux menestriers, le barbier, deux varletz daventure qui sont 28 à 3 fl. pour chascun montent à 50 livres 8 solz.

23. *Item* pour coudre une cotte darmes de bature et pour la soye 12 solz.
24. *Item* pour la bature de la dite cote darmes de brodeure 3 livres 12 solz.
25. *Item* pour la dite cotte darmes de brodeure 50 livres.
26. *Item* pour une raube de varlet daventure de la livrée de ma dite dame 56 solz.
27. *Item* pour une raube de livrée de Mons. de Geneve pour ung de ses pages 56 solz.

Item pour les ouvrages de brodeure faitz par Jehan Destral citoyen de Geneve commant sensuyt.

28. Et premierement pour 4 pars de manches pour les pages de Mons. mis sur chascune ung voilet de brodeure a rayson de 3 fl. 1/2 chascune monte 8 livres 8 solz.
29. *Item* pour 64 aulnes de les garnisons de les chivaulx de mon dit seigneur de Geneve chascune aulne 8 gros montent 25 livres 4 solz.
30. *Item* pour la brodeure de 4 tapis pour mon dit seigneur de Geneve a ses armes en 5 lieulx cest assavoir es quatre cornetz et au milieu à troys florins pour chescun tappis 7 livres 4 solz.
31. *Item* pour broder 12 tappis des armes de Madame de Millan comme les aultres dessus dits en cinq lieulx a 4 fl. pour chescun montent 28 livres 16 solz.
32. *Item* pour la brodeure de deux banchers de fontayne et deux compas fais a grans follies et des armes de ma dite dame de Milan au mylieu de chacun compas a 8 fl. chacun banchier montent 9 livres 12 solz.
33. *Item* pour la brodeure de deux robes de Madame la Mareschale et de la 10 livres Leyse de Sellenove a 6 fl. chescune 7 livres 4 solz.
34. *Item* mays pour brouder trois raubes de gentilzhommes cest assavoir Voutier Carrignon, Jehan de Lornay et l'alconet à 6 fl. pour chescune 16 solz.

35. *Item* pour broder 20 raubes de varletz de la livrée de Milan dont les 13 raubes sont daventure et les aultres 7 pour Chivallet panatier, Pierre Thomasset bottollier, Franczois Mareschal varletz, Jehan Mangel rostisseur, Guillaume Duc chambrier, Estiennet Michaud, Erick de Collognye varlet a 3 fl. pour raube 36 livres.

36. *Item* pour 13 escussons des armes de ma dite dame de Millan pour mettre es frons des mules chargiés de la chapelle vaissella et raubes de ma dite dame a 6 gros chescun escusson, montent 3 livres 18 solz.

37. *Item* pour les despens daudit Jehan faiz alant de Geneve a Vuflens et Lausanne par devers Henry de Columbier pour le fait de la livrée de ma dite dame de Millan alant demourant et retournant 24 solz.

38. *Item* pour les manges de la raube de Jehan de la Fontayne de la livrée de Madame de Millan 6 fl.

39. *Item* pour un escusson des armes de ma dite dame pour les mules 6 gros.

40. *Item* au dit Jehan pour la perde quil a fait es robes des varlets de la livrée de ma dite dame 6 florins qui sont en summe convertis a livres 7 livres 10 solz.

41. *Item* pour onze robes de fontanes brodée pour les varlets pour lallée de ma dite dame de Millan faictes pour Zimer de Bumig brodeur demourant a Geneve a 3 fl. chescune 19 livres 16 solz.

42. *Item* pour 19 robes descuiel riches de brodeure des dites fontaines lune parmy lautre 6 fl. monte 68 livres 8 solz.

43. *Item* pour 10 escussons des armes de ma dicte dame pour mectre sur les draps dautel chascun escusson 2 fl. 12 livres.

44. *Item* pour 4 larges de fine brodeure nuée des armes de ma dite dame pour mectre sur la chambre des berbis de vellu vert à 12 florins chescune.

45. *Item* pour 1 grand fontayne faicte de fine brodeure sur la chambre de ma dite dame, laquelle fontayne est dor nuée pour la faczon 42 livres.

46. *Item* pour 2 fontennes faictes sur les deux carreaux appartenans a la dite chambre a 4 fl. pour chascune 4 livres 16 solz.

LES LINGES.

1. A livré a mess. Jehan Spinola de Geyne pour 20 aulnes de mantilz larges de rens fins et 48 aulnes de toailles larges fines pour la table de ma dite dame de Millan qui costent tout ensemble 88 livres de moneys

2. *Item* livré a Jehan de la Fontayne pour deux pièces de toille fine daulande pour les draps linges de ma dite dame achetées de ly pour tant 73 livres 10 solz.

3. *Item* livré a Claude Tissot pour deux pièces de toille fine achetées de ly pour les dits linges de ma dite dame pour tant 42 livres de moneys.

4. *Item* livré au dit Claude pour aultre pièce de toylle achetée de ly pour la dite cause pour tant 12 livres 12 solz.

Et sont ehus baillies les chouses dessus escriptes cest assavoir le linge a mon redoublé seigneur au Borget.

5. *Item* livré a Jehan de Trois pour deux pièces de toille fine achetes de ly a la foyre des Pasques pour tant 42 livres.

6. *Item* pour 12 coiffes de soye blanches et jaunes qui costent 3 livres 12 solz.

7. *Item* livré pour 12 pieces de volletz costans 7 livres 4 solz.

8. *Item* livré pour une pièce de toille pour truffes ? *(sic)* qui costent 17 livres 12 solz.

9. *Item* livré pour 48 aulnes de tovailles et mantilz de lin achetées pour le pris de 29 solz laune de mantils et de toaillies 69 livres 12 solz.

10. *Item* livré pour 108 aulnes de toille que lon a fait 12 linczeulx chascun de trois toilles et troys aulnes de lung qui costent les 53 aulnes a rayson de 6 gros pour aulne et les aultres 5 gros laulne qui montent en sommes 29 livres 14 solz.

Et dessus dites aultres toilles lon a fait pour ma dite dame 12 grans lenczus de paremant de quatre toilles de large et quatre aulnes de long. Et mays en a porté ma dite dame comme se contient en leventayre dimy pièce.

11. *Item* livré a troys femes qui ont cosus et faitz les ditz linczus et linges et orlés les ditz mantilz 72 solz.

LES CHAMBRES.

1. Livré a Jaqueme Dossona de Millan pour une pièce de domasquin cremoysin de Florence large contenant 53 aulnes 3/4 achetee pour une chambre pour ma dite dame pour le pris de 5 livres et demy par aulne dont lon a fait dimy chambre une couverte de lit et deux oreillers pour ma dite dame qui montent 185 livres 12 solz 6 deniers.

2. *Item* livré pour 10 pièces de tercellin rouges pour les curtines de la dite dimy chambre achetée de Nicolar Stregh de Luques pour pris de 4 livres la pièce montent 40 livres.

3. *Item* livré pour six sarges de troys royes pour les muraillies de la dite chambre chascune sarge 5 livres 1/2 acheltés de Claude Tissot mercier 33 livres.

4. *Item* livré a Pierre Ernart de Lyon pour un aultre sarge de 4 royes pour coverte de lit costent 6 livres.

5. *Item* livré pour quatre pièces de toille perse de Constance pour forrer la dite chambre et coverte et plusieurs aultres choses chascune pièce 3 fl. monte 7 livres 4 solz.

6. *Item* livré a la Lyoneta merciere de Geneve pour les trecettes et cordons dont sont garnies les dites chambres c'est assavoir la chambre des mouthons et la chambre de les marronneres et la susdite dimy chambre et aulcunes autres chambres de mon dit seigneur achetés et employés es dites chambres pour Johan Lambert chambrier de mon dit seigneur 9 livres de monoye.

LE CHARRIOT.

1. Livré pour une pièce de damasquin vert large a grand moyson pour la coverte dou charriot contenant 16 aulnes a 4 livres 1/2 laulne monte 74 livres 5 solz.

2. *Item* livré pour une pièce de satin avellue de grane brochié dor fin contenant 20 aulnes 1/2 pour la couverte dudit charriot a 14 livres laune monte 287 livres.

3. *Item* pour 7 aulnes 1/4 de damasquin cremeysin brochié dor fin pour les quatre grans carreaux pour le dit charriot acheté de Thomas Merquat de Luques a 8 livres laulne montent 58 livres.

4. *Item* livré pour une pièce de vellu vert dont lon a fait 8 colliers pour les chivaulx daudist charriot. *Item* pour 2 pieces de vellus rouge pour couvrir toutes les corroyes et aneaulx daudist collier et ausy les cordes et gueynes de lartillerie daudist charriot ensamble deux selles contenans les dites trois pieces 48 aulnes acheteées de Nicolar Stregh de Luques a 2 livres 1/2 laulne montent 120 livres.

5. *Item* livré pour 48 boucles et 48 clos de locton pour les dits colliers 4 livres 12 solz.

6. *Item* livré a meistre Janin le pintre pour la pinture des esteilles dau collier dessus dit qui sont 16 estoilles pingtes de vert et houvré dor es armes de ma dite dame de Millan dont est fest le marchié avecques di meistre Janin a 8 fl. 4 livres 16 solz.

7. *Item* livré a Perroctin sellier pour deux selles pour le dit charriot les-

quelles sont couvertes de vellu rouge et par deux pars destrieux dorés pour dites selles achetées de ly pour tant 48 solz.

8. *Item* livré au bourrelier pour les dits 8 colliers tous garnis 14 livres 8 solz.

9. *Item* livré au bastier pour les cordes appartenant au dit charriot 48 solz.

10. *Item* livré au cudurier pour coudre le vellu sur les ditz colliers et sur les cordes gueynes et corroyes pour tant 4 livres 4 solz.

11. *Item* livré pour 6 brides pour les chivaulx daudit charriot et pour la farzon de les couvrir de vellus 4 livres 4 solz.

12. *Item* livré pour 6 mors pour les dites brides a 6 gros chescun 36 solz.

13. *Item* livré pour 13 mors pour les aquinées de ma dite dame de Millan delivrées a Gabey le sellier achettés pour tant 78 solz.

14. *Item* livré pour 2 grans coffres garnis et ferrés achetés de Estienet Quilliet sellier de Geneve pour tant 10 livres 16 solz.

15. *Item* livré pour la meyn de Philippe Vuasth a Pignerol a Jehan Mareschal pour cause de la doureure des clos dou dessus dit charriot cest assavoir 30 ducatz qui valent a 9 gros par ducat 28 livres 10 solz.

16. *Item* livré pour la meyn de Estevenin Grand son clerc au dit lieu dau commandement de mons. messire Humbert et de mons. le mareschal au dit Jehan Mareschal pour bailler et delivrer oultre les dits 30 ducatz pour la dite doreure des dits clos cest assavoir 16 ft. qui valent 9 livres 16 solz.

LES CHIVAULX.

1. Livré pour les chevaux achetés pour ma dite dame de Milan pour la meyn de Jehan Mareschal et daudit tresaurier comme sensuit :

Et premierement a Guillaume Bon de Thoillin pour ung cheval gris acheté de ly pour tant 27 livres 6 solz.

2. *Item* livré a Corrend pour le pris dun cheval morel acheté de ly pour tant 25 livres 2 solz.

3. *Item* livré pour ung chival morel achetté par la meyn de Grollée et dudit Jehan Mareschal 27 livres 6 solz.

4. *Item* livré pour le pris dung chival bay acheté pour tant 10 livres 10 solz.

5. *Item* livré au dit Jehan Mareschal pour le pris de 5 chivaulx achetés par sa meyn por tout ensemble cest assavoir 118 livres 15 solz.

6. *Item* livré pour la meyn daudit Jehan pour le courtage des dits chiváux 3 livres 3 solz.

7. *Item* livré pour ung chival morel acheté de Jehan Barbier pour la meyn daudit Mareschal pour tant 15 livres.
8. *Item* livré pour le pris dung grand chival gris acheté pour le dit Jehan Mareschal pour tant 52 livres 4 solz.
9. *Item* livré pour le pris dung chival bay acheté comme dessus cest assavoir 41 livres 4 solz.
10. *Item* livré pour le pris de deux chivaux achetés par la meyn de mess. Jehan de Compeys pour mons. de Geneve 115 livres.
11. *Item* livré pour deux autres petits chivaux achetés comme dessus pour tant 26 livres.
12. *Item* livré pour ung grand chival bay acheté de Antoine Sauctier de Lausanne pour tant 36 livres 14 solz.
13. *Item* livré pour le courtage de 10 chevaux 54 solz.
14. *Item* livré pour une aquinée morelle achetée de Pierre Voyron deslivrée au dit Jehan Mareschal 15 livres.
15. *Item* livré pour deux chevaux achetés viel pour la meyn du dit Jehan Mareschal 27 livres 12 solz.
16. *Item* pour ung cheval acheté de Nyco de Menthon pour tant 9 livres.
17. *Item* pour ung chival delivré a Boutier le menestrier pour le dit Jehan Mareschal 12 livres.
18. *Item* livré pour les despens de 8 chivaux du charriot et du somage de ma dite dame de Millan tramis d'Annessie a Geneve pour soujorner faits deys le 9ᵉ jour de juing enclus jusque a 24 daudit moys que lon les en menast qui sont 15 jours. Premierement pour 30 octand paillie et autant de foin. *Item* pour les despens de deux varletz gouvernans les dits chivaux le dit tamps 3 fl. 9 gros. *Item* pour la ferreure des dits chivaux 18 gros qui sont en somme convertis a 11 livres 1 sol.
19. *Item* livré a mess. Philibert Andrevet pour une aquinée blanche laquelle il ha baillié a mon redouplé seigneur pour madame de Millan pour pris de ung marc dor qui vault 64 livres.
20. *Item* pour ung chival bayard le quel mon dit seigneur a donné au dit messire Philibert a cause de la dite aquinée 52 livres.
21. *Item* livré au varlet dau dit mess. Philibert pour le vin par cause de la dite aquinée 16 solz.
22. *Item* livré dau commandement de monseigneur au report de Nyco de Menthon escuier descuierie de mon dit seigneur a Ermant Alamant gouverneur des chivaux dau charriot de ma dame de Millan pour son salayre et ses compagnons pour 3 mois enclus 3 fl. 1/2 que le dit Ermant a payé pour medecines et autres chouses nécessaires pour les dits chivaulx cest assavoir 8 livres 2 solz.

23. *Item* livré a Pierre de Menthon pour ung chival gris quil a baillié a Jehan Mareschal pour pris de tant 15 livres.
24. *Item* livré a Jacques Serrat marchant lesquelx son frere a delivré a Paris par lettre de requeste daudit tresaurier a Guillaume de la Forest escuier descuierie de mon dit seigneur le quel mon dit seigneur luy avoit envoyé pour acheter certaines aquinées pour ma dite dame de Millan cest assavoir 70 salus dor pour les quelx le dit tresaurier a payé au dit Jaque pour chascun salus 24 gros de monoye qui montent 75 livres 10 solz.
25. *Item* livré pour Vincent varlet de larcevesque de Tharentaise a luy donnés par mon redoupté seigneur pour le vin dune aquinée quil a amené a mon dit seigneur laquelle le dit arcevesque ly a donné 48 solz.
26. *Item* livré a Ytallian chevaucheur pour ses despens a aller de Morge par Savoye Tharentaise et Mauriaune portant lettres closes de mon dit seigneur a plusieurs religieux des dits lieux pour avoir des chivaulx pour lallée de ma dite dame de Millan 18 solz.
27. *Item* livré a Carrichon chevaucheur envoyé de Morge a Bresse et plusieurs aultres endroicts portant lettres de mon dit seigneur a plusieurs religieux pour la dite cause pour ses despens 50 solz.
28. *Item* livré au Ruf chevaucheur de mon dit seigneur envoyé pour le baillive de Beugeys et de Verromeyes portant lettres de mon dit seigneur a plusieurs gens daudit lieu pour ladite cause pour ses despens 54 solz.
29. *Item* livré pour la meyn de l'Estevenin Grand son clerc a Thurin dau commandement de mons. messire Humbert de Savoye et de mons. le mareschal a Anthoyne Dessola pour ung cheval bayard acheté par la meyn de Jehan Mareschal pour le charriot de ma dite dame pour pris de 45 livres.
30. *Item* livré du commandement que dessus a Perrinet de Campremi escuier de mons. de Coudré pour ung chival acheté de ly par la meyn daudit Jehan pour le dit charriot 50 livres.
31. *Item* livré pour lestuy de la nef de madame de Millan 5 livres 16 solz.
32. *Item* livré pour lestuy de la croys et de la salliere de ma dite dame 36 solz.
33. *Item* livré pour cent aulnes de toille achettée pour trosser et lier tout le carriage de ma dite dame 6 livres 2 solz.
34. *Item* livré pour cordes a trosser et pour les emballieurs 24 solz.
35. *Item* livré pour une piece de fustayne pour donbler dessoubz les oreillers et les carrios dou charriot et de la chambre 40 solz.

36. *Item* livré pour 50 livres de plume achetée pour complir les carrios et oreilliers dessus ditz 108 solz.

37. *Item* livré dau commandement de monseigneur au report de Guillaume de la Forest pour deux bahus et deux malles achetés de Jehan Chopin pour ma dite dame 24 livres.

38. *Item* pour ung aultre bahu que lon a delivré a mess. Loys Franczois seigneur des Allimes au report du dit Guillaume. *Item* pour une malle pour les pages de monseigneur de Geneve et pour une buges pour le breviere de mon dit seigneur achetez du dit Jehan Chopin pour tant 12 livres 12 solz.

39. *Item* livré pour une selle de malle et pour deux bastz achetés pour tant 12 livres 12 solz.

40. *Item* livré a Jehan mestre de larpe dau commandement de mon dit seigneur au report de Nyco de Menthon pour lestuy de larpe de ma dite dame 24 solz.

41. *Item* livré es navatiers pour le port du carriage de Morge a Geneve 48 solz.

42. *Item* livré au report doudit Nyco de Menthon a Janin Cortoys varletz destable de mon dit seigneur pour les despens de conduyre les destriers de mon dit seigneur deys Morges jusque a Milan 12 livres.

43. *Item* livré a Jehan Lambert pour 400 croches pour les chambres 28 solz.

44. *Item* livré pour deux aulnes de sactin cremoysin a 4 livres laulne et pour une aulne 1/2 de sactin refforcié blanc a 3 livres laulne lequel sactin a esté baillié a Jehan le Gorfa brodeur pour fere la cotte darmes de brodeure qui monte tout 12 livres 10 solz.

45. *Item* livré a troys charretons de Geneve qui aduyt touts les furnimants des chivaulx de ma dite dame de Milan deys Geneve jusques Anessié pour troys jours pour chascun ung florin 36 solz.

46. *Item* livré a Jehan Macze de Geneve charreton et a troys de ses compagnons qui ont aduyt deys Geneve Anessie aucune quantité de carriage de ma dite dame de Milan 48 solz.

47. *Item* livré a deux charreton de Geneve qui a aduyt deys Geneve Anessie aucuns des carriages de mon redoubté seigneur et de ma dite dame de Milan 24 solz.

48. *Item* livré a Jehan Apostre pellatier pour ung pellizon acheté de luy pour ma dite dame dou commandement de mon dit seigneur au report daudit Nico de Menthon 30 solz.

49. *Item* livré Aneyssie pour la faczon de 12 balles de carriage de ma dite

dame inclus le pris 8 aulnes de toyle pour fere les dites balles chescune coustant 1 gros 12 solz.

50. *Item* livré le 15ᵉ jour de septembre a Jehan Elochii menestrier dou commandement de mon dit seigneur pour ses dépens a Geneve en attendant son esmalt et apres pour segure ma dite dame 48 solz.

51. *Item* livré a la feme de Guillaume Lost d'Annessie pour troys aulnes de toylle achetée delle par Berthod chambrier de mon dit seigneur pour envellopper les défendeaux de ma dame 4 solz.

52. *Item* livré a Jehan Lambert chambrier de mon dit seigneur pour ses despens de 20 jours quil a demouré a Geneve tant pour garnir les chambres de ma dite dame de Millan que pour faire aulcunes autres chouses nécessaires pour lallée de ma dite dame a 2 gros par jour enclus 7 gros 1/2 pour les despens de son chival de 5 jours quil a demouré au dit lieu 47 solz 6 deniers.

53. *Item* livré à Pierre Boysson codurier pour ses despens fais au dit lieu 16 jours entiers quil a demouré avecque le dit Jehan Lambert a 3 et 1/2 par jour pour son salayre et despens 56 solz.

54. *Item* livré a la feme Noblet coudurière par la meyn de Jehan Lambert pour 5 onces et 1/2 de fil blanc acheté delle chacune once 1 gr. fere les chouses dessus dites 5 s. 6 den. *Item* a la feme Bertrand pour 2 onces de fil rouge 1/2 gros lonce 1 gr. *Item* a Girard Labuillactier pour 6 boclètes pour mettre en la chambre blanche pour pris de 4 deniers qui sont en somme 6 solz 19 den.

55. *Item* a livré a Jehan le barbier de Chambéry pour ses despens fere deys Geneve en Pyemont allant apres ma dame de Millan et portant quatre chapirons dont il en ha ung descarlate garny de pailliètes dor. *Item* troys pars de manches et troys pars de chauces noyrs. *Item* deux gippons de domasquin pour mons. de Geneve le quel partist le 20 jour de septembre, pour ses despens 60 solz.

56. *Item* a livré dou commandement de mon dit seigneur au report de Nyco de Menthon es troys pages de mons. de Geneve pour acheter troys pars desperons et troys chapeaux de leyne a chescun 6 gros 18 solz.

57. *Item* livré du commandemant de mon dit seigneur a Petrogniat menestrier et ses compagnions a leur donnés pour la bien allée de madame de Millan 72 solz.

58. *Item* livré a Peter le chevaucheur de mon dit seigneur lequel a aporté d'Anessie a Vuiflens une lettre clouse de mons. le duc de Millan et de

mess. Franczois Galline son secretayre a Henry de Colombier pour ses despens 12 solz.

59. *Item* livré dau commandement de messire Jehan de Compoys a Loys palaffrenier de mons. de Geneve pour 6 mors quil a acheté pour les chivaulx de mon dit seigneur chascun 6 gros 3 florins. *Item* pour une douzene de fesses achetées par le dit 1 fl. *Item* pour une douzene de longes achetées par le dit Loys 6 gros. *Item* pour deux chevestriers a teste achetés pour la dite cause 1 florin qui sont en somme a livre 3 6 solz.

60. *Item* livré dau commandement de mon dit seigneur au report de Jehan Mareschal escuyer descuierie de mon dit seigneur a Jehan de Sept maistre de sale de mon dit seigneur pour ses despens deys Morge en Loreyne pour amener certains menestriers pour la feste de ma dite dame de Millan pour luy et son chival 14 livres.

61. *Item* livré pour dix pieces de fustayne blanc pour forrer les raubes des dames de madame de Millan achetées de Guilliermin de Millan chascune pièce 3 fl. deslivrée a Noblet codurier 18 livres.

62. *Item* livré es navatiers de Morges pour porter deys Geneve a Morge les selles et fornimans faictz pour Jehan Gabey sellier pour ma dite dame et aultre carriage 20 solz.

63. *Item* livré pour ung tappis pour meetre en la chambre de ma dite dame 50 solz.

Les quantités données par Monseigneur es nommés icy pour soy aprester daller a Millan.

1. *Premierement* a messire Pierre Amblart chivallier mestre dostel et conseiller de mon dit seigneur 8 aulnes de vellu noyr plain a luy donné par Monseigneur pour la cause dite vaillant chascune aulne 5 livres 40 livres.

2. *Item* a messire Manfrey de Saluces mareschal de Savoye 200 fl. qui valent 120 livres.

3. *Item* a messire Jehan de Compeys chivallier 175 fl. qui valent 105 livres.

4. *Item* a messire Amyé de Challant chivallier 120 fl. qui valent 72 livres.

5. *Item* a Amyé Macet escuier de mon dit seigneur 80 fl. qui valent 48 livres.

6. *Item* a Pierre de Grollée escuier descuirie de mon dit seigneur 100 fl. 60 livres.

7. *Item* a Jehan Mareschal escuier descuirie de mon dit seigneur 100 fl. 60 livres.
8. *Item* a Nyco de Menthon escuier descuirie de mon dit seigneur 200 fl. 120 livres.
9. *Item* a Guillaume de la Forest 100 fl. 60 livres.
10. *Item* a Guillaume de Geneve 50 fl. 30 livres.
11. *Item* a Philibert de Monthou 50 fl. 30 livres.
12. *Item* a Loys Dailliey 60 fl. 60 liv.
13. *Item* livré au dit Loys 8 aulnes de domasquin noyr pour une raube a luy donnée par mon dit seigneur valent a 4 livres laulne 32 livres.
14. *Item* a Guigues Gerbais escuyer de mon dit seigneur 8 aulnes de domasquin pers pour une raube a luy donnée par mon dit seigneur a 4 livres laulne 32 livres.
15. *Item* a Amye de la Fleschere pour 6 aulnes de domasquin pour une raube a luy donnée par mon dit seigneur a 4 livres laulne 24 livres.
16. *Item* a Jehan Ostande mestre de larpe par don a luy fet par mon dit seigneur pour la sus dite cause 10 fl. 6 livres.
17. *Item* livré du commandement de mons. an report de Nyco de Menthon au dit Jehan Ostande pour acheter une arpe doble pour ma dite dame 8 fl. *Item* pour acheter une grosse dozenne de cordes darpe 18 solz qui sont en somme 18 livres 14 solz.
18. *Item* livré à Pierre Bellicy pallaffrenier de mon dit seigneur pour ses despens de luy et dung somier alant de Morges a Geneve pour porter certains tros de draps de soye et dor demourés des vestimans de ma dite dame et pourter aulcunes autres raubes 8 solz.
19. *Item* livré du commandement de mon dit seigneur a report de Jehan Mareschal a Jehan Lambert chambrier de mons. lequel Johan a livré par mon dit seigneur pour les chouses et causes cy dessoubs escriptes.

Premierement a 6 compagnons navatiers qui ont amené de Thonon a Morges certaynes chouses de mon dit seigneur et de mes dames pour ung jor quil hont vaqué pour chascun 2 gros enclus 1 gros pour la nef et 2 gros pour les despens dudit Jehan 15 gros. *Item* pour les despens dung jour que le dit Jehan a vaqué en alant de Morge a Eyvyan querir la grande nef 2 gros. *Item* a 8 navatiers qui ont amené deys Thonon a Geneve la tapisserie de mon dit seigneur ensamble une quantité de vin pour troys quil ont vaqué pour chascun jour a 2 gros pour homme enclus 2 gros pour le salaire de la nef et 4 gros pour la despense du dit Jehan 58 solz. *Item* a ung charreton qui amenast le dit vin de la nef en la ville et la dite tapisserie 1 gros.

Item pour les despens daudit Jehan et de son cheval alant de Geneve a Chambery querir la tapisserie de mon dit seigneur pour 5 jours quil a vaqué alant et retournant a 4 gros par jour enclus 10 gros pour le loage daudit cheval 30 gros. *Item* a 4 charretons qui ont amené la dite tapisserie de Chambery a Geneve a chascun 3 fl. 12 fl. *Item* a ung compagnon qui a apporté la chambre de satin pers des Anneissie a Geneve pour luy et par une bestie a bast 6 gros. *Item* pour cordes et fil achetées pour trosser la dite tapisserie 3 solz. Lesquelles parcelles montent en somme convertis a livres 12 livres 18 solz.

LES DRAPS.

Livré pour les draps achetés par Pierre de Menthon et le tresaurier a la foyre de laparicion lan 1427 a la foyre de Pacques et de Sainct Jehan ensequant et en dehors les foyres pour la livrée de madame de Millan et de mons. de Geneve et de lostel residant.

Et premierement les draps achetés pour la meyn dau tresaurier.

1. *Premierement* troys pièces de vert de Monstivillier acheté de Bartholome de Merquat a 42 la piece 126.
2. *Item* troys demy pieces de vert de Ruant achetées de Johan de Granella pour pris de 45 livres.
3. *Item* deux dimy pieces de vert de Ruant achetées de Jehan Daufor pour pris de tant 31 livres.
4. *Item* pour quatre pieces de vert distre achetées de Peter Alemant la piece 18 livres 1/4 75 livres.
5. *Item* livré pour une piece de drap de Lovier achetée de Ciclat drappier pour tant 24 livres.
6. *Item* pour 2 pieces de vert de Gignial achetées pour tant 18 livres.
7. *Item* pour 3 pieces de blanc de Segan achetées pour onze livres la piece 33 livres.
8. *Item* pour 3 pieces de blanc de Gignial achetées pour 7 livres la piece 42 livres.
9. *Item* pour dimy piece de vert herbu de Ruant achetée de Ciclat drappier pour tant 27 livres 6 solz.
10. *Item* pour 12 aulnes 1/2 de vert brun de Monstivillier achetées de Jaque Serrat pour tant 35 livres.
11. *Item* dimy piece de vert obscur de Monstivillier achetée daudit Jaque Serrat pour tant 23 livres.

12. *Item* dimy piece de gris de Monstivillier cler achetée daudit Jaque Serrat pour tant 25 livres.
13. *Item* 15 aulnes 1/2 descarlate de Monstivillier achetées de Estienent Gral de Salins a 5 livres 1/2 laulne monte 85 livres 1/4.
14. *Item* pour une piece de vert de vernis et deux pieces de malignes lune blanche lautre rouge achetées de Henry de Bloch pour 68 livres.
15. *Item* pour 14 aulnes de pers de Ruant achetées de Franczois Versonay pour pris de 14 livres.
16. *Item* pour les draps qui sensuyvent achetés par la meyn de Pierre de Menthon.
Premierement pour 3 pieces de viollet de Ruant achetées de Franczois et Jacques Serrat l'une 45 livres lautre 44 et lautre 49 qui sont en somme 123 livres.
17. *Item* de Henry de Bloch deux pieces de vert de Brucelles achetées de luy pour tant 65 livres.
18. *Item* pour une piece de viollet de Ruant achetée daudit Henry 44 livres.
19. *Item* pour 4 pieces de viollet de Loviers achetées daudit Henry a 20 livres la piece 80 livres.
20. *Item* pour 10 pieces de viollet de Loviers achetées de Jeuffroy Sellos a 19 livres la piece montent 190 livres.
21. *Item* pour 6 pieces de viollet de Loviers achetées de Guillaume de Boc a 19 livres la piece 114 livres.
22. *Item* pour 2 pieces de brunette achetées de Henry de Bloch a 26 livres la piece 52 livres.
23. *Item* pour 2 pieces de malines lune blanche lautre rouge achetées daudit Henry a 26 livres la piece 52 livres.
24. *Item* pour piece 1/2 de gris de vernis achetée des facteurs de Bonvoysin pour pris de 20 livres la piece 30 livres.
25. *Item* pour une de vert de Ruant achetée de Johan Daufor pour 40 livres.
26. *Item* pour une piece de vert de Ruant achetée de Guilliermet des Ays 42 livres.
27. *Item* pour troys pieces de vert de Loviers achetées de Jeuffroit Selles a 20 livres la piece montent 60 livres.
28. *Item* pour deux pieces de vert de Brucelles achetées des facteurs de Bonvoysin pour pris de 32 livres la piece 64 livres.
29. *Item* pour deux pieces de drap deystre vert achetées des dits facteurs de Bonvoysin 56 livres.

30. *Item* pour 6 aulnes de pers de Brucelles achetées de Henry de Bloch a 1 livre 1/2 l'aulne 9 livres.
31. *Item* pour 12 pieces de blanc de Gigniat achetées de Guerart Desnieres a onze florins de monoye la piece valent a livres 79 livres 4 solz.
32. *Item* livré a Sernonay pour 24 dimy pieces de blanc dalamagnie les quelles il a achetées des marchans de Fribourg a 6 fl. la piece montent 86 livres 8 solz.
33. *Item* pour une piece 1/2 de blanc de Segan achetée de Guillaume deystre pour tant 17 livres 8 solz.
34. *Item* pour une piece de vert de Ruant achetée de Jeuffroit Selles pour tant 40 livres.
35. *Item* pour une piece de viollet de Ruant achetée daudit Jeauffroit pour 40 livres.
36. *Item* pour deux pieces de viollet de Loviers achetées de Janin le Curssier a 19 livres la piece 58 livres.
37. *Item* pour une piece de vert de Malines achetée de Henry de Bloch 23 livres.
38. *Item* pour une piece de vert de vernis achetée daudit Henry 17 livres.
39. *Item* a Jehan Tingeron pour une piece de vert de Ruant 45 livres.
40. *Item* pour 14 aulnes de blanc de Londres achetées daudit Jehan a 24 solz laulne 16 livres 16 s.
41. *Item* pour dimy piece de brunette de Malines a 14 solz laulne 2 livres 2 solz.
42. *Item* pour trois aulnes de brunette de Chimex a 14 solz laulne 2 livres 2 solz.
43. *Item* pour 22 aulnes de gris de vernis achetées daudit Jehan a 22 solz laulne 24 livres 4 s.
44. *Item* pour 2 pieces de vert de Brucelles achetées daudit Jehan a 34 livres la piece 68 livres.
45. *Item* pour 3 pieces de vert de vernis achetées daudit Jehan a 19 livres la piece 57 livres.
46. *Item* pour une piece de blanc de Segant achetée daudit Johan pour tant 11 livres.
47. *Item* pour dimy piece de vert de Ruant achetées daudit Johan pour tant 22 livres.
48. *Item* livré a Martin le tondeur pour tondure de 29 pieces de drap de colleur et 12 pieces de blanc des dessus dits draps a rayson de 10 gros la piece de ceulx de coleur et 6 gros la piece des blancs qui montent en somme 18 livres 2 s.

49. *Item* livré au dit Martin dau commandement de Pierre de Menthon pour tondure dune partie des dits draps cest assavoir 11 livres 14 solz.

50. *Item* a livré a Balliet tondeur pour tondre les dits draps et par commandement daudit Pierre cest assavoir 21 livres 6 s. lesquels draps sont en somme.

51. *Premierement* 15 aulnes 1/2 descarlate de Monstvillier descarlatte de Malines onze aunes 1/2 de gris brun de Monstivillier dimy piece, de gris cler de Monstivillier dimy piece, de vert brun de Monstivillier 12 aulnes 1/2 de vert de Ruant et de Brucelles et de Monstivillier 14 pieces et dimy, de vert de Loviers deystre et de vernis enclus une piece de Malines et deux de Gigniat 18 pieces, de viollet de Ruant de Monstivillier et de Brucelles 8 pieces, de pers de Ruant 14 aulnes, de viollet de Loviers 22 pieces, de Malines de blanc 2 pieces, de rouge de Malines 2 pieces, de brunette de Malines 2 pieces 1/2, de brunette de Chimex 3 aulnes, de pers de Brucelles 6 aulnes, de gris de vernis 2 pieces 1/2 et de blanc de Gigniat et de Fribourg 50 pieces des quelx draps lon a fait les raubes et chouses qui s'ensuyvent :

Premierement de les 15 aulnes et 1/2 descarlate de Monstivillier lon a fait a madame de Millan une raube a grand manches ung mantel long et deux chapirons.

Item des 14 aulnes de pers de Roant lon a fait raube a ma dite dame, a Madame de Montfort a mademoiselle Margarite, de lescarlate de Malines lon a fait a ma dite dame une cotte juste ung couverteur et le demeurant lon a baillié pour faire chapirons et chauces pour mons. de Geneve; dau gris brun de Monstivillier lon a fait pour ma dite dame une raube de nuyt et pour mons. de Geneve un mantel double; dau gris cler de Monstivillier lon a fait pour ma dite dame une raube a petites manches et ung mantel long paur couchier; dau vert brun de Monstivillier lon a fait pour ma dite dame une raube deux chapirons, et pour mons. de Geneve ung chapiron ; des vers de Roant de Monstivillier et de Brucelles lon a fait raubes et livré pour faire raubes a les gens qui sensuyvent :

Premierement madame de Millan, madame la mareschalle de Saluces, madame de Choulagnie, la dame de Barjac, madame Catherine de Compeys, la dame de Gruffie, dame Reynaude lallemande, la dame de Lullin, la feme Amyé dau Crecherel, l'Anthoyne allemande, et la feme Boniface Caqueran, la feme Borgoignyon dau Soltier, lorfeline et la Gironde.

Item Henry de Colombier, Robert Vuagniart, Amié dau Crecherel, Jehan Mareschal, Nyco de Menthon, Jaquemet de la Fleschere, messie Denix le curé de Morges, Glaude de la Balme, Hugue Bertrand, Franczois Ruffin, Guillaume Rigaud, Jacquemet de Montfaucon, Johan Basin, Hugues Muset, Guillaume de Ranty, Voutier mestre de sole, Jehan de Lornay, Franczois de Briord, Franczois Guigonard, Janin Léon, Girard de Geneve, Jehan de la Fontayne, Jehan Bellein, Perrin Dorier, mons. de Geneve, Philippe mons., Rol de Monfort, messire Jehan de Compeys, Montbuyron, Guigue Gerbay, Amyé Compeys, Clerevaux, le fil Pierre Bonivard, Franczois Compeys, Jehan fil dau seigneur de Menthon, Nyco de Beaufort, Henry de la Fleschiere, Jehan Darvillar, Hugonin de la Valla, Alexandre de Choutaignie, maistre Nicolar silorgien, Glaude de Menthon.

Item pour ma dame de Millan ung manteau doble pour chevauchier. *Item* pour ma dite dame pour la couverte dau charriot dimy piece. *Item* ung couverteur pour ma dite dame. *Item* sept chapirons pour les pages de mons. et de mons. de Geneve et pour le petit Girard de Geneve. *Item* oultre les chouses dessus escriptes lon a fait de demy piece de vert herbu de Ruant une raube double a mons. de Geneve et le demeurant monseigneur a donné a Glaude de Challes. *Item* des violets de Ruans de Monstivillier et de Brucelles lon a fait les raubes et livré à les gens qui sensieguent :

Premierement pour monseigneur deux raubes lune longue et laultre curte. *Item* pour madame de Millan une raube a grans manges. *Item* pour madame de Montfort une raube a grans manges. *Item* pour mademeyselle Margarite une raube a grans manges, dame Catherine de Compoys, la dame de Gruffle, dame Reynaude lallemande, la dame de Lullin, la feme Amyé dau Crescherel, l'Anthoyne de la Balme, l'Anthoyne Allemande, la Peroneta, la Jaquemina, lorfelline Montagny, Glaude dau Saix, Pierre de Menthon, le trésaurier, mestre Jehan Viollet, mestre Anthonin, messire Thiebaud, messire Pierre Reynaud Goshum, Mermet de Bonet, le chivalier de Gierens, Ymblet Bartholome de Grumaud, le jeuyne Franczois Compeys. *Item* des rouges, blancs et de les brunettes de Maline lon a fait les chouses qui sensuyvent :

Premierement pour les garnisons de madame de Millan une piece de blanc et une piece de rouge. *Item* pour la devise de la livrée de mons. et de son hostel résident une piece de blanc une piece de rouge et une piece de brunette. *Item* de la dite brunette lon a fait cotte juste a madame de Millan, a madame de Montfort et a mademoiselle Marguerite ensamble des chauces pour elles et pour mons. de Geneve quatre payre de chauces et pour George de Valperga une raube, ung chapiron et un mantellet. Et on a fouré la raube du dit George de les troys aulnes de brunette de Chimieux. *Item* pour l'Anthoyne Bertrand 6 aulnes. *Item* de les 6 aulnes de pers de Bruxelles lon a fait la livrée des princieres de mons. de Geneve et les vises que lon a mis sur les tapis de madame de Millan. Des vers de Loviers deystre et de vernis ensemble la piece dau vert d'Allemagnie et les deux pieces dau vert de Gigniat lon a fait les raubes et les autres chouses qui sensuyvent :

Premierement pour le dessus de les garnisons de ma dame de Millan oultre les deux pieces de dessus livrées lune blanche laultre rouge une piece daudit vert. *Item* pour doubler les dites garnisons et couvertes des selles, deux pieces et demy. *Item* pour les garnisons de monseigneur de Geneve, onze aulnes. *Item* pour doubler les raubes de monseigneur de Geneve, de Philippe monseigneur de Henry de Colombier, de Rol de Montfort, messire Jehan de Compoys, de Guigue de Gerbays et de Montbuyron 24 aulnes. *Item* lon a fait raubes a ceulx qui sensuivent : *Premierement* a Estevenin et Gaspart clers dau tresaurier, Chivallet, Pierre Braczard panatier, Tyenent Michaud, Guillaume Duc et laultre Guillaume chambriers, Franczois Ruffin, Thomasset boctelliers, Gillet, Pierre de Rumillie, Collet Manget et Pierre Sallier cuisiniers, Denisot palaffrenier, Martin portier, Johan son varlet, Franczois Mareschal le clerc de la chapelle, Jehan le Blanc dau duc de Millan. *Item* pour charretons varletz daventure tant pour les dames quant pour mener les haquinées de parement et les somiers 16 raubes. *Item* les gens de mons. de Geneve France Combe, Jehan Glouteret, Girard Barbier chambreiers, Loys palafrenier, Pierre Boys varlet de pyé, Jehan Robert varlet et deux varlet daventure, Jehan de Clera menestrier et ung aultre menestrier. *Item* pour 12 tappis de somiers pour ma dame de Millan et pour monseigneur de Geneve 5 pieces 1/2. Des viollets de Loviers lon a fet les raubes et livré a les gens qui sensuyvent : *Premierement* mess. Johan, mess. Bertrand, mons. Janin, mons. Rougier, mons. Yvonet, mons. Bertrand, la norrice Philippe monseigneur, la norrice de ma dame de Millan, la norrice de ma damoiselle Margarite, la Gironde, la Jeannette Braczarde, la feme Jehan Guinet, la feme Guillaume le chambrier, la Mattina, Lancellix, la dameyselle de dame Catherine, la dameyselle de la dame de Gruffie, la demeyselle de la dame de Lullin, la dameyselle de lallemande, les deux lavandieres. *Item* lon a fait les raubes es gens enseguans :

Perrynet le Barbier, Jehan Barbier, Septime Berthod, Champeau, Noblet, Perrinet le dorier, Mourix Falcon le perseguant, Durand clerc de lausmone, Clavellet, Jehan Dupra, le filz de Clavellet, Guillaume Monet, mestre Chicart Anniezo, Perro, Franczois Catteau, Anthoyne, mestre Pierre, Jehan Magnin solliars, Clément, Jehan le mareschal, Janin varlet de sala, Jaquet le portier, Johan son varlet, Mouran fauconnier, Jehan Andrier, Brisebarra, Coural le ros, Carrichon, Darbon, Pecter Symonet, Pierre Buffart, Annequin veneurs et messagiers, Tyenent trompete, Camuel, Pierre Bau, Janin Cortois, Pierre Sage, Pierre de Belleys, Pierre Chatelellan, le frere de Peter le bailli, Secille, Margarite Jaquemet varlet de chambre, le tappicier, Humbert lespicieur, Martin varlet de chambre, Nycolet Machillie, Anthoyne et Gillet, forniers, Rolet lardonier, Pierre Guilliet, Vernet, Vincent Lambellin solliars, Guichard pollallier, Michelet carronier, Jehan de Sex, Jehan larpeur, Collet clerc de laumoneur, le petit Glaude de la chapelle, Jaquemin Morins, le bastard Ongeron le charreton, Ytallian messager. *Item* de les 14 aulnes denglaterre lon a doublé les deux couvertures de ma dite dame de Millan. *Item* de gris de vernis l'on a livré pour fere abitz a frere Johan Blanchard, a frere Anthoyne et a frere Jaquemet. *Item* lon a fait 8 manteaulx es pages de mons. et de mons. de Geneve et dau petit Girard de Geneve. *Item* des blancs de Segan de Gigniat et de Fribourg lon a doublé le couverteur de mons. de Geneve et toutes les raubes que lon a fait de la livrée de mons., de madame de Millan et de mons. de Geneve et de lostel résident exceptées les 7 raubes dessus escriptes que l'on a doublé de vert. Et des blancs dessus dits en sont demeurés quatre pieces entieres a Septime. *Item* livré a Johan Ciclat drapier pour 3 aulnes de brunette fine de Monstiviller achetées de luy pour la meyn de Jehan de Compeys pour mons. de Geneve chascune aulne costant 54 solz monte 8 livres 2 solz. *Item* livré pour la tondure des dits draps 5 solz. *Item* livré dau commandement de mons. au report de Pierre de Menthon a Pierre de Vaux drappier pour troys aulnes descarlate costant chascune aulne 6 livres sont 18 livres. *Item* pour cinq aulnes de drap violet et pour une aulne de drap rouge acheté daudit Pierre pour 12 fl. 1/2 lesquelx draps sont heus bailliés a Geneve a Nico de Menthon qui montent 25 livres 10 solz.

52. *Item* livré a Nyco de Menthon escuier descuierie de mons. pour le prix de deux chivaux achetés de luy par Jehan Mareschal escuier de mon dit seigneur pour le charriot de ma dame de Milan cest assavoir lun au pris de 90 livres de monnoye et lautre au pris de 40 livres 130 livres.

53. *Item* livré a mestre Poncet de Lausanne estoffier pour le pris de deux botoillies achetées de luy pour la meyn de Franczois Ruffin 32 solz.

54. *Item* a Jehan Mareschal dessus nommé pour le pris dune raube de livrée de ma dite dame la quelle fist fere Amie de Filliens pour Guillaume de la Forest 13 livres 16 solz.

55. *Item* livre a Loys palafrenier de mons. de Geneve par la mein d'Estevenin pour acheter quatre brides garnies de mors pour les chivaulx de mons. de Geneve 48 solz.

56. *Item* pour une couverte de cuir pour selle 16 solz.

57. *Item* livré a Estevenin Grand et Anthonel Rapta clercs dau tresaurier pour les despenses de leurs chivaulx allant de Annessie a Milan avecques ma dite dame porter et délivrer les finances de madame a quoy il ont vaqué 27 jours entiers tant en alant demourant comme retournant a Geneve commenczant le 10ᵉ jour enclus de septembre jusque le 8ᵉ jour d'octobre exclus cest assavoir 20 jours de la les montz et 7 jours decza les monts a 8 solz par jour montent 14 livres 16 solz.

DOCUMENT N° 7.

Lettre de Nicod de Menthon au duc de Savoie
(Milan. 1445.)

(Arch. de la chambre des comptes de Turin. Documents non inventoriés.)

Mon très redoubté seigneur je me recommande a votre bonne grace tant humblement comme je puis a la quelle plaise souvenir que moy estant en Savoye monsieur de Mylan mescripsit par plusieurs fois que le alasse visiter, et en encores depuy hay heu lettres de luy a Nice. Si que comme vous dy suis alé vers luy a veoir et savoir quil me voloit et arrivay le dimence derrain jour de janvier, et tantost fu visité par messire Meffe de Mazane, messire Nicolo Archinbau, Mercurin Barbanayre et Jaques Becquet et trois escuyers pour moy tenir compagnie. Le lundy alay visiter mon dit seigneur de Mylan, le quel me receupt moult honnourablement et domestiquement. me parla et interrogea de beaucoup de choses esquelles je respondi le mieulx que je sceu. Et a ce qui vous pouvait touchier tant en votre faveur que mon entendement se sceut extendre. Et en effect tout quanques il me voloit a mon advis nest que beau langage et examination. Et ma offert largement biens et hounourances, et que je demandasse de lui ce quil me plairait, et que tousjours a désiré que fusse en son service, or quoy quil pense il ma fait tres bonne chiere et cordiale et commanda que tous les jours je fusse vers madame. Ses chambrelans mont festié et continuellement suis alé au chastel a mon plaisir comme se fusse dostel et de robes. Jay visité tous ses capitaines pour prendre leurs accointances qui tous pour lhonneur de vous mont fait bonne chière, et y ai veu messieurs Guillaume et Boniface de Montferrat qui en vérité sont tres beaulx seigneurs et se recommandent à la bonne grace de notre saint pere et de vous. Je prins congie de monsieur de Mylan et de madame les samedi et dimence ensuivans. et le lundi après dyner me vueillant partir, madame me demanda gueire et me dit par monsieur de Mylan quil auroit grant desir et plaisir davoir ung homme de autorité des vostres avecques lui pour veoir et entendre les choses de Mylan et ses autres affaires pour les vous communiquer. Et ma dite dame le confortoit moult pour assez de raisons quelle me dit et aussi les avoit dit a messire Jehan de Compeys et a monsieur le mareschal de la Morée. et pense quilz le vous ont dit. Et semblant a ma dite dame que s'il y avoit homme de practique liberal et qui heust de quoy acointrer et faire plaisir ou serait nécessaire il vous pourroit moult prouffiter. Veant les termes ou sont les choses de present. Et apres plusieurs disputations delle a moy, fumes darrest quelle feist response a monsieur de Mylan que volontiers feroye le messaige et questoye certain que en toutes choses lui vouldriez complaire. Mais pour ce que le peussiez mieux servir a son gré me sembloit quil demandast qui il voloit et comment. Je fu remis au mercredi, a quel jour ma dite dame me bailla les lettres que je vous envoie, me dit quelles sont de créance de par mon dit seigneur de Mylan et elle la quelle est effect, que mon dit seigneur auroit grant desir et singulier plaisir que luy voulsissiez bailler et tramettre monsieur le prince accompaignie dun gracieux estat pour demourer avecques lui et il le traitera comme son fil propre et sera grant consolation et plaisir de madame et seroit son fil et de ce vous prie et requiert et oultre voudroit ung ou deux hommes dauctorité qui fussent avecques lui et de quoy il se peust servir et veoir et entendre ses choses comme dict est. Et la creance de madame est, quil lui semble que en toutes manieres vous le devez faire considerant que vous avez de beaulx enfants et assez Dieu les vous preste. et quil est besoing quilz saivent et prouchassent de la chevance et plustot conseille de monsieur le prince que dautre pour ce quil est ja grant vite et habile a faire tout. Et monsieur de Mylan y pourroit prendre tel plaisir quil sen sentiroit toute sa vie, aussi les citoyens de Mylan le prendroyent en amour et se cas advenoit, le pourroient prendre a seigneur et beaucoup d'autres raysons que je me passe de vous escripre pour ce quelle en a parlé plainement a monsieur le mareschal et croy quil vous aura tout reporte. *Item* elle vous escript une autre lettre pour ung chapelain moult cordial du sieur Loys de Saint Severin qui vous en escript aussi et je vous envoye le memorial quil men a fait que ma dite dame ma fait bailler quest pour je ne scay quel benefice qui est a Verseil. Et vous prie ma dite dame que faittes tant vers notre saint pere que celui chapelain ait le dit benefice qui est aussi a leur collation. Il est capitaine general, il ha quatre beaulx filz tous capitaines et ha tres belle et grand compaignie. Il se habite du tout a Mylan et y a fait ung tres beau palais tout neuf. Il vous pourroit encores servir, non pas de tant que vault le dit benefice, mais de plus que ne vault toute la cite de Verseil. Et c'est leffect de ce que vous doy exposer de leur part, sy vous plaise y adviser et faire comme sera de votre plaisir, et en verite, mon tres redoubté seigneur, il me semble que ce sont choses qui point ne se doivent mettre en négligence. Des nouvelles, monsieur de Mylan fait touiours gens darmes tant quil peut en avoir, pour resister a monsieur le dalphin sil veut venir en Itaille. Il fait appareillier les galyons a Pavie et la voix commune, a moins des petites gens, est que ceste tempeste vendra en votre pays de Pyemont. Et pour ceste cause me suis donne peine den querir, mais je ne treuve que ses gens darmes veuillent entrer en votre pays, si non que donnissiez passaige a monsieur le dalphin. Aussi se dit que Guillaume monsieur de mons. de Montferrat et autres gens darmes sont cassez et doyvent rentrer en votre pays. Si suis passé par Casal pour sentir de tout, et nay point veu monsieur le marquis car il estoit un paou malade, mais jay veu Jean monsieur qui vint a Saint Franczoi ou le visitay. Et parlant dune chose et dautre et des nouvelles devers Mylan me vint a point de luy dire que on disoit que Guillaume monsieur voloit faire contre vous moult et merveilles le quel monstra en estre moult desplaisant et me pria que quant jen erroye parler jen respondisse pour leur honneur, et me jura de sa main en miesne la foy de son corps quilz ameroyent mieulx estre mors que lavoir pensé, et que toute leur esperance estoit en notre Saint-Pere et en vous. Et en vérité beaucoup de bonnes paroles; puis les me fit reconfermer monsieur le marquis par messire Henriet Nate. Néantmoins me fut dit quil faisoit une grosse bombarde dedans son chastel et ce fut la cause que on ne my mena. Et fait fortiffier par tout et appareillier artilleries si que dy avoir bon advis et faire bonne garde nest que bon et encoures me sembleroit bon faire aucunes provisions dont legierement on se passe. *Item* j'aij trouvé le sieur de Finar messire Galeat du Carret de Mylan qui practique fort et par conjectures je ymagine que ce soit pour luy remettre la seigneurie de Genne. Car monsieur de Mylan ma dit quil en est refroidié et nen veult point et que monsieur le dalphin la prengne sil veult aussi messire Galeat ma dit pareillement et je scay bien du contraire. Aussi le roy dArragon la senti et a envoye ambassade a Genne pour y obvier, et toutes cestes gens darmes de Mylan se trayent en celles marches bellement. Que ce sera leurs choses sont tant obscures que a grant peine eulx mesmes les entendent. Mon tres redoubté seigneur je men voy a Nice ou me pourrez mander et commander vostres bons plaisirs pour les accomplir de tout mon pouvoir ; vous suppliant tres humblement quil vous plaise mes affaires avoir pour recommandez. Priant Dieu quil vous doint bonne vie et longue. Escript a Thurin le XVIII jour de fevrier 1445.

Mon tres redoubté seigneur, madame de Mylan vous prie et requiert que luy envoyez une bonne haquenee pour son deportement et esbatement ce printemps.

Votre tres humble serviteur et subgiet

NICOD DE MENTHON.

DOCUMENT N° 8.

Tableau de la famille d'Amédée VIII, suivi de celui du personnel de sa cour et des employés de l'hôtel de Savoie, en 1427.

Amédée VIII, duc de Savoie.
Marie, duchesse de Milan, née en janvier 1411 [1].
Amédée, prince de Piémont, né au mois de mars 1412 [2].
Louis, comte de Genève, né en 1413 ou 1414 [3].
Bonne, comtesse de Montfort, née à Thonon en septembre 1415 [4].
Marguerite [5].
Philippe de Savoie dit Philippe Monseigneur.
Rolet de Montfort [6].

---

[1] Vedi *Cronologia dei Principi di Savoia rattificata dal cav.* CIBRARIO, p. 4, in fine.

[2] La date et le lieu de naissance d'Amédée sont indiqués d'une manière précise par le compte des syndics de Chambéry Guigue Marchand et Jacques Jacquet. Ce prince naquit à Belley le 26 mars 1412, comme le prouve le texte suivant :

Libraverunt manu eadem datas et solutas Johanni Exterlini notario et Enolfo Sollerio de Camberiaco pulsantibus cum quibusdam aliis tricondonum in campanili Sancti Leodegarii causa jocunde nativitatis geniti dni nostri nati in villa Bellisii die vigesima sexta mensis marcii anno Dni 1412 11 fl. IV den. gross. p. p.

Avant la naissance de cet enfant, Amédée VIII avait eu deux fils; l'un et l'autre portèrent le nom d'Antoine, et tous deux moururent au berceau. Le premier naquit à Chambéry au mois de mai 1407 et fut enseveli à Hautecombe le 12 décembre de la même année.

Le second vint au monde le 30 septembre 1408; soixante bourgeois de Chambéry assistèrent à son baptême, que l'évêque de Grenoble célébra le 4 octobre suivant dans la chapelle du château du Bourget. On ne retrouve depuis lors d'autre trace historique de ce prince que la mention qui en est faite dans un titre du 10 octobre 1408. M. Pompeo Litta, qui cite ce document, ajoute qu'Antoine II fut enseveli dans la chapelle de Sainte-Marie de Chieri, sans indiquer l'époque de sa mort ni la source où il a puisé ce renseignement.

NAISSANCE D'ANTOINE Iᵉʳ.

Librav. qui dati fuerunt mimis dni nostri Sabaud. comitis, trompetis ejusdem et pluribus aliis mimis de diversis partibus ad dictam villam venientibus, diversa musicorum genera ducentibus in festo facto in dicta villa *pro jocunda nativitate illustris Anthonii de Sabaud. primogeniti dicti dni nri comitis in chambr. nati de mense may anno dni 1407.* Tam pro ipsorum labore quam in expensis per ipsos factis xvı fl. 1/2 p. p. (*ex computo Francisci Marchiandi licenciati in legibus et Anthonii de Ponte burg. et syndic. chambr.*, 1406 et 1407). La date de la mort d'Antoine Iᵉʳ et l'indication de sa sépulture à Hautecombe se trouvent dans le compte de Jean de Fistillieu, trésorier général en 1407 et 1410, cité par M. Cibrario. Mais nous supposons qu'il y a une erreur d'impression dans la date du 2 octobre 1405 donnée par ce docte historien pour celle où le comte de Savoie aurait appris à Rivoli la naissance de son fils ; le texte du compte des syndics *nati de mense maij anno Dni* 1407 ne peut laisser aucun doute.

EXTRAIT DES COMPTES DES SYNDICS DE CHAMBÉRY RELATIFS A LA NAISSANCE D'ANTOINE II ET AUX CIRCONSTANCES DE SON BAPTÊME.

Librav. Johanni Balen appothecario habitanti chambr. in emptione et pro pretio viginti torchiarum cere ponderantium insimul sexaginta duas libras cum dimidio qualibet libra duo. den. ob. gross. quarum duodecim fuerunt portate faciendo processiones post natum illustris Anthonij de Sabaud. geniti dni nri sabaud. comitis *nati in castello Burgeti die dominica ultima mensis septembris anni 1408.*

Item Domenico Beney burg. Chambr. in emptione et pro precio sexaginta torchiarum cere ponderantium insimul centum quater viginti decem octo libr. quolibet quintale viginti fl. p. p. que portate fuerunt apud Burgetum dicta die mercurij sero pro baptismate dicti illustris Anthonij dni nri geniti baptisati die jovis sequenti quarta mensis octobris mane in capella dicti castelli Burgeti per reverendum in Christo patrem dnum episcopum Gratianopolitanum, et quas torchias escucellatas armis dicti dni nri dum dictus illustris Anthonius baptizabatur in suis manibus incensas tenuerunt sexaginta ex burgensibus dicte ville, deinde dimiserunt ipsas ibidem xxx fl. vııı d. 1/2 p. p.

[3] Louis de Savoie, comte de Genève, naquit vraisemblablement en 1413 ou 1414, puisque Amédée, comme nous l'avons vu, vint au monde vers la fin de mars 1412, et Bonne, sa sœur cadette, en 1415. Guichenon et tous les historiens de Savoie se sont donc trompés, en rapportant la naissance de ce prince à l'année 1402 ; leur erreur est d'autant plus grossière, que le mariage d'Amédée VIII avec Marie de Bourgogne ne fut célébré qu'à la fin de 1403. (V. Dom. Plancher, tom. III, *Preuves de l'Hist. de Bourgogne*, p. 216.)

[4] Bonne fut fiancée en janvier 1426 à François, comte de Montfort et de Richemont, héritier de Bretagne ; la jeune princesse porta dès lors le titre de comtesse de Montfort. Elle mourut à Ripailles en septembre 1430, avant la célébration de son mariage ; son corps fut transporté à Hautecombe et déposé, à son passage à Genève, dans le chœur de l'église de St-Pierre. (*Libr. die 26 septembris Bernardo capellano dni quos tradidit pro duodecim capellanis et ecclesie sancti Petri Gebennarum, sex capel-*

lanis fratrum Minorum, sex capellanis fratrum Jacopitorum qui vigilaverunt et dixerunt dicta die sero salterium dum corpus dicte due nostre stetit tota nocte in choro sancti Petri Gebennarum, xi gros. (Compte cité.)

Sous la date du 19 juillet 1429, nous avons trouvé dans les protocoles des secrétaires ducaux les pouvoirs originaux donnés par le duc Amédée VIII à Amédée de Challant, seigneur de Varey ; à Jacques Oriole, juge de Bresse ; à Amédée Macel, ses conseillers, ainsi qu'à Guillaume de la Forest et Guillaume Rigaud, ses écuyers, « *pour traiter mariage entre François, seigneur de Montfort, fils du duc de Bretagne et illustre damoiselle Bonne de Savoie.* (Protocoles Bolomier 1429.) Il est étrange que ces conventions de mariage ne soient mentionnées par aucun généalogiste ou historien de la maison de Bretagne.

Le compte d'Antoine Ambroix et de Jean du Pont, syndics de Chambéry, nous apprend que Bonne de Savoie, sixième enfant d'Amédée VIII et de Marie de Bourgogne, naquit au mois de septembre 1415. *Libraverunt prenominati syndici manu predicti Johannis Coyronis dicto Johanni Baligny pro duabus torchiis ponderis vi librarum cum dimidio emptacum ab eodem pro processionibus factis pro jocunda nativitate dicte domicelle nostre factis de mense septembris anno predicto xix obol. gross.* (Ex computo Antonii Ambrosii et Johannis de Ponte Camberiaci burgensium et syndicorum a die 18 novembris 1414 usque ad diem 18 mensis predicti novembris 1415.)

⁵ Les comptes des trésoriers généraux et ceux des syndics de Chambéry ne renferment aucune indication sur cette Marguerite de Savoie, fille d'Amédée VIII, dont Guichenon et M. Pompeo Litta, sur son autorité, rapportent le décès à l'année 1418. Ce dernier ajoute qu'à cette époque la jeune princesse était nubile ; M. le chev. Cibrario le note également dans son tableau généalogique de la maison de Savoie. Or, nous avons établi qu'Antoine, premier fruit du mariage d'Amédée VIII avec Marie de Bourgogne, naquit au mois de mai 1407, et qu'un second prince du même nom vint au monde le 30 septembre 1408 : Marguerite n'aurait donc pu naitre qu'en 1409 et conséquemment ne pouvait être nubile en 1418. Ces considérations nous portent à penser qu'Amédée VIII n'eut d'autre fille du nom de Marguerite que la princesse qui prit successivement pour époux Louis III d'Anjou, roi de Sicile, Louis IV, électeur palatin de Bavière, et Ulric VII, comte de Wurtemberg, de son côté déjà veuf deux fois. La date de la naissance de Marguerite ne nous est pas connue.

⁶ Nous ne pouvons donner aucun renseignement positif sur ce personnage : il appartenait vraisemblablement à la maison de Bretagne, et sa présence à la cour de Savoie en 1428 s'explique par les rapports qu'établit entre les deux maisons ducales l'alliance projetée de Bonne de Savoie avec le comte de Montfort. Rolet de Montfort est toujours nommé dans les comptes du trésorier général après les princes et princesses, mais avant le maréchal de Savoie. Il accompagna à Milan le comte de Genève, dont il portait les couleurs. Amédée VIII lui fit donner, pour qu'il pût paraitre convenablement à la cour de Visconti, une robe de drap d'argent et une autre de damas noir ; il avait à sa suite un gentilhomme nommé François de Vuy.

HÔTEL DE SAVOIE.

Dames et demoiselles d'honneur des princesses de Savoie.	Dame Catherine de Compoys, *liv. de l'hôtel et de la duchesse.*[1]	
	La dame de Gruffié,	id.
	Dame Reynaude l'Allemande,	id.
	La dame de Luillin,	id.
	La femme Amyé dau Crescherel,	id.
	L'Anthonia de la Balme,	id.
	L'Anthoinette Alamande,	id.
Gouvernantes ou bonnes.	Lorfelline Montagny, *livrée de l'hôtel et de la duchesse.*	
	La Gironde,	id.
Femmes de service des princesses.	La Jeanette Braczarde feme au panatier, *livrée de l'hôtel.*	
	La feme Jehan Guynet,	id.
	La Peroneta,	id.
	La Jacquemine,	id.
	La Mattina feme Le Mattin le portier, *livrée de l'hôtel.*	
	Lancellix, *livrée de l'hôtel.*	
	La feme Guillaume le chambrier, *livrée de l'hôtel.*	
Nourrices des princes et princesses	La norrice de madaime de Millan, *livrée de l'hôtel.*	
	La norrice de ma dameyselle Margarite,	id.
	La norrice de Philippe Mons,	id.

[1] Nous rappellerons que le violet fut la couleur choisie par Amédée VIII pour la livrée de sa maison ; le vert ne fut donné qu'aux personnes désignées pour accompagner la jeune duchesse et son frère à la cour de Visconti. Cette livrée verte, adoptée par Marie de Savoie et les douze dames de sa suite, consistait en une robe longue de fin drap vert de Rouen *dosblée de fustayne blanc jusques parmy jambes* et richement brodée d'or sur les manches, que l'on fourra de menu-vair ainsi que le collet. Le costume du comte de Genève et des gentilshommes qui l'accompagnèrent était de même étoffe et de même nuance. Comme les dames, ils portaient sur les manches de leur vêtement cette broderie à *fontayne* dont nous ignorons la signification symbolique ; les pages du jeune comte étaient vêtus de même, mais on ne mit sur leurs manches qu'*ung vollet de brodeure.* Dans sa naïve rédaction, le trésorier mentionne Amédée VIII comme le premier des *gens* auxquels furent faites *raubes* et livrées violettes. — *Item des violletz de Ruens, de Montivilliers et de Brucelles lon a fait les raubes et livre a les gens qui sensuijvent : premierement a monsgr deux raubes lune longue et lautre curte.* — *Item a mesd. de Millan, de Montfort et mademoyselle Margarite.* Puis viennent les dames et damoiselles d'honneur, les gentilshommes de la cour, le trésorier et autres fonctionnaires, enfin les gens de service, qui tous reçurent à cette occasion la livrée de l'hôtel.

MAÎTRES DE L'HÔTEL ET OFFICIERS QUI EN DÉPENDAIENT.

Maîtres de l'hôtel de Savoie.	Claude dau Saix [1], *livrée de l'hôtel.* Amye dau Crescherel, *livrée de la duchesse.* Robert Vuagnard, id.
Trésorier de l'hôtel.	Janin Léon tresaurier de lostel, *liv. de l'hôt. et de la duch.*
Secrét^{re} des command^{ts}	Franczois Guigonard, *livrée de l'hôtel et de la duchesse.*
Fourrier de la cour.	Guillaume de Ranty, *livrée de l'hôtel.*
Médecins et chirurgiens	Mestre Jehan Viollet, id. Mestre Antoine [2], id. Mestre Nicolar silorgien, *livrée du comte de Genève.*
Maîtres de la salle.	Jehan de Sept mestre de sala, *livrée de la duchesse.* Vouctier Carrignon mestre de sala, id.
Pannetiers.	Mestre de panaclerie N. N., id. Pierre Braczard, panalier, id. Chivalet, id. id.
Echansons.	Franczois Ruffin, mestre de boctollerie, id. Mourix Marchand, escuyer, id. id.
Sommeliers.	Pierre Thomasset, varlet, id. Franczois Mareschal, id. id.
Chargés de la préparation des épices.	Humbert lespicieur, *livrée de l'hôtel.* Jehan Bellein espicieur, *livrée de la duchesse.*
Majordome	Henri de la Fleschiere mestre de cuisine, id.

---

[1] Claude du Saix, bailli de Bresse, président de la chambre des comptes, conseiller d'Amédée VIII et plus tard compagnon de sa retraite à Ripailles.

[2] Magister Anthonius de Gueyneriis arcium et medecine doctor. (*Protocole Bolomier.*)

Cuisine.	Gillet de Rumillie cuisinier,	*livrée de la duchesse.*
	Collet id.	id.
	Mestre Chicart Amiezo id.	*livrée de l'hôtel.*
	Mestre Pierre Sailler id.	id.
	Jehan Manget rotisseur,	*livrée de la duchesse.*
	Jehan Roulet lardonnier,	*livrée de l'hôtel.*
	Guichard pollalier,	id.
	Anthoine et Gillet forniers,	id.
	Michelet carronnier,	id.
	Clavellet solliar,	id.
	Jehan du Pra id.	id.
	Le fils de Clavellet solliar	id.
	Guillaume Monet id.	id.
	Perro id.	id.
	Franczois Cotteau id.	id.
	Anthoyne id.	id.
	Jehan Magnin id.	id.
	Pierre Guillet id.	id.
	Vernet id.	id.
	Vincent Lambellin id.	id.
Fauconniers	Mourix Mourau	id.
	Mourix falcon le perseguant	id.
Veneurs et messagers.	Andrier chevauchieur et braconier,	*livrée de l'hôtel.*
	Brisbarra id.	id.
	Darbon id.	id.
	Coural le ros id.	id.
	Pecter Symonet [1] id.	id.
	Itallian id.	id.
	Ruf id.	id
	Annequin id.	id.
	Carrichon id.	id.
Blanchisseuses.	Secile lavatrix pannorum hospicii.	id.
	Margarite id.	id.

CHAMBELLANS ET EMPLOYÉS QUI RELEVAIENT DE CETTE CHARGE.

Chambellans.	Messire Pierre de Menthon [2], *livrée de l'hôtel.*	
	Messire Jehan de Compoys, *livrée du comte de Genève.*	
	Henri du Colombier, *livrée de la duchesse.*	

[1] *Libr.* Petro Symoneto braconerio dni misso cum litteris clausis ad dnum ducem de Laurenaz. (*Compte de Jean Lyobard,* n° 68.)

[2] Seigneur de Montrottier et de Greisy et chambellan d'Amédée VIII, depuis bailli de Genevois, père de Nicod de Menthon, assassiné à Chambéry le 31 mars 1435 par Jean de Compey, seigneur de Thorens.

Aumôniers et leurs clercs.	Messire Thibaud aumoneur [1], *livrée de l'hôtel.* Mess. Reynaud Ghosum aumoneur [2], *id.* Durand clerc de l'aumone, *id.* Collet clerc de l'aumoneur, *id.*
Chapelains et leurs clercs.	Frère Jehan Blanchard, *robe de drap gris de vernis.* Frere Anthoine [3], *id.* Frere Jacquemet, *id.* Franczois Mareschal clerc de la chapelle, *id.* Le petit Claude de la Chapelle, *id.*
Menestrels.	Jehan Elochij menestrier, *livrée de la duchesse.* Petrogniat, *id. id.* Jehan de Clera, *id., livrée du comte de Genève.* Vouelier de Beauchan, menestrier, *id.*
Maitre de harpe.	Jehan dostande mestre de larpe, *livrée de l'hôtel.*
Trompette.	Thyenent trompette, *livrée de la duchesse.*
Barbiers et varlets de chambre.	Berthod barbier et chambrier de mons., *livrée de l'hôtel.* Perrinet barbier et chambrier de mons., *id.* Johannin Champeaux, *id. id.* Jehan Lambert *id. id.* Jacquemet tapicier *id. id.* Pierre Noblet, *id. id.* Michaud chambrier de mad. de Millan, *livrée de la duch.* Guillaume Duc chambrier de mad. de Millan, *id.* Gerard barbier de mons. de Genève, *liv. du c^{te} de Genève.* Franczois Combe chambrier, *id., id.* Jehan Glouteret, *id., id., id.*
Huissiers.	Martin dit le matin portier, *livrée de l'hôtel.* Jehan varletz de Martin, *id.* Jacquet le portier, *id.* Jean son varlet, *id.*

[1] Le trésorier ne donne aucune indication sur ce personnage, mais dans un acte du 10 décembre 1427 on trouve un *Theobaldus de Vico canonicus Gebennensis et helemosinarius* avec les qualifications de *religiosus et nobilis vir.*

[2] Pierre Reynaud Ghosum, qualifié de *messire* comme le précédent, figure dans un acte du 14 juillet 1425; il s'y pourvoit auprès du conseil résident pour obtenir justice des meurtriers de son oncle et demande que leur punition ne s'étende point *jusqu'à la peine du sang*, mais seulement à une satisfaction pécuniaire telle qu'elle est *permise par l'église.* (*Registre des délibérations du conseil*, arch. royal.)

[3] *Frater Anthonius de Prato ordinis minorum et confessor illustris domicelle Marie de Sabaudia*, ainsi qualifié dans l'acte du 10 décembre 1427, qu'il signe après Théobald de Vico.

Valets de pied.	Pierre Bois varlet de pyé, *livrée de la duchesse.* Jehan Robert, id., id. Erick de Cologne, id., *livrée du comte de Genève.* Varletz d'avanture XII. id.

ESCUYERS DESCUIRIE (ET LEURS SUBORDONNÉS)[1].

Escuyers.	Nyco de Menthon, *livrée de la duchesse.* Jehan Mareschal, id. Guillaume de la Forest, id.
Pages.	Les 4 paiges de monseigneur et les 3 à mons. de Genève, *livrée de l'hôtel et du comte de Genève.*

---

[1] M. Vallet de Viriville a publié dans la *Bibliothèque de l'École des Chartes* (livraison de novembre et décembre 1854) un mémoire intéressant auquel il a donné pour titre la question suivante :
Odette ou Odinette de Champdivers était-elle fille d'un marchand de chevaux ?
L'auteur attribue à un correcteur *plus ou moins mal renseigné* la falsification d'un texte qui donnerait pour père à *la petite reine*, compagne de l'infortuné Charles VI, un palefrenier ou un maquignon. M. de Viriville a raison de relever l'erreur ; mais, en développant sa thèse, il s'appuie sur des interprétations fort contestables à notre avis.
Selon lui, le *marescallus equorum* du religieux de Saint-Denis pourrait avoir été un *écuyer d'écurie*; il ajoute que ces fonctionnaires étaient des gentilshommes qui n'accomplissaient pas pour le service du roi *toutes les œuvres d'un palefrenier de nos jours* : c'est dire implicitement qu'ils en accomplissaient quelques-unes ; ce que nous croyons absolument inexact. M. de Viriville a consulté des titres que nous n'avons pas eu sous les yeux ; mais nous affirmons que les comptes de l'hôtel de Savoie et autres documents par nous étudiés aux archives de Turin traduisent invariablement la qualification d'écuyer d'écurie par celle de *scutifer scutiferie*, et jamais par *marescallus equorum*, qui n'a signifié autre chose dans le langage du XVe siècle que valet d'écurie ou maréchal ferrant. Les *scutiferi scutiferie* étaient des gentilshommes choisis dans les familles les plus importantes du pays : ils avaient le privilége d'entrer à toutes les heures et sans se faire annoncer dans la chambre du prince ; ils choisissaient ses chevaux et ses armes, avaient la garde de ses bannières, l'escortaient dans les combats, dirigeaient l'éducation de ses pages, etc. (V. page 61.) Leur titre et leur emploi étaient les mêmes à la cour de Savoie, chez les dauphins et chez les ducs de Bourgogne; nous ne savons en vérité comment M. de Viriville admet un rapprochement possible entre cette charge toute de confiance et d'honneur et les fonctions d'un palefrenier ! Sans forcer ainsi les textes, le savant auteur du mémoire que nous avons mentionné pouvait se contenter des preuves historiques et généalogiques qu'il a si bien utilisées pour établir la condition civile d'Odette de Champdivers.

Palefreniers et piqueurs.	Pierre Bellicy chevauchieur,	*livrée de la duchesse.*	
	Jeannin Cortoys	id.	id.
	Jehan Rolle	id.	id.
	Denizot	id.	*livrée du comte de Genève.*
	Loijs	id.	id.

Maréchal.	Jehan le mareschal. *livrée du comte de Genève.*

Charretier.	Le bastard Augeron charreton, *livrée du comte de Genève.*

Valets d'écurie.	Pierre Sage varlet de lestable,	*livrée de l'hôtel.*	
	Jacquemet Morin	id.	id.
	Peter le Bailly	id.	id.
	Pierre de Belleys	id.	id.
	Pierre de Chatillon	id.	id.

LE TRÉSORIER GÉNÉRAL ET SES CLERCS.

Trésorier général de Savoie.	Le tresaurier [1], *livrée de l'hôtel.*

Clercs du trésorier	Estevenin Grand clerc dau tresaurier,	*livr. de la duchesse.*	
	Anthonel Rapta	id.	id. [2]

Inconnus. [3]	Mons. Rougier.
	Mons. Bertrand.
	Mons. Yvonet.
	Mermet de Bouel.
	Le chivalier de Glérens.
	Bartholome de Grumaud.

[1] Michel de Ferro (ou de Fer), citoyen de Genève, trésorier général de Savoie du 1er janvier 1427 au 24 septembre 1434.

[2] Ces deux secrétaires ou clercs du trésorier général furent chargés d'accompagner la duchesse de Milan *pour porter et deslivrer les finances de madame a quoy ils ont vaqué 27 jours entiers.* La dépense totale du voyage de Morges à Milan s'éleva à 5,697 florins.

[3] Ces personnages reçurent la livrée de l'hôtel, mais le trésorier général ne spécifie pas quelle charge ils y remplissaient, et ils nous sont restés inconnus; il est vraisemblable toutefois que Bartholome de Grumaud est le même qu'un Barthélemy Grimaldi auquel le conseil ducal faisait communiquer le 20 mars 1441 la résolution suivante : *de Bartholomeo de Grimaldis, expectet, et loco et tempore super ejus recompensatione advidebitur.* En effet, par patentes du 7 mai 1434, il fut créé capitaine de Ventimille au comté de Nice. Quant au chevalier de Glérens, nous remarquons la qualification de chevalier placée avant son nom, comme tout à fait inusitée dans les documents de cette époque; elle semble en effet indiquer un titre introduit dans nos usages modernes plutôt que la dignité de chevalier, *miles*, degré suprême de la chevalerie.

Noms des dames et gentilshommes désignés par Amédée VIII pour accompagner à Milan Marie de Savoie et les princes ses frères.

DAMES D'HONNEUR OU DE SERVICE AUPRÈS DE LA DUCHESSE.

Madame la mareschalle de Saluces. — Françoise de Montmayeur, fille de Gaspard de Montmayeur, maréchal de Savoie, et de Guigonne de La Balme, mariée à Mainfroy de Saluces vers la fin de 1426.

Madame de Choutaigne. — Guigonne de Luyrieux, femme de Jean de Montluel, seigneur de Chautagne.

Madame Catherine de Compeys. — Veuve d'Anthelme de Chignin, chevalier. Le trésorier Guigonnet Maréchal la qualifie de *commater dni* dans un article du compte de 1414.

La dame de Barjac. — Marguerite de La Chambre, fille d'Urbain de La Chambre, vicomte de Maurienne, femme de Jean de Seyssel, seigneur de Barjac.

La dame de Gruffié. — Antoinette de La Palud, femme de Jean de Compey, seigneur de Gruffy.

Dame Reynaude l'Allemande . . . .

La dame de Lullin. — Femme de Guillaume de Genève, seigneur de Lullin.

La feme Amye dau Crescherelle . . . .

L'Anthoynette Alamande . . . .

La Loyse de Salenove . . . .

La feme Boniface Caqueran . . . .

La feme Borgoignon dau Solier . . . .

MARÉCHAL DE SAVOIE, CHEVALIERS ET GENTILSHOMMES QUI LUI FURENT ATTACHÉS DANS CETTE MISSION.

Messire Manfroy de Saluces mareschal de Savoye. — Manfred ou Mainfroy de Saluces, des marquis de ce nom, seigneur de Farigliano, Mulassan, Coppet et Grésy, fils de Thomas de Saluces et de Bartholomée de Cève, né en 1396, maréchal de Savoie en 1427, chevalier du collier le 13 février 1434, mort à Morges en 1435, enseveli à Pierre-Châtel.

Messire Pierre Amblard chivallier. — Bailli de Savoie en 1427. Livré à messire Pierre Amblard chivallier mestre dostel et conseiller de mondit seigneur 200 florins d'or et viii oulnes de vellu noyr plain a luy baille par monseigneur pour soy apprester daller a Millan. (Compte de Michel de Ferro, n° 73.)

Messire Amyé de Challant chivallier. — Amédée de Challant, chevalier, bailli de Chablais en 1427.

Amye Macet escuyer de mon dit seigneur. — Amédée Macet ou Mazzelli, gentilhomme bressan dont la famille était originaire de Chieri en Piémont, *scutifer scutiferie*; il remplit sous le règne d'Amédée VIII d'importantes missions : député par son souverain auprès du duc de Bourgogne pour chercher à détacher ce prince du parti des Anglais à la mort du roi Charles VI, il échoua dans ses tentatives. Philippe le Bon avait trop à cœur encore de venger la mort de son père assassiné à Montereau trois ans auparavant sous les yeux même du dauphin, qui venait de ceindre la couronne de France, pour que la réconciliation désirée par le duc de Savoie pût être obtenue. Macet était parti de Bourg en Bresse le 31 octobre 1422, huit jours après la mort de Charles VI, pour se rendre à Lille, où se trouvait alors le duc de Bourgogne ; il employa cinquante jours dans cette ambassade, dont la dépense, dit le trésorier, *montait plus quil n'est accostumez de livrer pour personne et chival tant pour la cherté du pays comme pour les guydes et aultres choses necessayres.* (Compte de Jean Lyobard, n° 68.)

Pierre de Groslée escuyer descuirie. — Guichenon ne nomme point ce personnage, non plus que Guigues de Grolée, son père, dans la généalogie de leur maison. Tous deux étaient écuyers du duc de Savoie en 1427, et Pierre paraît avoir été fort avant dans les bonnes grâces de son souverain. Il fut envoyé à diverses époques en mission auprès des rois de France, de Sicile et de Jérusalem ; mais le trésorier ne mentionne ni l'objet, ni le résultat de ces ambassades.

Guillaume de Genève seigneur de Lullin . . . .

Philibert de Monthous escuyer. — Des seigneurs de Monthouz du Barioz, ancienne famille de Savoie dont la descendance s'est perpétuée jusqu'à nos jours. Philibert de Monthouz, écuyer d'Amédée VIII, fit à la tête de cinq lances la campagne de Lombardie en 1426.

Loijs Daillez escuyer. — Louis d'Aglié, des seigneurs de Saint-Martin, famille des plus illustres du Piémont.

GENTILSHOMMES ET FONCTIONNAIRES SPÉCIALEMENT ATTACHÉS
A LA DUCHESSE DE MILAN.

Henri du Colombier mestre de lostel. — Seigneur de Vufflens, au pays de Vaud, chambellan et conseiller d'Amédée VIII, personnage de grande autorité sous le règne de ce prince, qui le créa capitaine général en Piémont et lui confia les missions les plus délicates ; il fut entre autres député auprès du pape et de l'empereur au concile général de Constance en 1414. Henri du Colombier partagea la retraite d'Amédée VIII à Ripailles et fut un des premiers chevaliers de l'ordre de St-Maurice.

Robert Vuaynard mestre de lostel. — Robert de Montvagnard, *condominus Montis Vuagnardi*, seigneurie située près d'Alby en Albanais, maître de l'hôtel de 1421 à 1433.

Amye dau Crescherelle mestre de lostel. — Amédée de Crescherel, maître de l'hôtel de 1424 à 1430. La maison de Crescherel, éteinte aujourd'hui, était illustre en Tarentaise, où elle fut fondée, dit-on, par un gentilhomme anglais qui suivit le comte Pierre à son retour en Savoie vers le milieu du XIIIe siècle.

Jehan Mareschal escuyer descuirie. — Seigneur du Crest près Montmélian, *scutifer scutiferie*, frère d'Humbert Maréchal, seigneur de Meximieux, capitaine en grand renom sous le règne d'Amédée VIII.

Nyco de Menthon escuyer descuirie. — Nycod de Menthon, seigneur de Nernier en Chablais, d'une des familles les plus anciennes et les plus illustres de Savoie, fut chargé par Amédée VIII de la direction du cortége de la duchesse de Milan. Le trésorier général lui donne les titres de *miles et cambellanus dni ducis* dans le compte d'une longue ambassade qu'il remplit en 1429 en France, en Angleterre et à la cour de Bourgogne. Il fut gouverneur de Nice sous le règne du duc Louis. (Voir sa lettre à ce prince insérée sous le n° 7 des documents.)

Jacquemet de la Fleschiere escuyer de mondit seigneur. — D'une famille ancienne et distinguée dont le premier fief en Savoie fut la seigneurie de la Fléchère en Semine. Jacquemet de la Fléchère était châtelain de St-Maurice d'Agaune en 1412.

Claude de la Balme. — Claude de la Baume, *scutifer dni*, petit-fils de Jean Ier de la Baume, seigneur de Montrevel et maréchal de France, fils de Jean II de la Baume, seigneur de Bonrepos, et de Jeanne de Châlons, comtesse de Tonnerre.

Hugues Bertrand. — Neveu de Jean Bertrand, alors archevêque de Tarentaise ; à cette famille appartiennent les branches des seigneurs de la Perrouse et de Chamoussel, éteintes aujourd'hui en Savoie.

Franczois de Briord. — Scutifer dni, des seigneurs de la Serraz en Bugey.

Franczois Ruffin mestre de boctollerie. — Consiliarius et scutifer dni Nous n'avons découvert aucun renseignement sur la famille et la patrie de ce personnage, qui était écuyer et conseiller de son souverain en 1414, et fut chargé de traiter le mariage de Bonne de Savoie avec Frédéric, duc d'Autriche, en 1398.

Guillaume Rigaud. — Scutifer dni de 1420 à 1428 : il fit partie de l'ambassade de Jean de la Baume au concile de Constance.

Guillaume de Ranty. — Scutifer et forrerius dni ducis, ainsi qualifié déjà en 1420.

Jacquemet de Montfaucon. — Ou de Monfalcon, probablement des seigneurs de Flaccieu et des Terreaux en Bugey.

Guillaume de la Forest. — Scutifer scutiferie en 1429, *allast de la part de monseigneur en ambasserie au roy de Pourtugal* (octobre 1426); d'une famille très ancienne et qui posséda de nombreux fiefs en Savoie; sa descendance subsiste encore en Bresse et en Dauphiné.

Jehan de Lornay. — Ce personnage, que l'on trouve fréquemment et honorablement cité dans les documents qui appartiennent aux règnes d'Amédée VIII et du duc Louis, son successeur, eut à rougir de sa naissance : il était fils de Guillaume de Lornay, chanoine d'Annecy, *canonicus beate Marie lete Annessiaci*, et de Galoise, femme de Pierre Sacreti de Michieux, *codurerii*, fille d'un médecin de Rumilly. Jean de Lornay fut légitimé, ainsi que Antoinette et Pierre, son frère et sa sœur, par patentes données à Annecy par Amédée VIII le 18 septembre 1427. (*Compte de Michel de Ferro, trésorier général, n° 72, archives de la chambre des comptes de Turin.*)

Le petit Girard de Genève. — Probablement fils de Guillaume de Genève, seigneur de Lullin.

Jehan de la Fontayne. — Legum doctor et consiliarius dni. Jurisconsulte éminent sous le règne d'Amédée VIII, il remplissait la charge d'avocat fiscal en 1425, et fut chargé à cette époque de fixer avec les envoyés du duc de Bourgogne les limites de cette province et de celle de Bresse.

Franczois Guigonard. — Secrétaire des commandements en 1426 et notaire ducal de 1438 à 1441.

Mons. Denix le curé de Morgies. — Le curé de Morges prit rang dans le cortège, et, comme les seigneurs et dames de la cour, y porta les couleurs de la jeune duchesse.

Voutier mestre de sala. — Voutier ou Gautier Carrichon, maître des cérémonies. Ce personnage nous est tout à fait inconnu.

SUITE DU COMTE DE GENÈVE ET DE SON FRÈRE PHILIPPE MONSEIGNEUR.

Rol de Montfort. — Voyez la note page 210.

Messire Jehan de Compeys chivallier. — Seigneur de Gruffy en Albanais et de Prangins au pays de Vaud, chambellan et conseiller d'Amédée VIII, dont il fut particulièrement estimé. (V. Costa, *Fam. historiques de Savoie*, Compey, page 20.)

Montbuyron. — *Scutifer scutiferie*, probablement Pierre de Montburon, à cette époque conseigneur de Baleyson et de Cervens en Savoie. (V. Guichenon, *Hist. de Bresse*, page 347.)

Guigue Gerbais. — Des seigneurs de Sonnaz *scutifer dni*. Le trésorier Guigonnet Maréchal porte au compte de 1412 la dépense de 60 fl. d'or qui furent donnés par le comte de Savoie à ce Guigues Gerbais, auquel était échue la royauté de la fève à la table du prince le jour de l'Epiphanie.

Amye Compeys. — Amédée-Bon de Compey, fils du seigneur de Gruffy et d'Antoinette de Varembon ; fort jeune en 1427.

Clerevaux le chivallier. — Nous ignorons quelles furent la famille et la patrie de Clervaux le chevalier, un Nicod *de Clarevallibus* était *capitaneus et castellaneus castri sancte Agnetis* en 1424.

Le fils Pierre Bonnivard. . . . .

Franczois Compeys. — *Scutifer dni*, seigneur de Draillant, maître d'hôtel de Jean sans peur, duc de Bourgogne, en 1418.

Jehan fils dau seigneur de Menthon. — Quatrième fils d'Henri de Menthon, seigneur dudit lieu, et de Marie de Saint-Amour, chef de la branche des Menthon de Rochefort.

Nyco de Beaufort. — Nycod de Beaufort, seigneur de Salagine, *scutifer dni*, figure avec Antoine, son frère, dans la guerre de Lombardie, dont ils firent les deux campagnes en 1426 et 1427.

Henri de la Fleschiere. — *Scutifer dni et magister coquine* (majordome) ; il paraît qu'en cette qualité ses services furent particulièrement agréables au duc Amédée VIII dans les fêtes qui eurent lieu à Morges pour l'arrivée du prince d'Orange en 1424, ainsi qu'à Thonon lorsque Amédée et Louis de Savoie reçurent solennellement les titres de prince de Piémont et de comte de Baugé : le prince fit remettre à Henri de la Fléchère 25 fl. d'or, *exigentibus serviciis per ipsum dno factis*. (Compte du trésorier général de Ferro, n° 71.)

Jehan d'Arvillars

Hugonin de la Valla.

Alexandre de Choutagnie. — Troisième fils de Jean de Montluel, seigneur de Chautagne, et de Guigonne de Luyrieux.

Claude de Menthon. — Fils de Pierre de Menthon et de Jeanne de Ville, jeune encore à cette époque, ainsi que le précédent.

DOCUMENT N° 9.

(Extrait des pièces originales du procès conservé aux archives de la chambre des comptes de Turin.)

Interrogatoire de Charles de Chaffardon et de Louis de Viry dit le Sardet.

Anno Dni 1514 et die ultima mensis julii in castro chamberiaci coram magnifico dno Petro Gorrat jurium doctore et magnifici consilii chamberiaci collaterali constitutus prenominatus nobilis Carolus de Chaffardone intitulatus, delato sibi juramento et imposita pena centum ducatorum auri de veritate dicenda horum super quibus interrogabitur. De qua pena casu quo contrarium sue responsionis infrascripte reperiatur fecit et facit puram et meram donacionem errario ducali, ipsa pena per me notarium subscriptum stipulata. Deinde examinatus et interrogatus suo juramento predicto, dixit et respondit in sua responsione infrascripta ut legitur contineri.

Et primo interrogatus si ipse loquens sciat causam sue detencionis, respondit quod sic, videlicet quia die dominica fuerunt herina die octo dies et que fuit 23 mensis hujus. Dum ipse testis et sp^{lis} dnus Ludovicus de Viriaco dictus le Sardet, luderent cum illustrissimo dno nostro dno Sabaudie duce ad cartarum ludum nuncupatum *au flux* : et dum ipse Sardet daret seu dedisset cartas quatuor ipsi testi, videlicet duas in una vice, et alias duas, unam pro qualibet vice, et dictus Sardetus invitasset, seu onerasset certas pecias auri, ipse loquens tenuit invitum et magis oneravit, seu invitavit supradictum Sardet certas pecias auri. Ipse vero Sardet tenuit ipsum invitum, et rechargiavit seu reinvitavit. Quo tunc ipse loquens videns se habere quatuor cartas et credens et intelligens quod lucratus fuerat, ex eo etiam quia habebat bonum ludum, invitavit dictum Sardet de resta ipsius Sardeti quam habebat super ludo, quem invitum tenuit ipse Sardet : quo facto ipse loquens posuit manum super pecuniis dicti ludi existentibus super dicta mensa que erant in peciis auri quarum numerum ignorat, et illas ad se retraxit, dicendo : Ego lucratus sum, quia vos mihi dedistis quatuor cartas, et ideo vos debetis perdere ludum. Tunc ipse Sardet dixit quod ipse loquens non fuerat lucratus; ipse vero loquens dixit : Ymo lucratus sum, et de hoc me refero illustrissimo dno nostro et aliis ibi astantibus. Et dictus Sardet dixit : Dimittatis hic pecunias. Qui ipse loquens dixit : Non faciam, sed illas depono in manibus prelibati illustrissimi dni nostri ducis. Prout incontinenti deposuit et remisit eidem illustrissimo dno nostro, qui illas acceptavit. Que tunc ipse Sardetus se levavit a sede et dixit versus ipsum loquentem hec verba : *Par le sang Dieu c'est meschemment faict a vous.* Propter que verba de quibus illustrissimus dnus noster dixit certa verba de quibus non recordatur. Verum ipse loquens surrexit et dixit hec verba : *Saulve l'honneur et la présence de Monseigneur vous naves menty.* Et ante prolationem ipsorum verborum ipse loquens jam ammoverat suum bonetum a capite suo pro honore et reverencia prelibati illustrissimi dni nostri reddendis; et nichilominus dictus le Sardet arripuit ipsum loquentem per capillos, videns quod ipse loquens volebat capere aliquas pecunias suas que non erant de ludo, ita quod ipse loquens dimisit dictas suas pecunias ibidem super ipsa mensa, et pro se deffendendo arripuit eumdem Sardet per crines, et se traxerunt hinc inde. Que videns prelibatus illustrissimus dnus noster ibidem prope eos existens clamavit : ola! ola! ut desisterent. Tamen dictus Sardet desistere noluit, verum dimisit capillos ipsius Chaffardonis, evaginavit suum pugnale, et emanavit de eo ictum usque prope gullam ipsius Chaffardonis et modicum teligit collum ipsius loquentis adeo quod nisi ipse loquens resistisset et reparasset ictum cum ejus brachio, credit quod ipsum vulnerasset in collo. Que videns prelibatus illustrissimus dnus noster se interposuit, manum unam super spatulam ipsius Sardeti et alteram ad pugnale ipsius Sardeti, illud accipiendo per ferrum, pro evitando scandalum et lexionem que forte intervenisset in dictum loquentem. Et pariter non nulli alii ibidem astantes maxime dnus de Monjoyes, dnus de Castroforti et nobilis Ludovicus Gallierii, dnus de Bressii ac quidam nobilis Nicensis appellatus dnus d'Apremont, et se interposuerunt ad separandum et evitandum ne inter ipsum loquentem et dictum Sardet fieret scandalum. Et incontinenti quod prelibatus illustrissimus dnus noster se intromisit ad premissa, ipse loquens desistit et se retraxit a presentia prelibati illustrissimi dni nostri qui tenebat pugnale dicti Sardet ut predixit, et dictum Sardet retinebat ne prosiliret contra dictum loquentem ad vulnera Et credit ac tenet quod premissa sint propter que ipse loquens detinetur.

Interrogatus quis fuit promotor premissorum fore factorum, et quibus presentibus ac in quo loco et loco loci patrata fuerunt, respondit, in aula magna ipsius castri Chamberiaci apud mensam prelibati illustrissimi dni nostri, ipso illustrissimo dno nostro et prenominatis dominis de Montjoyes, de Castroforti, Ludovico Galierii et d'Apremont et aliis quam pluribus nobilibus de quorum nominibus non recordatur presentibus, et quod si dictus Sardet non dixisset verba de quibus supra quod ipse loquens non fuisset promotus ad eum mentiendum, nec aliquid aliud in eum attemptasset nec dixisset mali.

Interrogatus si, antequam dictus Sardetus evaginaret dictum pugnale et caperet ipsum loquentem per capillos, prelibatus illustrissimus dnus noster fecerit eis aliquam prohibicionem de non faciendo debatum vel quod desisterent a verbis incohatis, respondit se nescire nec recordari aliter quam predixit.

Interrogatus si prelibatus illustrissimus dnus noster fuerit lexus in dicto debato per aliquem ipsorum altercantium verbis vel factis, respondit quod sic, quod incontinenti facto dicto debato prelibatus illustrissimus dnus noster monstravit ipsi loquenti et aliis ibidem existentibus manum de qua tennerat dictum pugnale aliqualiter lexam et cum modica sanguinis effuxione ut sibi videtur, et dixit quod ita fuerat lexus tenendo pugnale dicti Sardeti pro vitando scandalum.

Interrogatus si postquam prelibatus illustrissimus dnus noster apposuit manum ad dictum pugnale, idem Sardet vibraverit, vel admenaverit, seu commotus fuerit admenandum dictum pugnale seu aliquam resistentiam fecerit de non relaxando illud ipsi illustrissimo dno nostro, respondit quod ipse Sardet nolebat ipsum pugnale rellaxare, sed nixum faciebat de admenando ictum in ipsum Chaffardonem loquentem, possando ipsum pugnale adversus ipsum loquentem.

Super generalibus respondit quod est etatis annorum 21 vel circa.

Et ulterius dixit et protestatus fuit quod non vult litigare super hac materia cum fisco, et quod maluisset perdidisse omnem ejus substantiam propter honorem et reverentiam prelibati illustrissimi dni nostri potiusquam premissa gesta fuissent in conspectu prelibati illustrissimi dni nostri prout gesta fuerunt, et si ipse loquens in aliquo fefelerit cum summopere penitet, et se submittit bone gratie et misericordie prelibati illustrissimi dni nostri.

. Louis de Viry, dit le Sardet, confesse sa faute à son tour, dit qu'il en

« est profondément affligé, et consentirait à vivre un an au pain et à
« l'eau, s'il pouvait effacer par là le scandale qu'il a donné; ajoute qu'il
« ne veut constituer ni avocat ni procureur pour le défendre, et implore
« la miséricorde du duc.

« Le seigneur d'Appremont au comté de Nice, Philibert de Bussy,
« François de Montluel, seigneur de Chateaufort, et Louis de Gallier,
« témoins sur ce ouïs, font une déposition conforme à celle de Chaffardon,
« sur quoi interviennent les deux sentences ci-après ténorisées. »

In nomine Dni amen. Anno 1514 indicione 2 et die 13 mensis Augusti universis sit manifestum quod cum nobiles Ludovicus de Viriaco dictus Sardet et Carolus de Chaffardone ducales subdicti in castro chamberiaci arestati detinerentur pretextu rixe per eos invicem habite in presencia illustrissimi et dni nostri Caroli Sabaudie ducis ad causam contentorum in informationibus et processu super his sumptis et formato et propterea ipse nobilis Ludovicus de Viriaco coram magnificis dnis inferius nominatis de jussu ducali ad hoc expresse congregatis evocatus fuerit et personaliter presentatus; hinc est quod magnificus et generosus dnus Ludovicus dnus Derée presidens Sabaudie in presentia magnificorum dnorum infranominatorum eidem nobili Ludovico de Viriaco presenti et audienti dixit et exposuit; quod licet delictum predictum per ipsum nobilem Ludovicum ut premittitur perpetratum ex forma juris sit grave et acri punitione dignum, nichilominus volens prelibatus illustrissimus dnus noster dux secum mite agere contemplacione presertim dictorum magnificorum dnorum infranominatorum nec non et ad humilem supplicacionem parentum et amicorum ejusdem, eidem nobili Ludovico de mandato ducali inhibuit et interdixit patrias et dominia prelibati illustrissimi dni nostri. Ita quod in eis se recipere nec habitare audeat seu presumat, verum ab illis recedere et ea abstentare debeat non rediturus donec aliud per prelibatum dnum nostrum ordinatum vel sibi mandatum fuerit, sub pena sue indignationis ac confiscationis corporis et bonorum ejusdem nobilis Ludovici de quibus premissis ipse magnificus dnus preses jussit per me notarium et ducalem secretarium subsignatum, fieri publicum instrumentum. In aula majori castri Chamberiaci presentibus ad hec et sedentibus, illustri Francisco de Lucemburgo vicecomite Martienensi, ac magnificis dnis Ludovico comite Camere vicecomite Maurianne, Bernardino de Sabaudia, dno Pancallerii, Carolo de Montebello comite Intermontium, Philiberto de Palude comite de Varax, Francisco Marescalci dno Maximiaci, Claudio dno Balleysonis barone Sancti Germani, Alexandro dno Aulenove, Aymone de Gebennis dno Lullini, Janus de Crans et Gabriele de Lande collateralibus, ac Jaffredo Passeri advocato fiscali generali et Raphaele de Albano advocato fiscali Sabaudie ducalibus consiliariis testibus ad hec congregatis et sedentibus ut premittitur, ac pluribus aliis astantibus.

Et me notario et ducali secretario subsignato.

VULLIET.

Suit la sentence de Chaffardon, dont la teneur est la même à l'exception de la peine ainsi prononcée :

Eidem nobili Carolo de mandato ducali inhibuit et interdixit presentiam prefati illustrissimi dni nostri, et quod ubicumque prefatum illustrissimum dnum nostrum adesse contingerit nullomodo se presentare habeat vel presumat sine expresso mandato aut speciali licentia ejusdem illustrissimi dni nostri ducis, sub pena indignationis sue per eumdem nobilem Carolum casu contrario committenda, eidem Carolo insuper prohibendo ne in presentia prefati illustrissimi dni nostri, (si contingeret eumdem in futurum coram se vocari aut de jussu voloque suo comparere et se presentare) nullomodo ludere aut de ludo se immiscere audeat vel presumat, de quibus premissis ipse magnificus dnus preses *(ut in precedenti).*

DOCUMENT N° 10.

Traité passé à Lyon le 18 mai 1431 entre les ambassadeurs de Bourbon et ceux de Savoie au sujet de l'invasion de la Dombes et de la surprise de Trévoux par le seigneur de Varembon.

(Extrait des archives de cour.)

A tous ceux qui ces lectres verront Pierre Charpin docteur en decret chambérier de l'église collégiale de Saint Paul, et official de Lyon, sauair faisons que comme messire François de La Palud chevalier seigneur de Varembon et plusieurs aultres ses satellites et complices subjez et vassaulx de très excellent et puissant prince Monseigneur le duc de Savoye et aultres gens de guerre nâgueres cest assauoir le dimenche dix huictiesme jour de mars derrenierement passe de matin auant le jour eussent envay et prins par eschèle et par voye de fait et de guerre la ville de Tréuoux appartenant a très excellent et puissant prince Monseigneur le duc de Bourbon et d'Auvergne baron et seigneur de Beaujeuloys et en icelle ville prins plusieurs biens meubles et aussi prisonniers et les emmener commis et perpetre plusieurs autres detestables execrables dampnables et abominables crismes et delitz dignes de grantz punitions comme appert par informacions faictes et pourra plus a plin apparoir en temps et en lieu et qui seroient trop longs et desplaisans a raconter comme disoient les gentz et officiers de mon dit seigneur de Bourbon et afin d'auoir justice et raison des dictz malfaicteurs. Noble seigneur messire le bailli et aultres officiers du dit pais de Beaujeuloys pour mon dit seigneur de Bourbon prinse et faicte informacion dez ditz maléfices eussent requis duement noble seigneur messire le bailli de Bresse et aultres officiers du dit pais pour mon dit seigneur de Sauoye leur remettre les ditz malfaicteurs avec leurs biens pour en faire raison. lequel messire le bailli de Bresse pour response faicte a la dicte requeste eust abbandonne par son dict bailliage le dit seigneur de Varembon et ses dictz complices, et offert faire justice sur leurs biens; et ces choses venues a la cognoissance de mon dit seigneur de Sauoye les eust eues a grant desplaisance tant pour honneur de Dieu et pitié de l'effusion du sang humain, comme pour l'amour de parente et lignage de mon dit seigneur de Bourbon son oncle, de tres haute et excellente dame madame de Bourbon sa tante, et de monseigneur le comte de Clermont son cousin germain et parens; que aultrement pour desolation des pertes dommaiges et pilleries faictes en la dicte ville et prisonniers detenuz par les dictz malfaicteurs, et pour ce très reverend, et reverends peres en Dieu Monseigneur et Messire Ame de Talaru arceuesque et comte de Lyon, Messire Jacques Maluoisin abbé d'Ambournay, noble et puissant seigneur. Messire Humbert de Grolée Cheualier, conseiller et chambellan du roy nostre sire son bailli de Mascon et Seneschal de Lyon pour euicter les maulx et inconveniens qui pour ce se pouvoient ensuir se soient traitz deuers les dictz seigneurs pour trouer moyen de paix et voye amiable, et a fin de reparacion sommière des dictz meffaitez, lesquelx seigneurs pour reuerence de Dieu et euicter l'oppression du peuple qui par diuision et differrence se pouoit ensuir et aussi veue la proximité de lignaige qu'ilz ont ensemble; leur ont accorde de journoyer sur ce ou lieu de l'isle Barbe a certain jour d'auril derrenierement passe au quel jour et aultres ensuiuans ont conuenu et pourparle de ceste matiere les ambaxadeurs des ditz seigneurs : cest assauoir ambaxadeurs pour ma dicte dame de Bourbon et mon dit seigneur de Clermont son filz, nobles et puissants seigneurs messire Pierre de Tholon chancelier de Bourbon, messire Jehan de l'Espinace bailli de Beaujeulois, messire Amé Vert bailli de Forez cheualiers, maistre Jehan Pelletier juge de Forez, maistre Jehan de Brueil auditeur des comptes de Beaujeuloys et Robert Parent ayant d'eulx à ce pouvoir cy dessoubz incorpore d'une part et ambaxadeurs pour mon dit seigneur de Savoie nobles et puissans seigneurs Henry de Colombier chambellan, messire Lambert Oddinet cheualier et docteur en loys president au conseil de Chambery, messire Jacques Oriol docteur en decret et en loys juge de Breysse et Pierre de Grolée conseiller et escuier de l'escuirie de mon dit seigneur de Sauoye d'autre part, et illeuc par le moyen et traictié des dictz seigneurs mediateurs les ditz ambaxadeurs traictie et accorde sur la dicte matiere certains chapitres et articles auec reseruation faicte par iceulx mediateurs et ambaxadeurs de les passer et octroyer s'il estait le bon plaisir des dictz seigneurs; et pour se reprinse journée par les ditz mediateurs et ambaxadeurs au douzième jour de ceste present moys de may en ceste ville de Lyon, en laquelle le dit jour et apres par plusieurs aultres jours se sont assemblez les dictz mediateurs et ambaxadeurs et dit prononclé et accordé sur la matière que dessoulz les chapitres et articles dont la teneur s'ensuit et est tel.

SUR LES PETICIONS et demandes faictes pour et ou nom de Mons. de Bourbon pour occasion de l'invasion et aultres damnables entreprises faites par aulcuns des subgies de Monseigneur de Sauoye ou lieu de Trevoux a la desplaisance du dit seigneur et encontre ses inhibitions et deffenses, pourparle est par les médiateurs entre les ambaxadeurs reserué le bon plaisir et voulente d'iceulx seigneurs en la forme qui sensuit.

PREMIEREMENT que tous les trouvez coupables ou qui coulpables se treuveront véritablement, demeurent abbandonnez aux gens et officiers de Monseigneur de Bourbon pour iceulx prandre par ses gens en quelque part qu'ilz seront trouuez ou bailliage de Breisse; et hors d'icellui bailliage pour tout le ducheame de Sauoye et par toute sa seigneurie, tous seront prins par les officiers de Sauoye à la seule péticion ou requeste de Monseigneur de Bourbon et de Beaujeu ou ses officiers ou messaige quelconque; et justiffie des informations, deueint sans delay estre delivrez et remis aux officiers du dit seigneur de Bourbon et leur devront confort et ayde à la conduicte des prisonniers. Et ou cas que par les officiers de mon dit Seigneur de Savoye seront trouuez les ditz abandonnez ou coulpables seront prins par iceulx à fin de remission et mectront paine et diligence les dits officiers de Savoye de prendre les ditz abandonez et delinquans et de les remectre aux officiers de Bourbon sans delay selon raison et l'accoustume du païs. ITEM que mon dit Seigneur de Savoye fera paier sur les biens des malfaicteurs toutes raincons et finances que les prisonniers prins au dit lieu de Trevoux paieront aux dictz malfaicteurs et aultres pour cause de la dicte prinse en acquitement et deliurance d'iceulx. ITEM en oultre pour les dommaiges pertes missions et despens faitz tant par mon dit Seigneur de Bourbon comme par ses subgietz fera rendre auecques effect mon dit Seigneur de Sauoye voulant justice estre accomplie, à prendre sur les cheuances des ditz malfaicteurs la somme de dix mil escuz d'or de bon or et de poys a rayson de soixante et quatre au marc a paier la moytié a la Toussains et l'autre moitié a Pasques prochainement venans. ITEM que parmi ce que dit est l'on transportera a mon dict Seigneur de Savoye tout droict et action compectant a mon dict Seigneur de Bourbon et a ses subgietz pour occasion de la dite inuasion et payement des dictes sommes dessus dictes sur les biens des ditz delinquants les personnes d'iceulx demourans en dangier de justice comme dessus est dit. ITEM que les ditz ambaxadeurs des ditz Seigneurs reservent le bon vouloir et plaisir de mes ditz Seigneurs lequel feront sauoir aus ditz mediateurs ou aucun deulx dedans le dixieme jour du mois de Juing prouchin en la ville de Lyon. LESQUELX CHAPPITRES ET ARTICLES les ditz ambaxadeurs des ditz Seigneurs derrenierement nommés tant d'un costé que d'autre en la presence de Denis Becey et Benoit Chanal notaires royaulx et aussi de la court de nous official dessus dict ce raceuans et comme personnes publiques stipulans au proffit des parties et d'aultres qu'il appartiendra, et en louant et approuant les ditz articles et chapitres les ditz juges de Breisse et Pierre de Grolée ambaxadeurs de mon dit Seigneur de Sauoye ont promis et obligié, promectent et obligent comme procureur et ou nom de procureurs de mon dict Seigneur de Sauoye en obligeant tous les biens du dict Seigneur, rendre et paier a mon dict Seigneur de Bourbon ou a son certain mandement la dicte somme de dix mil escuz d'or et autres sommes dessus dictes es termes dessus ditz a prandre sur les biens des malfaicteurs dessus dictz comme des articles et chapitres dessus incorporez est contenu. Et aussi les chancelliers bailli et juge de Forez et auditeur des comptes de Beaujeuloys comme procureurs et ambaxadeurs dessus ditz ont cédé et transporté, cédent et transportent a mon dit Seigneur de Sauoye tout le droit et action competant a mon dit Seigneur de Bourbon et a ses subgietz pour occasion de la dicte inuasion et paiement des sommes dessus dites sur les biens des delinquans et leurs personnes d'iceulx demourans en danger de justice comme dessus est dict et selon la teneur des chappitres et articles dessus incorporés. Les quelles choses dessus dites les dits ambaxadeurs tant d'un costé que d'autre, ont promis et juré es noms que dessus aux sains euangiles de Dieu et en les ames de leurs ditz seigneurs et maistres en obligant tous les biens de leurs ditz seigneurs et maistres par vertu des pouuoirs a eux donnés, que les ditz dame et seigneurs et un chacun d'eulx en tant que le touche actendront et accompliront les ditz chappitres et articles dessus incorporez et tout ce qui y est contenu selon leur forme et teneur sans jamais venir au contraire en aulcune maniere. Et en oultre ont promis juré et obligié comme dessus les ditz arbitres de mon dit Seigneur de Bourbon, que le dit Seigneur pour lui ma dite dame mon dit Seigneur de Clermont ou les leurs ne aucuns de leurs subgez ou par autre de leur sceu ou consentement, ne feront ou feront porter ou donner aucun dommaige es pais terres et subgiez de mon dit Seigneur de Sauoye pour occasion de l'inuasion et malefices dessus ditz, mais tendront et promectent comme dessus tenir quietes mon dit Seigneur de Sauoye et ses subgiez envers leurs subgiez de Treuoux dedommaiges et actions a eulx appartenans a cause des dits malefices et iceulx leurs subgiez de Treuoux faire en ce consentir en tant que besoing sera. AUSSI ont promis jure et obligie les ditz ambaxadeurs de mon dit Seigneur de Sauoye que Monseigneur de Sauoye baillera pleges souffisans de paier les sommes dessus dites et ce de dans la fin du moys de juing prouchainement venant; et en oultre ont promis d'un coste et d'autre rendre et restituer l'une partie a l'aultre dommaiges interests et despenses qui se feroient d'un coste et d'autre pour occasion des choses dessus dites non accomplies et obseruees comme dit est reserue en tout et par tout par les ditz ambaxadeurs d'un coste et d'autre les bons plaisirs et voulentez des ditz dame et seigneurs qui se rapporteront aus ditz mediateurs ou aucun d'eulx dedans le dixieme jour de juing prochainement venant en ceste ville de Lion ; et pour ces choses actendre et acomplir les ditz ambaxadeurs dessus nommes d'un coste et d'autre ont soubmiz et soubmectent les ditz seigneurs leurs seigneurs et maistres et leurs hoirs successeurs et biens quelxconques aux contrainctes et cohercions des cours de notre Saint Pere le Pape, de ses auditeurs de la cour, de nous official dessus dit, des cours du Roy notre maistre de ses baillis seneschaulx et officiers quelxconques presans et aduenir, generalment de toutes autres cours et juridictions ecclesiastiques et temporelles, quelles quelles soient, et par icelles et une chacune d'icelles ilz soient contrains ensemble on separement spirituellement et temporellement, et tout par la plus fort maniere que fere se pourra ; et pour ce ont renoncie et renoncent par foy et serement a tous droiz usaiges stiles et coustumes dont les ditz seigneurs se pourroient ou vouldroient aidier pour venir a lencontre des presentes aus quelles en tesmoing de ce nous auons fait meetre le scel de notre cour. Faictes et donnes en la grand eglise de Lion en présence de honnourables seigneurs venerables personnes religieux frere Jehan de Juys prieur de Nouille, messire Jehan Damanzie chanoine de Lyon, frere Jacques de Lanieu enfermier de Saint Yrenie, Jehan Paumier receueur a Lion pour le Roy notre Seigneur, Pierre du Rieu procureur general, et Pierre de Monrouzart secretaire du dit monseigneur l'arceuesque de Lion, et de plusieurs autres tesmoings a ce presens et appellez, le vendredj dixhuitiesme jour de may l'an de grace mil quatre cens trente ung.

SENSUIT LA TENEUR DES POUOIRS DES DITZ AMBAXADEURS DONT DESSUS EST FAICTE MENCION.

DOCUMENT N° 11.

Rapport du héraut de Savoie au conseil d'Amédée VIII sur la réponse faite à ses significations par François de la Palu, seigneur de Varembon.

(Archives générales du royaume, registre des délibérations du conseil ducal.)

Le VIII° jour de juing Annessy. En la presence de monseigneur le comte Geneve. presents messeigneurs le chancellier, le Bastard, Montmeur. Ays, Columbier, Merchand, de la Fontaynne, Urbain, Fisignier, de Thomatis, Crescherel, Grolée et le trésorier [1].

Jehan de la Chappelle dit Savoye le heyraud par le commandement de monseigneur le marexal a rappourté certaynes parolles très oultrageuses a luy comme il disoit dictes par le sieur de Varambon et les quelles par le commandement que dessus luy meismes a mises par escript en la fourme qui s'ensuit.

S'ensuyent les paroles que monsieur de Varambon a dictes a moy Savoye le heyraud.

Et premierement que jeudy heut xv jour que je arryvay a Chalon sur la Sonne ou je trovay monsieur de Varambon le quel me demanda s'il avoit gueres que j'estois partis de monseigneur et je ly respondis qu'il ly avoit bien trois sepmaynes et il me dist monseigneur est bien conseillé que mau gré en ait Dieu. Et ie ly respondis par ma foy je cuyde et scay qu'il est bien conseillé car il ha de si metables seigneurs à son conseil qu'il ne peut estre que bien conseillié. Et il me respondit il luy part bien que

---

[1] Humbert, bâtard de Savoie. — Gaspard de Montmayeur. — Humbert de Seyssel, seigneur d'Aix. — Henri du Colombier. — Pierre Marchand. — Urbain Cerisier. — Rodolphe de Fésigny. — De Thomatis. — Crecherel. — Pierre de Grolée et le trésorier.

en despit de Dieu puysse estre. Ou est Claude du Saix. Et je luy diz par ma foy je cuide qu'il doit estre aujourduy a Bourg, ainsi comme l'on m'a dit quant je y suis passé. Et il dist. Je regnie Dieu que cest home que je tueray devant monseigneur ou quelque part que je le treuve par ma foy. Au quel le diz. Monseigneur vous avez tort car je vous scay bien a dire comme conseil que monseigneur ait tenu la dessus il ny a onques esté mays ne s'est onques bougié de Breysse la ou il a estably les garnisons des compaignions que monseigneur luy a commandé. Et croy qu'il ne vouldroit estre a votre deshonneur ne dommaige ne en lieu la ou en ce vous pourchasseroit. Bien faut il qu'il serve son prince et qu'il obeysse a ses lettres. Et lors il dist. Je regnie Dieu que cest home que je tueray et d'autres que je nommeray pas maintenent. Et vueil que tu diez à monseigneur que je feray de telz feux qu'il verra bien la fumée des montaignes s'il la veult regarder, que en despit de Dieu monseigneur a il peur de Charles de Bourbon qui luy face guerre que maulgré en ait etc. Je regnie etc. il ne serat sy hardy ne ne l'oseroit entreprendre que je renie etc. Je luy feray telle guerre et ou royaulme et en Breysse que l'en ne vist onques la pareillie. et se n'y aura Challamont ne aultres places que se le voulay y entrer que le n'y entre que maulgré en ait etc. Monseigneur a grand peur est et bien conseillié et a son honneur d'aler composer à Charles de Bourbon a xxv m. escus qu'en despit de etc. puisse estre je ne fiz onques à monseigneur chose que luy deust deplayre pour quoy l'on me deust avoir fait ce que l'on m'a fait ne a personne de son pays. Mais je renie etc. et tous les saints du paradix que je mectray en tel esclandic son pays qu'il ne fust onques eu pareil. et qu'il fauldra qu'il se desclayre si en est malcontent au dernier. Et dy ardiement a messeigneurs de son conseil qu'il s'avisent bien qu'il conseilleront. car se j'eusse voulu estre desobeyssant à mon prince j'eusse bien garni mes places et de compaignons telz qu'ilz n'eussent les engeger d'ung ou de deux. mais quant monseigneur il aura peu gaynié et messeigneurs de son conseil. Et aussy je n'apelleray avant devant l'empereur devant que je feusse desers par telle manière. car ce de quoy je suis plus courroucé ce n'est que de la composicion qu'il ont faicte a Charles de Bourbon. Que je regnie Dieu s'yl ne m'en chaut pas tant de ma chevanse qu'il fait de ce. Je suis comme homme hors du sens et se ay de bons compaignons que par le saint Dieu il a deux cent ans qu'il ne partist chivallier de Savoye qui fust de si bons homes d'armes que le feray. car nous ne soumes que cxx bergues qui tous avons bon vouloir de mal fere les besoignes au quel qu'il soit. Et par Dieu quant monseigneur aura veu les lettres que j'ay de mes advoyens. il ne deuvra pas estre sy mal content contre moy comme il est. car je les ay belles et notables de monseigneur de Bourgogne son neveu et de monseigneur le régent de France. Et quant il m'eust ces parolles dictes. je luy vays respondre que trop avoit mal fait de venir prendre Trevoux. Et il me respondit qu'il n'estoit du fief ne de l'omaige de monseigneur. Et je lui demanday par ou il estoit passé a y venir et quil ne povoit passer que par dessus le pays de monseigneur. et que Trevoux non obstant ce qu'il ne feust du fief ne de l'omaige de monseigneur sy est il en les lymites de son pays. Et vous scay bien a dire que se monseigneur n'aministroit rayson et justice autant ou plus petit que au plus grant quant on le luy demande que beaucoup d'inconvéniens se feroyent en son pays de jour en jour trop plus qu'on ne fait. Pourquoy monseigneur de Varambon vous ne devez point estre malcontent des choses qu'on vous fait. car pour ma foy ce n'est que tout pour le meilleur pour vous a mon advis. et que maulgré en ait Dieu fit-il c'est bien pour le meilleur. et qu'en despit de etc. puisse estre. Je regnie etc. Se l'en ne parla grant temps tant donné qu'on fera de moy. Et pour messeigneurs jay le serment a mon tres hault excellent et puissant prince et mon tres honnouré et redoubté seigneur. Et a esté de son plaisir et commandement que je le vous aye declaré et publié ces paroles ysy que sont touchant honneur de mon tres hault excellent et puissant prince et de vous tous messeigneurs qui estes ses venerables et discretz conseilliers. Sy les vous ay dictes et non pas sy bien comme s'appartiendroit. Et ces choses que jay ouy dire au seigneur de Varambon je vous rapporte. Et y estoit Sauvertier et deux ou troys de ses serviteurs quant il me dit ces parolles et povoit estre environ la mynuyt jeudy heut xv jour comme dessus. affin de ce que puisses adviser et pourveoir selon que sera expédient a l'onneur et estat de mon très redoubté seigneur ainsi qu'a celuy le suis atenu de garde. Et vous supplic que m'ayes par escusé.

DOCUMENT N° 12.

Révélation faite à Guillaume Bolomier par Aynard de Cordon, seigneur des Marches.

(Archives de la chambre des comptes.)

Sachent tous que l'an 1453 le dimanche 4° jour de octobre Aynard de Cordon seigniour des Marches vint à Poncins descendre avec frère André de Sellons prieur d'Anthon a toustellerie de la Flour de Lix environ tierce et tantoust feit savoir le dit seigniour des Marches a Guillaume Bolomier secretayre de mon seigniour de Savoye qui lors ouyet messe qu'il ne feist pour rens qu'il ne luy venist parler car y luy vouloit descuvry certaines secretes materes qui touchoient la personne et theneance de mon dit seigniour de Savoye. Et ce ouy le dit Bolomyer après la messe alast avec le dit priour qui lestoit venu query vers le dit seigniour des Marches, le quel en la presence du dit priour luy dit soubz promesse de ne les reveler a aultre que a mon dit seigniour jusques il feust seur de soy povoir retraire en son pais les choses qui s'ensuivent.

Premierement que ung sambedy de caresme dernierement passée le dit seigniour des Marches accompagnies de son valet Angellin alant de Lyon à Trevoux pour paschcer avec messires Jacques de Cabaugnies Cagnion de la Molliere et Guillaume Reynaud chivaliers et serviteurs de messire Charles de Bourbon comte de Clermont sur la prinse quilz vouloient fere de mon dit seigniour de Savoye à Pierre Chastel le jour quil y seroit l'oubseque de messire Gaspard de Montmeour son mareschal ; en passant par lempire onz port de Vimiers envyron myjour le Gallois de Sure qui savoit sa venue et là l'atendoit, passa avec luy ou royame chevauchant une anquynée rouge qu'estoit a Claude Lonat pour alier parler et traiter sur la dite entreprise avec les dits chivaliers ; et quant il furent au port de Trevoux, les dits trois chivaliers passèrent par divers eulx et Salidot avec eulx. En la présence du dit Salidot parlarent les dits trois chivaliers ès dits seigniour des Marches et le Galois de Sure longuement de ceste matiere et débatirent assez sur la prinse de mon dit seigneur de Savoye. quar le dit Galois metoit avant que là se porroit faire à Thonon. et le contraire sembloit au dit seigniour des Marches. et finalement accorderent et concluyrent tous ensemble de prandre mon dit seigniour de Savoye au dit lué de Pierre Chastel le jour dudit obseque. Et pour ce faire le dit Galloys devoit aler demorer à Thonon en playdoyant contre Elzias de Sauze accompagnies de 3 ou 4 personnes dont lung devoit estre des gens de mon dit seigniour de Clermont et tous aux despens du dit comte, pour savoir et leur notifier le jour que mon dit seigniour partiroit pour aler au dit Pierre Chastel et s'en aler avec luy jusque au dit luc de Pierre Chastel, et lors il y auroit 12 bons compaygnions dont les six saroient avec luy continuelment près de mon dit seigniour pour scauoir quil deviendroit, et veu son longeys devoit retorné à la porte, et là ly avoit les autres six pour fere ouvrir a ceulx qui devoient venir prendre mon dit seigniour en la forme qu'il dépousa au moys de may Annessiez. Et pour ce fere mons. de Clermont au dit Galoys devoit bailler deux places au royaume bonnes jusques à la valours chescune de 500 francs par an. Et y devoit bailler a mon dit seigniour de Clermont pour fere son plaisir deux belles et fortes places sans les nomme. et estoit intencion comme il avoit parlé au dit seigniour des Marches de baillier Chastellion de Courcelles le quel y devoit eschangier a la terre de sa feme et Chastellar dernier Varey. et avec ce devoit avoir la moytié de ce que le dit seigniour des Marches en devoit avoir en argent et prisonniers. et ja paravant pour ce fere trectoit avec Jehan de Buent de luy eschangier sa terre du Daulphiné à la sienne de par decza près de Anse quest du seigniour de Saint Jehan de Bornay. et quar le dit seigniour des Marches veoit que le dit Galois continue de converser tous jours avec les serviteurs de mon seigniour de Clermont principalement à Trevoux doubtant que en ceste maniere ou aultre Monseigniour qui ne scet le vouloir du dit Galoys y peust estre deceu pour rendre son devoir le ly vouloit dire secretement à Thonon quant il y fust dererement. Mais puisque ne fust le playsir de Monseigniour de le ouyr, il ne le voult plus occulte pour paour de lesclandre que in pouroit ensuy.

Item parlast aussi au dit Bolomier la maniere de tractier de la delivrance de monseigniour de Bourbon.

Signé à l'original

AYNARD DE CORDON.

DOCUMENT N° 13.

Alia depositio dni Marchiarum et Barrie.

(Archives de la chambre des comptes.)

Subsequenter autem anno predicto currente 1434 die penultima mensis martii Chamberiaci in domo albergarie Crucis albe predictus nobilis Aynardus de Cordone dnus Marchiarum medio suo juramento ad sancta Dei evangelia corporaliter prestito, repetitus interrogatusque et examinatus per prefatos dnos Anthonium de Draconibus et Rodulphum de Feysigniaco legum doctores commissarios ut supra deputatos et hoc in presentia N. Guilliermi de Avanchiaco nostrumque Johannis de Expagniaco et Lamberti Dorerii, dixit et deposuit idem dnus Marchiarum prout alias videlicet quod descripta et contenta in ejus depositione seu memoriali per eum factis in manibus dicti Guilliermi Bolomerii sunt et fuerunt vera et quod probari poterunt per dnos Jacobum de Cabanis, Cagnionum de Moleria et Guilliermum Reynaudi milites et quemdam armigerum vocatum Salidot aliosque testes si possint haberi et veritatem dicere velint : et in hoc se obtulit dnus Marchiarum de ministrando testes ipsos, et diligentiam opportunam facere. Si vero dicti testes haberi non possint aut nollent veritatem deponere se obtulit et offert dictus dnus Marchiarum duellare contra dictum Anthonium de Sura si et ubi ordinatum fuerit hoc debere fieri : super hoc se submittens ordinacioni spectabilis militis dni mareschalli Sabaudie et venerabilis consilii prefati dni nostri data sibi dno Marchiarum debita securitate : ulterius se obtulit idem dnus Marchiarum Annessiacum personaliter accedere et dicto Anthonio de Sura contenta in dicto memoriali seu depositione dicere et improperare et nedum semel sed etiam pluries prout sibi per dictos dnos commissarios ordinatum et preceptum extiterit.

Item fuit interrogatus dictus Aynardus de Cordone dnus Marchiarum quare in primo memoriali per eum tradito seu narrato in villa Annessiaci anno proxime lapso super impreysia facta de capiendo personam prefati dni nostri ducis, non fecit mentionem de dicto Anthonio de Sura; et quare tunc non dixit quod ipse Anthonius fuerat presens et consentiens in dicta impreysia prout postmodum ut supra notifficavit : dicit et respondet quod de ipso Anthonio tunc non fecit mentionem nec eum nominavit ex eo quia cogitabat idem Aynardus quod ipse Anthonius de Sura nunquam prosequeretur ulterius contenta in dicto memoriali postquam tractatus hujusmodi devenit ad notitiam prefati dni nostri ducis ; sed quia postmodum intellexit idem Aynardus quod dictus Anthonius de Sura sepius conversabatur cum dicto dno Cagniono de Moleria qui fuerat in dicto tractatu, dubitavit quod ne ipsa tractata deducerentur ad effectum, vel aliud malum ageretur contra prefatum dnum nostrum ducem, voluit idem Aynardus postmodum detegere et dicere de dicto Anthonio de Sura que dixit. Et quia etiam in ejus prima depositione seu notifficatione dicte impreysie non fuit idem Aynardus interrogatus de dicto Anthonio ut dicit.

DOCUMENT N° 14.

Alloquutiones (sic) *invicem facte inter dnum Marchiarum et dictum Anthonium de Sura.*

(Archives de la chambre des comptes.)

Subsequenter autem anno predicto 1433 die ultima mensis martii in camera turris vocate *dou miriour* Annessiaci illic factis per dictum Anthonium de Sura responsionibus ad interrogatoria sibi per dictos dnos commissarios ut supra facta ipsi dni commissarii ut facilius premissorum veritas lucidetur prenominatum Aynardum de Cordone dnum Marchiarum ad presentiam et conspectum dicti Anthonii de Sura venire fecerunt, ut facie ad faciem ad invicem in presentia dictorum dnorum commissariorum loquerentur; et ipso dno Marchiarum dictam cameram in qua erat dictus Anthonius applicato; prefati dni commissarii dixerunt eisdem dno Marchiarum et Anthonio talia verba in vulgali seu galico videlicet dicatis unusquisque vestrum quicquid volueritis quoniam expedit premissorum habere veritatem verum quia dictus Anthonius non vult dicere veritatem vos dne Marchiarum incipiatis et narretis dicto Anthonio in nostrum presentia factum ut jacet.

Qui dnus Marchiarum tunc dixit *dicto Anthonio* : Gallesie nonne misisti pronu (sic) per quemdam prebiterum qui nuncupatur messire Tupinet ut venirem tibi loqutum versus crucem S^{ti} Sebastiani prope Lugdunum quadam circa dominicam bordarum anni proxime lapsi. Cui dictus Anthonius de Sura respondit *ego non recordor.* Et ulterius procedendo dixit ipse dnus Marchiarum. Nonne venisti tunc ad dictum locum juxta dictam crucem et ego equidem illuc accessi et in ipso loco fuimus ego et tu simul loquti. Qui Anthonius respondit etiam se non recordari.

Item dixit ipse dnus Marchiarum dicto Anthonio ipsum interrogando.

Numquid quadam alia die dicte quadragesime anni proxime lapsi prope dominicam ramispalmarum ego veni equester apud Vimier associatus Angellino famulo meo per quem te vocari feci, et tunc tu equester super quodam equo rubeo qui erat Glaudii Lonal ad me venisti et simul transivimus Saganam in portu de Vimier ad regnum. Ad que dictus Anthonius respondit dicto Aynardo dno Marchiarum : tu mentiris. Et ipse Aynardus tunc dixit ymo tu mentiris et ego dixi verum. et sic pluries et sepe se ad invicem fuerunt dementiti ad eo quod nisi dicti commissarii eis silentium imposuissent in hoc magno tempore stetissent.

Preterea dixit dictus Aynardus predicto Anthonio numquid tunc ego tu et Angellinus famulus meus equitavimus per regnum usque ad portum Trevolcii ad quem locum etiam venerunt dni Cagnionus de Moleria baillivus Bellijoci Jacobus de Cabagnies et Guillielmus Reynaudi milites ac etiam Salidoctus et ibidem nos sex fuimus simul loquti. Ad que dictus Anthonius de Sura respondit dicto Aynardo : tu mentiris. Et ipse Aynardus dicto Anthonio dixit : ymo tu mentiris et ego dixi veritatem. Sic alter alterum sepe et sepius dementiendo. Dictus etiam Aynardus dicto Anthonio dixit : numquid recordaris quod tu in dicto loco prope portum Trevolcii tu fuisti loqutus Johanni veteris de Monteluppello habitatori Trevolcii et ipsum tetigisti in manu : Cui Anthonius tunc respondit tu mentiris. Et dictus Aynardus dixit ymo tu mentiris et ego dixi verum.

Item dixit idem Aynardus dicto Anthonio : Numquid tunc quando sic equitabamus per regnum super venerunt duo juvenes prebiteri de S^{to} Germano qui ibant per viam et tu dixisti : ego irascor quod isti duo prebiteri viderunt nos quia ipsi bene cognoscunt me. Et ipse Anthonius tunc dicto Aynardo respondit tu mentiris. Dictusque Aynardus dicto Anthonio dixit : ymo tu mentiris et ego dixi verum. Et sic alter alterum sepe et sepius fuerunt dementiti.

Item dixit ulterius idem Aynardus dicto Anthonio : Numquid dicto tempore quadragesimali anno proxime lapso veniendo de dicto portu Trevolcii equitavimus ego tu et Angellinus versus domum Guillielmi de Sura dicti Reverchon et tu jejunabas ego autem cenavi et comedi pisces in salamina et jalleata. Qui Anthonius respondit dicto Aynardo tu mentiris quia tempore quadragesimali anno lapso ego non fui tecum in domo Guillielmi Reverchon. Ymo tu mentiris. Sicque super hoc se fuerunt multotiens dementiti.

Item dixit dictus Aynardus dicto Anthonio : Numquid in crastinum dum eramus in dicta domo venit de mane Salidoctus quando separabamus ab ipsa domo. Qui dictus Anthonius respondit : tu mentiris. Et dictus Aynardus dicto Anthonio respondit ymo tu mentiris. Alter alterum et econtra multotiens dementiendo.

Item dixit dictus Aynardus dicto Anthonio : Numquid tunc quando separabamus a dicta domo ego Salidoctus et Angellinus equitavimus versus Lugdunum et tu solus versus Vimier equitasti. Qui Anthonius respondit et dixit tu mentiris. Et dictus Aynardus respondit : ymo tu multotiens. Se super hoc dementientes. Et insuper dixit dictus Aynardus de Cordone dnus Marchiarum quod legeretur depositio alias per ipsum in manibus honorabilis viri Guillielmi Bolomerii prefati dni nostri Ducis facta, in galico scripta, et manu ipsius dni Marchiarum subsignata.

Quamquidem depositionem prefati dni Commissarii in presentia dictorum Aynardi et Anthonii ac etiam nostrum et testium subscriptorum legi fecerunt de verbo ad verbum. Quequidem depositio incipit in sua prefatione. *Sachent tous que l'an 1453 la dimanche 4 jour de octobre Aynard de Cordon*, etc. Cujus etiam depositionis tenor jam superius est insertus in alia ipsius dni Marchiarum depositione in manibus nostrum dictorum Johannis et Lamberti die 18 mensis martii proxime lapsi facta. Pretereaque lecta dicta depositione dixit dictus dnus Marchiarum in presentia quorum supra, contenta in eadem depositione fore et fuisse vera, dicens etiam quod dictus dnus Jacobus de Cabagnies affirmabat cum dicto Anthonio de Sura quod prefati dni nostri Ducis persone captio fieri poterat Thononii. Et ipse Aynardus ac dni Cagnionus de Moleria et Guillielmus Reynaudi milites ac etiam dictus Salidoctus contrarium asserebant.

Ad que dictus Anthonius de Sura dicto Aynardo respondit et dixit : tu mentiris. Et dictus Aynardus dixit ymo tu mentiris et ego dixi verum et sic alter alterum super hoc multotiens se fuerunt dementiti : dictusque dnus Marchiarum dixit eidem Anthonio qualiter potes dicere contrarium quia ista est veritas et probatur ac etiam melius probabitur. Dictusque Anthonius persistens in opinione sua semper denegabat dicta et deposita per dictum Aynardum dnum Marchiarum. Dicens ulterius dictus Anthonius dicto dno Marchiarum : jacta et pone gagium tuum et videbis si ipsum levabo. Dicendo etiam eidem Aynardo talia verba *impley ta charogny quar tu ne peus prover ja autrement par prodome.* Cui respondens dictus dnus Marchiarum dixit : ego in hoc stabo consilio tuo sed habebo consilium aliorum. Etiam non debeo jactare gagium quia non veni ut accusator sed pro portando testimonium veritati.

Subsequenter vero prefati dni Commissarii dictis Aynardo et Anthonio dixerunt vos ambo alias obtulistis erga nos quilibet separatim velle ad invicem duellare : unde Gallesie, hic est dnus Marchiarum : quid dicitis, vultis duellare. Qui Gallesius seu Anthonius de Sura respondit : sum paratus hoc facere meque deffendere per duellum de hiis que ipse dicit contra me. Et super hoc stare cognitioni et ordinationi dni Marescalli Sabaudie coram eoque me presentare, diebus horis et locis per ipsum statuendis et assignandis dum modo sim in libertate. Indeque dixerunt dicto Aynardo : Et vos dne Marchiarum quid dicitis. Qui respondit et dixit quod jam per eum dicta et deposita sunt vera et probabuntur. Et casu quo predicta non probarentur et verifficarentur plene et sufficienter, etiam se submisit cognitioni et ordinationi dicti dni Marescalli Sabaudie et venerabilis Consilii prefati dni nostri Ducis et in ejus presentia venire et comparere diebus horis et locis per ipsum dnum Marescallum aut ejus parte, eidem Aynardo assignandis et notifficandis et contra dictum Gallesium pro premissorum verificatione et veritate duellare et duellum sumere si et in quantum cognitum et ordinatum fuerit pro predicto casu per prefatum dnum Marescallum et consilium prefati dni nostri Ducis dum modo etiam eidem Aynardo daretur securitas debita salvi conductus et hostagii similis vel equivalentie eidem presentialiter per dominos de Consilio tradicta et tradicti de veniendo et se presentando coram predicto dno Mareschallo et consilio prefati dni nostri Ducis. Et si in duello victor extiterit vel alias duellum locum non haberet quod tute posset reverti. Sed si in duello subcomberet ipso casu non vult ipse Aynardus se posse juvare aliqua quavis securitate eidem prestita vel prestanda sed quod de ipso fiat ut de victo in casu duelli fieri debet et quod eo casu libere relaxetur ille qui in hostagio sibi Aynardo tradictus fuerit.

Prefati vero dni Commissarii premissis auditis citra tamen prejudicium hujusmodi processus per eos incohati, dictas promissionem et submissionem acceptaverunt si et in quantum potuerunt teneanturque et debeant offerentes se premissa dicto dno Marescallo notifficare ut ipse suis loco et tempore possit et valeat deliberare procedere et providere quod et prout eidem videbitur faciendum. Post hec autem et incontinenti, dictus Anthonius de Sura postulavit et requisivit se relaxari a detentione in qua est paratum se offerendo cautionem ydoneam prestare usque ad majorem summam quam sit valor omnium bonorum suorum ac etiam ejus persone, requisiit etiam dictum dnum Marchiarum personaliter detineri actenta ejus confessione suprascripta et enormitate casus hujusmodi.

Ipsi inquam dni commissarii super hiis omnibus se paratos obtulerunt facere quod debebunt secundum justiciam et honestatem. Acta et dicta fuerunt premissa anno die et loco suprascriptis presentibus nobilibus Guillielmo de Avanchiaco et Anthonio de Vulpillieriis Vicecastellano Annessiaci honestoque viro Ludovico de Barralibus notario clerico curie dicti loci Annessiaci et nobis Johanne de Expagniaco et Lamberto Dorerii superius et infranominatis.

DOCUMENT N° 15.

Acta prima inquisitionalis processus contra Anthonium de Sura formati.

(Archives de la chambre des comptes.)

1. In primis super eo quod pridem de anno Dni 14... vigente guerra inter communitatem Avinionensem nomine dni nostri pape ex una parte et dnum Bussicandum parte ex altera et tempore quo prenominati de Avinione nomine predicto obsesserunt villam et castrum de Luirone quas pro tunc tenebat dnus Bussicandus predictus; prenominati Aynardus de Cordone et Anthonius de Sura se ad invicem associaverunt et societatis juramentum alter alteri prestiterunt et econtra volentes et patiscentes ex tunc in antea et per imperpetuum esse socios et complices ad invicem in omnibus actibus negociis tractatibus prodicionibus et aliis quibuscumque occurrentibus inter ipsos promiseruntque suis corporalibus juramentis et sub fide corporum suorum dicte communitati Avinionensi quo supra nomine durante dicta guerra Luironis bene et fideliter servire contra dictum dnum Bussicandum et ejus sequaces et sibi adherentes; et de hujusmodi servicio fuit eisdem Aynardo et Anthonio pro se et suis sociis et servitoribus de suis stipendiis plenarie et integre satisfactum per capitaneum dicte guerre seu alium ejus nomine et ita est verum notorium et manifestum.

2. *Item* super eo quod cum dictus dnus Bussicandus in dicto castro Luironis sic foret obsessus et ipsum castrum tenere non posset sicque dubitaret prout merito dubitandum erat ne ipse dnus Bussicandus ad manus dictorum suorum inimicorum deveniret et captivaretur, tunc dicti inquisiti videlicet Aynardus et Anthonius false proditorie et dolose tractatum fecerunt cum dno Bussicando seu suis gentibus mediantibus nonnullis pecuniarum quantitatibus sibi solvi promissis, ipsum servandi extraque dictum locum Luironis latenter et occulte conducendi contra eorum

proprium juramentum et promissionem veniendo et in penam juris incidendo et ita est verum notorium et manifestum.

3. *Item* super eo quod anno Dni 1431 de mense jullii seu augusti dictus Anthonius cupidinis avaritie illaqueatus ausu ejus temerario cum suis complicibus in itinere publico inter Lugdunum et Sanctum Symphorianum Doujon Heliam de Sazo et Rostagnum de Venescha cives avinionenses tunc associantes dnam Uriandam dicte Helie sororem more hostili captivavit et per multa et diversa loca patrie et ditionis tam prefati dni nostri ducis quam etiam Dalphinatus captivatos duxit et preysonerios tenuit certo tempore, ut plenius in quibusdam processibus inde super hoc factis tam per me dictum Johannem de Expagniaco quas alias inde continetur super quibus processibus idem Anthonius debite fuit examinatus juratusque dicere veritatem nec propterea dixit sed semper negavit veritatem ut clare probatur per tenorem dicti processus, compositionemque fecit cum dno perjurium per predicta commictendo et ita est verum notorium et manifestum.

4. *Item* in eo de eo et super eo quod dictus Anthonius de Sura examinatus sepius occasione delictorum plurium per ipsum perpetratorum non verecondatus fuit veritatem negare et falsum asserere non obstantibus juramentis et adjuracionibus per ipsum tam verbo quam scriptis factis et prestitis.

5. *Item* super eo quod dictus Anthonius inquisitus propter captionem et alia de quibus in articolo precedenti et inquisitionis processu in eodem articulo mentionata multotiens et sepe citatus fuit et ex inde multas et varias penarum quantitates commisit et in eisdem ejus exigentibus contumanciis et inhobedientiis extitit condempnatus. Et propterea prefatus dnus noster dux commisit et mandavit domos fortes seu castra Marchiarum et Barie dicti Aynardi nec non domum fortem seu castrum Castellarii prorsus disrui et demoliri et solo adequari sic quod proinde in eisdem nullum receptaculum haberetur et alias fieri prout in mandamentis dominicalibus super hoc emanatis plenius continetur et ita est verum notorium etc.

6. *Item* super eo quod dictus Anthonius de Sura inquisitus occasione et causa dicte captionis per ipsum et suos complices, ut in tribus precedentibus articulis et processu in eisdem mentionato describitur, facte; et penarum acque rebellionum per eumdem propterea commissarum personaliter captus et incarceratus fuit acque detentus certo tempore justicia mediante, et ejus bona ad manus prefati dni nostri redacta fuerunt et sequestrata. Et ita est verum notorium etc.

7. *Item* super eo quod dictus Anthonius a premissa detencione citra et

multociens et in diversis locis et coram pluribus personis fide dignis dixit et se jactavit quod ulterius non haberet in dominum suum prefatum dnum nostrum ducem, sed omnia bona sua que habet penes juridicionem prefati dni nostri ducis venderet seu permutaret, et inde extra patriam et dicionem ejusdem dni nostri mansurus accederet et ipsam absentaret maliciose et injuriose dicendo contra veritatem quod ipse extiterat per eumdem dnum nostrum et ejus consilium ruditer et minus juste tractatus premissorum occasione ut tractatum predictum ad effectum deduceret. Et ita est verum notorium etc.

8. *Item* super eo quod ipse Anthonius in ejus malitia et malo proposito perseverans postquam a detentione liberatus fuit tractavit et tractari fecit cum nonnullis personis de vendendo seu permutando et alias alienando omnia bona immobilia que ipse Anthonius possedebat in territorio et dicione ducatus Sabaudie cogitans in ejus nequissimo animo actentare et facere ea que posset contra prefatum dnum nostrum ducem et ejus honorem. Et ita est verum notorium etc.

9. *Item* super eo quod dictus Anthonius de Sura delatus totis temporibus vite seu maxime a viginti annis citra continue fuit pessime conversationis et vite, rixosus, verbosus, mulierum raptor et violator in stratisque publicis quam plures homines hinc et inde ad sua negotia euntes, capiens depredans et cum cruciatu corporis flagellans et redimi faciens de pluribusque aliis delictis et criminibus inter ejus notos et vicinos est publice diffamatus et pro tali tenetur et reputatur. Et ita est verum notorium et manifestum.

10. *Item* super eo quod dictus Anthonius de Sura delatus, animo nequiter indurato, false et dolose in sua malicia perseverans sp^{em} militem dnum Petrum de Balma dnum Ruppis, dou Vannel, Datalens et Montisblodii; fidelem prefati dni nostri ducis tenentemque de feudo et sub homagio nobili et ligio ab eodem duo nostro dicta castra Montisblosii et Datalens a duobus annis citra vel circa, nixus fuit si reperire potuisset qui adnodiasset captionem eumdem capi facere et extra patriam duci fecisset castrumque predictum Montisblodi malivolis prefati dni nostri ducis et dicti dni Petri inviclavit tradere et ipsos intra illud ponere nec per ipsum remansit quin premissa dolose adimpleverit falsum per predicta commictendo et penam juris incurrendo. Et ita est verum notorium et manifestum acque pubblica vox et fama.

11. *Item* super eo quod dictus Anthonius de Sura dudum in domo sua Castellarii receptavit et tenuit in preysonerium et captivatum certo tempore quendam dictum Poial carceres privatos faciendo pro quo delicto ut

ex tenore processus contra ipsum formati dictam domum Castellarii sententialiter per consilium cum dno nostro duce residente ordinatum fuit disrui demoliri et solo adequari debere et ita et verum notorium et manifestum.

12. *Item* super eo quod predicta omnia et singula sunt vera notoria et manifesta et de ipsis est pubblica vox et fama inter ejus notos et vicinos.

DOCUMENT N° 16.

Acta cause dni procuratoris fiscalis contra Anthonium de Sura nuncupatum Galleys domicellum, filium quondam nobilis Galesii de Sura et alios qui de infrascriptis poterunt quomodolibet reperiri culpabiles. Fama publica ac etiam infamia refferente et clamore valido super hoc insurgente de et super infrascriptis.

(Archives de la chambre des comptes.)

Anno Dni 1434 die vero 1ª mensis martii fuit intitulatus et formatus presens inquisitionalis processus qui fit et fieri proponitur ex mero officio curie ill^{mi} principis dni nostri ducis Sabaudie per venerabiles et egregios viros dnos Anthonium de Dragonibus et Rodulphum de Faysigniaco legum doctores commissarios a venerabili consilio prefati dni nostri ducis cum eo residente specialiter in hac parte deputatos assumptis cum eisdem et presentibus nobis Johanne de Expagniaco Gebennesii et Lamberto Dorerii Terre Gali procuratoribus juxta formam dicte commissionis de qua constat litteris patentibus a prefato venerabili consilio emanatis et inferius de verbo ad verbum insertis contra et adversus dictum Anthonium de Sura communiter nuncupatum Galesium de Sura domicellum et alios qui de infrascriptis poterunt quomodolibet reperiri culpabiles fama publica ac etiam infamia referente et clamore vallido super hoc insurgente de et super infrascriptis.

1. *In primis* super eo quod dictus Anthonius de Sura tenet et tenuit multis annis proxime lapsis infra ducatum Sabaudie et penes juridicionem prefati dni nostri ducis multa bona de feudo ligio prefati dni nostri moventia seu existentia, videlicet domum fortem seu castrum Castellarii unacum domo et tenemento de Sura earumque pertinentiis et multis aliis bonis et ita est verum notorium et manifestum et de ipsis est publica vox et fama.

2. *Item* super eo quod dictus Anthonius inquisitus est fuitque ipse et

ejus progenitores tam pro personis suis quam etiam pro rebus et bonis feudalibus predictis homines ligii et vassalli prefati dni nostri ducis Sabaudie et illustrium bone memorie dnorum nostrorum quondam comitum Sabaudie ejus predecessorum ac de ipsorum omnimoda juridicione homagiumque ligium et fidelitatis juramentum prestitit prefato dno nostro duci, et ita est verum notorium et manifestum ac de ipsis est publica vox et fama.

3. *Item* super eo quod dictus Anthonius maligno spiritu imbutus, anno proxime lapso Dni 1433 ausu suo temerario colloquium cum nonnullis complicibus suis malefactoribus impreysiam fecit proditorie capiendi prefati dni nostri ducis personam et eum extra ejusdem dni nostri patriam ducendi ipsumque captivum detinendi ejusque personam cruciandi et de ipso quicquid eidem placuisset mali et proditionis faciendi ad ejus malum propositum adimplendi, et ita est verum notorium et manifestum et de ipsis est publica vox et fama.

4. *Item* super eo quod ipse Anthonius in dicto ejus doloso malo et iniquo proposito perseverans volensque ejus nequissimum propositum et prodictionem ad effectum deducere tam in villa et locis Trevolcii et Vimiaci quam etiam alibi se cum nonnullis suis complicibus malefactoribus eidem adherentibus consilium et favorem prebentibus ad invicem congregaverunt conspiraverunt tractaveruntque et pepigerunt et cum ipsis ad invicem concluserunt, videlicet quod ipse Anthonius de Sura delatis cum suis complicibus personam prefati dni nostri ducis violenter et proditorie caperet et captum detineret cruciaret et de ipso ad ejus libitum malum faceret et disponeret mediantibus certis muneribus et premiis et conventis, et ita est verum notorium et manifestum.

5. *Item* super eo quod prefatus dnus noster dux anno proxime lapso tempore quadragesimali proposuit et disposuit accedere personaliter ad monasterium Cartusiense Petre Castri pro fiendis ibidem sepultura et obsequiis sp^{lis} militis dni Gaspardi de Montemajori quondam marescalli Sabaudie, et ita communiter dicebatur et tenebatur in patria Sabaudie dicti dni nostri, et ita est verum notorium et manifestum.

6. *Item* super eo quod dictus Anthonius de Sura dicto anno proxime lapso quadam die quadragesimali tempore cum nonnullis malefactoribus Trevolcii vel alibi congregatis causa animoque et intentione dictam machinationis prodictionem tractandi et ad effectum deducendi, ad invicem loquti sunt et deliberaverunt videlicet, quod dictus Anthonius de Sura deberet ire moraturus Thononium ubi tunc prefatus dnus noster dux suam mansionem faciebat et ibidem associatus esset ipse Anthonius de tribus

vel quatuor hominibus et hoc pro sciendo diem certam qua prefatus dnus noster dux ad dictum locum Petre Castri causa premissa venturus erat et ne dicta machinatio detegeretur arrestaverunt quod ipse Anthonius in curia dicti dni nostri ducis litigaret contra Elzianum de Sazo civem avinionensem pretextu captionis Helie de Sazo filii dicti Elziani et Rostagni de Benescha per Eynardum de Cordone et ipsum Anthonium de Sura dudum captivatorum et ibidem staret donec sciret ipse Anthonius recessum prefati dni nostri ducis et ita est verum notorium et manifestum.

7. *Item* super eo quod supra nominatus Anthonius inquisitus, cum dictis malivollis malefactoribus etiam arrestavit et conclusit animo deliberato quod ipse Anthonius cum aliis suis dicte machinationis complicibus malefactoribus mandaret et notificaret diem certam qua prefatus dnus noster dux in dicto loco Petre Castri personaliter adesset, et quod ipse Anthonius sub umbra et velamine dicti litigii cum prefato dno nostro duce ad dictum locum Petre Castri veniret et ibidem 12 fortes socios malefactores secum haberet, quorum sex cum ipso Anthonio continue stare debebant prope personam prefati dni nostri ducis, alii vero sex socii prope portam dicti monasterii etiam stare debebant et ipsam portam facere apperiri ceteris eorum sociis ut prefatum dnum nostrum ducem caperent violenter et prodictorie et extra patriam suam ducerent, ut ipseque inquisitus eumdem dnum nostrum captivum detineret cruciaret et maletractaret, et de ipso quicquid mali et prodicionis voluisset fecisset, crimen lese majestatis et penam a jure contra tales talia facientes statutam per predicta commictendo et in eam incidendo.

8. *Item* super eo quod dicti inquisiti totis viribus ipsorum conati fuerunt et operam dederunt jugiter personam prefati dni nostri ducis capere et extra patriam suam captivatum ducere, ipsumque cruciare maletractare et quicquid prodicionis et mali voluissent facere et disponere, estque et fuit absque eo quod per ipsos inquisitos steterit quominus ipse dnus noster dux caperetur et captus maletractaretur sed clementia divina favente, premissa contra eum sic proposita et actentata ad noticiam dicti dni nostri ducis devenerunt, et eisdem nequissimis prodicionibus et machinationibus obviatum extitit. Et ita est verum notorium et manifestum.

9. *Item* super eo quod ipse Anthonius inquisitus ab uno anno novissimo lapso citra, multotiens et sepe et diversis locis in presentia plurium notabilium personarum fide dignarum disportive et sponte dixit quod ipse Anthonius inquisitus cum nonnullis suis complicibus fecerat predictam impreysiam dictum dnum nostrum ducem capiendi ipsumque extra ejus

patriam ducendi et maletractandi, et quicquid voluisset faciendi et ita est verum notorium etc.

10. *Item* super eo quod dictus Salidot et certi alii tam conjunctim quam divisim in multis et diversis locis in presentia multarum nobilium personarum dixerunt et appellaverunt, quod dictus Anthonius de Sura inquisitus assumpserat in se onus conducte captionis persone prefati dni nostri ducis Sabaudie et quod mirabatur ex eo quod dictus Anthonius occasione dicti tractatus et machinationis jam diu est captus, et inde super hoc justicia ministrata de eodem non extiterat, et ita est verum notorium et manifestum.

11. *Item* super eo quod premissa omnia et singula sunt vera notoria et manifesta estque de ipsis publica vox et fama inter ejus notos et vicinos.

Et ut premissorum veritas melius et clarius reperiri posset contra dictum inquisitum de predictis machinationibus et prodicionibus totaliter culpabilem, traduntur pro parte dicte curie articuli indicionales infrascripti de et super quibus et singulis contentis in eisdem inquiritur etiam et fit inquisitio per nos dictos commissarios ex officio curie predicte contra et adversus prenominatum inquisitum omnesque alios qui de eisdem poterunt quomodolibet reperiri culpabiles.

DOCUMENT N° 17.

Alii articuli additionales.

(Archives de la chambre des comptes.)

Adherendo contentis in aliis articulis hujusmodi inquisitionalis processus suprascriptis ut appareat dictum Anthonium de Sura fore concium et culpabilem de interpreysia et machinatione superius memoratis, et ad interrogatoria sibi per dictos commissarios ut supra primo facta mendaciter respondidisse penasque sibi de respondendo veritatem impositas commisisse ad omnemque finem et effectum pro jure fiscali et veritate machinationis de qua supra fit mentio comperienda meliores traduntur articuli subscripti.[1]

12. Quod dictus Anthonius quadam die de mense januarii hujus anni 1434 personaliter fuit captus occasione et pretextu dicte machinationis et interpreysie de quibus inculpabatur et inculpatur, et sic ibidem captus fuit per spectabilem virum dnum Petrum de Balma militem de mandato et ex commissione sibi factis per prefatum dnum nostrum ducem seu ejus venerabile consilium. Qui dnus Petrus eumdem Anthonium capiendo dixit quod eum capiebat ex parte prefati dni nostri ducis. Et ita est verum.

13. *Item* quod ipse Anthonius de Sura die qua fuit captus incontinenti post ejus captionem et antequam dictus dnus Petrus de Balma vel alius eorum qui secum erant ad capiendum dictum Anthonium dixisset vel alius notifficasset eidem Anthonio occasionem propter quam sic capiebatur, sentiens idem Anthonius se concium et culpabilem de dicta machinatione et tractatu dixit in presentia multorum talia vel similia verba in vulgali seu galico : Videlicet hoc michi facit socius meus dnus Marchiarum

---

[1] Les 11 premiers n°° de ces articles additionnels, qui sont au nombre de 22 dans le document original, n'étant qu'une répétition littérale des dépositions d'Aynard de Cordon n°° 12 et 13, nous jugeons inutile de les reproduire ici.

qui me tradidit et ille traditor Morellctus; tamen non ero suspensus quia reperiam qui me fidejubebit usque ad centum milia scutos. Et ita est verum etc.

14. *Item* quod ipse Anthonius post dictam ejus captionem sentiens se ut supra de premissis in eorum intitulatis culpabilem in dicto loco de Vimier dixit dicta die qua captus fuit ibidem Claudio Lonati tunc ibidem existenti quod ipse in dicta villa moveret forcridum; et hoc fecit et faciebat ipse Anthonius ut a manibus illorum qui ipsum capiebant evaderet et in justicia de dicta machinatione ministraretur. Et ita est verum notorium et manifestum.

15. *Item* quod dictus Anthonius post dictam ejus captionem dicto Claudio Lonat ac etiam Lionardo Dar et Stephano Berthodi habitatori de Vimier olim ipsius Anthonii servitori seu alteri seu aliis ipsorum trium loquutus fuit et dixit quod irent, seu alter ipsorum accederet ad dictum dnum Cagnionum de Moleria, et eidem dno Cagniono mandavit nonnulla ad obviandum quod ipse dnus Cagnionus dictique dni Jacobus de Cabanes et Guillelmus Reynaudi milites et dictus Salidot super hujusmodi tractatu et machinatione non testifficarentur. Et ita est verum etc.

16. *Item* quod dictus Anthonius de Sura anno proxime lapso dum scivit dictam machinationem et interpreysiam ad notitiam prefati dni nostri devenisse et ipsum dnum Marchiarum retulisse et dixisse quod fuerat consentiens, scripsit et mandavit dicto Aynardo de Cordone per quandam literam clausam manu ipsius Anthonii scriptam quod ipse Aynardus dnus Marchiarum patriam Sabaudie abstentaret et in eadem non maneret, et hoc fecit ipse Anthonius ad obviandum ne ipse dnus Marchiarum qui jam de premissis erat inculpatus caperetur et veritatem diceret de eadem machinatione contra ipsum Anthonium de quo ad dicti dni nostri ducis seu ejus venerabilis consilii noticiam seu auditum nundum pervenerat quod ipse Anthonius in eadem machinatione consensisset. Et ita est verum etc.

17. *Item* quod dictus Anthonius de Sura vidit dnos Jacobum de Cabanis, Cagnionum de Moleria et Guillielmum Reynaudi milites, et cum ipsis loquutus fuit prope portum Trevolcii a parte regni in quodam ponte quadam die anni proxime lapsi tempore quadragesimali, et eis dixit hec verba vel similia in galico: Videlicet quomodo gubernatis vos in consilio dni comitis Clarimontis quia dnus dux Sabaudie incontinenti scit omnia que dicuntur in consilio ipsius dni Clarimontis. Et tunc dicti dni Jacobus et Cagnionus obtulerunt eidem Anthonio dare certum premium ut ipse diceret eis per quem premissa notifficabantur, et multa alia ibidem tunc fuerunt loquuti predicti milites cum ipso Anthon'o. sicque dictus Anthonius

ad 1ᵐ 5ᵐ 7ᵐ 9ᵐ et 14ᵐ interrogatorium sibi per dictos dnos commissarios ut supra primo facta veritatem occultavit et penas super hoc sibi impositas ac etiam perjurium commisit.

18. *Item* quod dictus Anthonius de Sura loqutus fuit dicto anno proxime lapso tempore quadragesimali cum dicto Salidot tam in presentia dictorum trium militum quam alterius eorumdem et tam in loco designato in precedenti articulo quam alibi, sicque ad 16ᵐ articulum interrogatorium per dictos dnos commissarios in principio hujus processus sibi factum veritatem negavit et mendaciter respondidit, penas super hoc sibi impositas et perjuriam committendo.

19. *Item* quod dictus Anthonius de Sura anno proxime lapso fuit loqutus ad partem in dicto loco mentionato in duobus precedentibus articulis Johanni Veteris de Monteluppello et ibidem cum ipso Johanne Veteris fuit visus et auditus loquens dictus Anthonius ad partem et secrete et per consequens mendaciter respondit idem Anthonius ad 21ᵐ interrogatorium per dictos dnos commissarios sibi factum, ubi negavit fuisse loqutus ad partem dicto Johanni Veteris dictam penam et perjurium committendo.

20. *Item* quod post incobatum litigium inter dictum Anthonium de Sura et Anthonium de Cordone fratrem dicti dni Marchiarum pretextu officii Castellanie Vimiaci et etiam a festo beati Andree anni proxime lapsi currente 1433 dictus Anthonius de Sura conversatus fuit et loqutus exstitit graciose cum dicto Aynardo de Cordone dno Marchiarum absque eo quod ipsi Anthonius et Aynardus habuerunt inter se aliqua verba injuriosa seu maliciosa, nisi duntaxat a tempore quo ipse Anthonius per dictum dnum Petrum de Balma ut supra captus fuit. Et sic mendaciter respondit dictus Anthonius ad 25ᵐ interrogatorium ubi dixit se non fuisse loqutus cum dicto Aynardo post dictum incobatum litigium nisi maliciose et injuriose.

21. *Item* quod dictus Anthonius de Sura dicto anno proxime lapso tempore quadragesimali super quodam equo gradario rubeo quem sibi acomendaverat Glaudius Lonat de Vimier equitavit in regno cum dictis Aynardo de Cordone et Angellino ejusdem Aynardi famulo et sic cum eis equitans fuit visus per multos fidedignos et tunc simul ipsi tres per portum Vimiaci transierunt ad regnum unde apparet et verum est quod dictus Anthonius mendaciter respondit ad 29ᵐ et 39ᵐ interrogatoria ubi negavit equitasse dicto tempore per regnum in societate dicti Aynardi et Angellini vel alterius ipsorum dictas penas et perjurium committendo.

22. *Item* quod premissa omnia et singula sunt vera notaria et manifesta et de ipsis omnibus et singulis est publica vox et fama.

DOCUMENT N° 18.

Confessio per dictum Anthonium de Sura in tortura et post facta.

(Archives de la chambre des comptes.)

Anno dni 1434 die 3 septembris in castro Aquiani in aula magna superiori a parte lacus constitutus personaliter Anthonius de Sura dictus Galoys in presentia egregiorum dnorum Anthonii de Draconibus et Rodulphi de Feysigniaco commissariorum et judicum cause inquisitionalis processus hujusmodi nec non dni Petri Carterii et Johannis de Aveneriis secretariorum illme Sabaudie dominationis, Petri de Lugrino domicelli Vicecastellani Aquiani et nostrum Johannis de Expagniaco et Lamberti Dorerii infrascriptorum, ibidemque tortura preparata, dicti dni judices eidem Anthonio dixerunt et explicaverunt quod per ipsos dnos judices actentis indiciis contra ipsum Anthonium ex tenore dicti processus resultantibus et clare patentibus, idem Anthonius fuerat ad torturam poni debere per interlocutoriam sentenciatus, et quod ab ipsa interlocutoria per procuratorem ipsius Anthonii fuerat appellatum ad venerabile consilium cum prefato dno nostro duce residentem, prosecutaque hujusmodi appellacionis causa, prefatum ven^{le} consilium per suam sententiam pronunciaverit dictam sententiam torture bene fuisse prolatam et ab eadem male appellatum, dicentes ulterius quod cum ipse Anthonius veritatem huc usque confiteri minime curaverit quod oportebat dictam sententiam execuquoni demandare et ipsum Anthonium questionibus et tormentis subici, nisi ipse Anthonius aliter vellet confiteri veritatem.

Quiquidem Anthonius tunc dixit dictam sententiam ipsorum dnorum judicum male fuisse latam et quod ab eadem appellabat, seque in ejus responsionibus super dicto processu factis veritatem dixisse. Et quod si supra jam per eum responsis aliter diceret quod in dictis responsionibus ejus contineatur, hoc diceret contra veritatem : indeque in execucione dicte eorum sententie fuit dictus Anthonius de precepto dictorum dnorum judicum ibidem ligatus manibus retro dorsum ejus et compedibus ferreis in suis tibiis existentibus sursum tractus et elevatus cum quadam corda et incontinenti dicto Anthonio sic elevato per altitudinem unius teysie vel circa nulla sibi data cavalata ipse Anthonius rogavit dictos dnos judices quatenus eum deponi et inferius reduci super terram facerent, quoniam ipse omnimodam veritatem quam sciebat de contentis in dicto processu confiteretur et diceret.

Qui tunc dicti dni judices dixerunt : expedit quod tu dicas veritatem antequam discendas et deponaris ad terram ex quo tam diu ipsam veritatem celasti et tunc dictus Anthonius dixit : verum est quod ego fui consentiens de dicta impreysia et machinatione de qua in processu fit mentio supplicando continuo dictis dnis judicibus et commissariis quatenus ipsum vellent descendi facere ad terram quoniam magis et clarius veritatem premissorum confiteretur et diceret. Et illico dicti dni judices jubserunt ipsum descendi et ad terram poni, indeque graciose descensus a dicta elevatione, et deligatis manibus, sedens in dicta aula in quodam scanno idem Anthonius de Sura medio suo juramento ad sancta Dei evangelia corporaliter prestito eidemque imposita pena confiscationis ipsorum bonorum suorum dixit et confessus est ut sequitur.

1° Videlicet verum esse quod anno nuper lapso 1433 tempore quadragesimali circa medium quadragesime quadam die de qua non recordatur, ipso Anthonio et Aynardo de Cordone separantibus ab abbatia seu monasterio Insule Barbare et simul equitantibus a parte imperii, ipsoque Anthonio volente tunc ire ad villam de Vimier et dicto Aynardo apud Lugdunum cum fuerunt super portu insule predicte idem Aynardus dicto Anthonio dixit verbis vulgalibus : Ego bene volebam et proposueram tibi loqui de uno maximo negocio, sed de presenti non dicam tibi ; ymo dum primum venies Lugdunum facias michi scire adventum tuum et ego dicam tibi. Deinde ab invicem separaverunt a dicto loco et dictus Aynardus ivit Lugdunum et ipse Anthonius apud Vimiacum et ulterius post lapsum 2 aut 3 dierum idem Anthonius fuit in loco de fontanis prope Lugdunum pro quibusdam suis negociis secum existente quodam dno Amedeo de Rochon prebitero alias Tuppinet quem disposuerat mittere apud Lugdunum, et illi dixit : Dne Amedee postquam vos vaditis Lugdunum, dnus Marchiarum pridie michi dixit quod ipse volebat aliqua michi loqui; ego ibo vobiscum usque ad crucem Sancti Sebastiani et vos facietis ipsum ad me venire ad ipsam crucem. Quod et factum fuit. Quibus Aynardo et Anthonio in eodem loco simul existentibus dictus Aynardus dixit sibi Anthonio : Vide Galesie ego volo tibi apperire et dicere illud quod ego pridie nolui tibi apperire. Verum tamen res est magna ardua et magni ponderis et periculi, et non oportet illam alicui detegere sed est bene secrete tenenda.

Cui dictus Anthonius tunc respondit quod non oportebat eum dubitare quod ipse illam cuiquam revelaret. Quiquidem Aynardus tunc eidem dixit : Vide tu scis qualiter dnus meus dux me et te maletractavit et quomodo ipse detinet michi terram meam et etiam quomodo ipse te gravavit jam bina vice ; vere ego jam fui pluribus apud Moleriam versus dnum Cagnionum de Moleria et sibi apperii et dixi quod ipse vellet loqui dno Carolo de Borbonio comiti Clarimontis, quod si ipse velit juvare, ego tenebo modum capiendi et sibi remictendi prelibatum dnum meum ducem. Qui dnus Cagnionus sibi responderat, ut dicebat dictus Aynardus, se fuisse loquutum de dicta materia dicto dno comiti Clarimontis et quod ipse dnus comes erat contentus intendere et vacare supra dicta materia, et quód si ipse Aynardus predictam materiam ad effectum deducere posset, ipse dnus Cagnionus convenerat sibi dari facere duas plateas seu castra in patria dicti dni comitis quas sibi tunc nominavit, sed de illis presencialiter non recordatur, valoris tamen annui ut dicebat, mille librarum, dixitque tunc ulterius eidem Anthonio dictus Aynardus : Nos advisavimus bene ad invicem quod non defficiam quin ego ipsum dnum meum ducem capiam et eis tradam. Quare si tu in hoc velis consentire auxiliumque dare et juvamen ego reperiam modum quod dictus dnus comes Clarimontis tradet tibi de terra sua in patria ipsius ad equipollentiam et valorem terre tue quam habes in patria prelibati dni nostri ducis, hoc mediante quod tu dictam terram tuam traderes dicto dno comiti ut de ipsa faciat ad libitum et voluntatem ejus. Et quod ipse Aynardus fecerat pacta sua cum dicto dno Cagniono et aliis tractatoribus, assenciente, ut dicebat, dicto dno comite Clarimontis quod ipse Aynardus habere deberet omnes preysonerios captivandos cum persona prefati dni nostri ducis, ipso dno nostro duce excepto, et quod si ipse Anthonius in hoc esse vellet particeps, ipse haberet partem suam lucri in eisdem preysoneriis, et ultra quod ipse Aynardus peterat ab eisdem sibi dari 30 vel 40 millia scutorum super quo tamen nullum habuerat ab eisdem responsum. Unde si dictus Anthonius vellet habere partem cum eodem ipse Aynardus non conduceret materiam sine ipso, cum et ipse Anthonius ita male fuisset tractatus per dnum in parte sicut ipse Aynardus, et quod ipse Aynardus arrestaverat eisdem facere responsum quam primum dnus comes Clarimontis esset in Villafrancha seu Trevolcii.

Cui dictus Anthonius respondit quod materia erat magna et ardua, et quod pro tunc ipse Anthonius non poterat certum responsum dare, sed quam primum post eum videret ipse responderet sibi.

Quibus verbis simul inter eos habitis, ipse Aynardus recessit Lugdunum et dictus Anthonius ivit Vimiacum : deinde lapsis paucis diebus, dicto dno comite existente in Trevolcio, dictus Aynardus venit ad portum Vimiaci a parte regni et Salidoctus de Beczanson venit apud Vimiacum ad dictum Anthonium quem reperit eques volens ire ad domum Guilliermi de Sura alias Reverchon ejus avunculi. Qui Salidoctus eidem Anthonio dixit quod dnus Marchiarum eidem loqui volebat ultra Sagonam. Quo audito ipse Anthonius transivit portum et dictus Salidoctus recessit superius a parte imperii. Quo Anthonio existente cum dicto Aynardo et ipsis simul equitantibus unacum eisdem Angellino famulo dicti Aynardi ipse Aynardus cepit loqui dicto Anthonio, et ab eodem petiit utrum esset aliquid advisatus de sibi alias loqutis super materia premencionata : Cui eidem Anthonius respondit quod ipse multum cogitaverat in et super dicta materia que sibi videbatur multum difficilis et ardua, et quod in ea non consentiret, ipso saltem existente sicut erat, et ipsius Anthonii terra existente penes dictum dnum nostrum ducem.

Cui tunc dictus Aynardus respondit quod ipse ibat ad illos qui hoc tractabant, et quod si ipse Anthonius vellet ire cum eo, ipsi loquerentur ad invicem de materia, et quod ipse sperabat quod ipsi facerent bonam conclusionem et quod sibi traderetur in patria dicti dni comitis de terra ad equipollentiam et valorem terre ipsius Anthonii predicte. Quem Aynardum, ipsis simul equitantibus, dictus Anthonius interrogavit utrum ipse delaxerat seu dixerat dictis tractatoribus se dicto Anthonio dixisse et detexisse dictam impreysiam. Qui dixit quod sic, et quod ipse hoc dixerat dno Guilliermo Reynaudi, qui jam cum eodem Aynardo fuerat ad visitandum locum Petre Castri, ut dicebat ipse Aynardus, et qui eidem Aynardo dixerant quod male fecerat dicere predicta dicto Anthonio. Qui tamen Aynardus eisdem responderit, ut dicebat, quod non curarent, quia ipse Anthonius illud bene teneret secrete.

Deinde simul equitaverunt usque super portum Trevolcii a parte regni, ad quem locum paulo post venerunt ad eos dni Jacobus de Cabanis, Cagnionus de Moleria et Guillermus Reynaudi milites, et cum eis illuc etiam venit dictus Salidoctus quem ad eos destinaverat dictus Aynardus ad eis significandum horam et locum dicti sui adventus. Quibus ibidem existentibus dicti dni Guilliermus et Aynardus se traxerunt ad partem aliqua inter se loquentes. Quid tamen fuerunt loquti, ignorat ipse Anthonius. Deinde ipsi tres milites cum dicto Aynardo et dicto Salidocto ac etiam ipse loquens simul se ad invicem traxerunt, et confestim dictus Aynardus cepit loqui dictis militibus dicens eisdem quod ipse fecerat venire dictum Galesium causa pretacta et quod ipse ei fuerat loqutus de dicta impreysia, verum quia clarum ab eodem nundum habuerat responsum, ipsi poterant sibi dicere quid vellent, et ipse responderet eis velle suum. Cui tunc Anthonio dictus dnus Jacobus de Cabanis cepit loqui et dixit ac narravit totam materiam dicti tractatus et impreysie, prout illam sibi dixerat dictus Aynardus. Quo audito ipse Anthonius post multa in effectu et conclusione dixit ei quod, ipso existente et habente terram suam in ditione dni nostri Ducis Sabaudie ipse nunquam in hoc consentiret; verumtamen casu quo dnus comes Clarimontis in hoc esset consentiens et sibi Anthonio tradere vellet in excambium de terra in patria sua ad equipollentiam et valorem terre sue, illaque sibi expedita, et ipso Anthonio existente in et sub ejus dominio homagio et fidelitate ac separato a patria dicti dni nostri Ducis faceret in hoc casu et facto et aliis quibuscumque pro dicto dno comite Clarimontis quicquid posset cum honore suo; et tunc dictus dnus Jacobus sibi dixit eum interrogando, si casu quo dictus dnus Clarimontis in premissis consentire et intendere nollet et ipsi dni Guilliermus et Jacobus milites cum dno Marchiarum ad predicta procedere vellent, numquid ipse Anthonius vellet cum eis adesse consor et socius, et ipse haberet partem suam cum eisdem in omni lucro et comodo ex inde proventuris.

Qui eisdem dixit et respondit quod non, et quod illud videbatur sibi eis fore impossibile fieri nisi auxilio mediante dicti dni comitis Clarimontis, cum non haberent de quo facere et sustinere sumptus ad talia necessarios : cui Anthonio ipse dnus Jacobus tunc replicavit quod ipsi habebant satis unde conducere rem ad effectum et reperirent multas gentes et alia necessaria, et quod si ipse Anthonius vellet esse cum eis et negocium sortiretur effectum, ipsi facerent ei valere partem suam 50 millia sculorum, dixitque eidem dnus Jacobus quod dictus dnus comes Clarimontis nollebat in premissis consentire donec non esset guerra apperta inter ipsum comitem et dictum dnum nostrum ducem, aut donec ipsum dnum nostrum ducem defidasset idem dnus comes.

Cui tunc dictus Anthonius respondit quod ipse in premissis nullathenus consentiret nisi casu predicto, videlicet ipso dno comite consentiente, et sibi prepetitis per eum prius adimpletis ut supra; et sic predicti milites, Aynardus et ipse separaverunt ab eodem loco, sibique dixit dictus dnus Jacobus quod ipsi adhuc loquerentur de materia predicta dicto dno comiti et habito super hiis ab eodem responso, dnus Marchiarum illud eidem Anthonio significaret ; deinde ab invicem separaverunt et successive quadam die post, dictus dnus Marchiarum eidem Anthonio dixit in loco Vimiaci quod materia dicti tractatus erat rupta, prout sibi mandaverunt dicti milites per dictum Salidoctum, et quod ipse Aynardus volebat tenere modum si posset et tractare cum ambassiatoribus dni nostri ducis de proximo tunc venturis apud Vimiacum de pace sua tractanda et habenda cum dicto dno nostro duce, saltim mediante tractatu dni Glaudii de Saxo, et eidem Anthonio dixit cum requirendo quod sibi notifficare vellet adventum dictorum ambassiatorum, et propter hoc materia remansit incompleta.

Interrogatus de aliis complicibus dicte impreysie, dicit nullos interfuisse alios, quod sciat.

Interrogatus qua causa ipse petebat sibi per dictum dnum Clarimontis tradi ante omnia de terra sua ad equipollentiam terre ipsius Anthonii, dixit quia ipse mediantibus illis pactionibus debebat tradere dicto dno comiti plateas et terram ipsius Anthonii quam habet in territorio dicti dni nostri ducis.

Interrogatus utrum ipse Anthonius predictos tractatus verba et conspirationem ad ipsius noticiam ut supra deventos unquam signifficaverit seu notifficaverit per se vel per alium dicto dno nostro duci vel alicui ex officiariis aut subdictis suis : dixit quod non, hoc salvo quod quadam vice devento ad ipsius Anthonii noticiam quod dictus Aynardus debuerat dixisse Guillielmo Bolomerii ipsum Anthonium fuisse conscium et consentientem in et de premissis, ipse Anthonius dixit Guillermo de Sura alias Reverchon ejus avunculo quod ipse talia audiverat et quod ipse Anthonius volebat propter hoc ire ad presentiam dni nostri ducis Sabaudie ad se exonerandum; quem Anthonium dictus Guilliermus tunc interrogavit utrum ipse fuerit unquam cum dicto Aynardo in dictis tractatibus et consentiens cum eo : cui tunc ipse Anthonius respondit quod non, sed quod bene verum erat quod dictus Aynardus predicta sibi dixerat et detexerat, et tunc ipse Guilliermus sibi respondit quod postquam nichil aliud fecerat ipse Anthonius ut dicebat, quod ipse Anthonius non iret ad dictum dnum nostrum quia *incusaret se ipsum de eo de quo non erat culpabilis* [1].

[1] *Ymo debebat ire causa detegendi id quod dnus Marchiarum sibi dixerat de complicibus. Saltim in hoc fuit male consultus.* — Cette observation, émargée sur la minute originale de l'interrogatoire, est d'une écriture différente, mais contemporaine.

DOCUMENT N° 19.

Interrogatoire d'Antoine de Sure après ses premiers aveux.

(Archives de la chambre des comptes.)

Deinde vero eadem die post intervallum 4 horarum post dictas interrogationes et responsiones factas ut supra in loco predicto in presentia quorum supra in platea dicti castri Aquiani, extra locum tormentorum constitutus dictus Anthonius lecta responsione sua suprascripta, perseverandoque in dicta sua responsione, illam confirmavit et dixit premissa per eum responsa ut supra scripta sunt in effectu fore vera.

Post hec autem ibidem incontinenti presentibus quibus supra ulterius ut sequitur interrogatus de et super modo et forma inter dictos milites, dnum Marchiarum et Salidoctum ac ipsum Anthonium tunc loqutis. Et qui et quales teneri et haberi arrestabantur inter eos de et super captivitate et appreysonamento dicti dni nostri ducis.

Dicit et respondet quod dictus dnus Marchiarum proponebat et dicebat fuisse inter predictos arrestatum adduci facere unum navigium a loco Seysselli inferius prope portum Petre Castri; quod navigium debebat facere fieri dictus dnus Marchiarum per mediam personam unius hominis eidem ministrandi per dictos milites, sub colore dictum navigium conducendi ad partes inferiores, et cum dictum navigium foret in loco predicto Petre Castri seu prope, dictus dnus Marchiarum debebat, ut dicebat illuc adduxisse seu conduxisse certam quantitatem armigerorum quam secretius fieri posset. Quos armatos debebant ministrare dicti milites, et ipsi armigeri debebant intrare dictum navigium. Et ulterius quod deberent introduci in monasterium Petre Castri 12 homines inhermes et dissimulati sub colore eundi ad videndum soltempnitatem sepulture quondam dni Gaspardi de Montemajori que ibidem tunc fieri debebat.

Interrogatus quis debebat dictos 12 homines conducere, dicit quod dictus dnus Marchiarum tunc dixit quod dictus Anthonius esset bonus ad ipsos conducendum et introducendum et quod dnus Marchiarum esset bonus in dicto navigio. Quo ibidem existente dictus dnus Guilliermus seu Salidoctus deberent conducere ad dictum monasterium unum hominem habituatum et vestitum habitu monachali in statu abbatis sub nomine videlicet abbatis Insule Barbare fingentis et dicentis se venire ad dictam sepulturam associatum 20 seu 25 equitibus, qui cum forent in porta introitus dicti monasterii, dicti 12 existentes intus debebant accedere ad portam ad faciendum sibi apperiri, et si porterius noluisset apperire, ipsi debebant eum capere et apperire portam eo invito. Deinde omnes simul accedere debebant ad locum in quo dictus dnus noster tunc adesset in dicta sepultura, ipsumque et omnes secum astantes, maxime gentes status capere et captivatos ducere ad dictum navigium et inde eum ducere per Rodanum inferius; et tunc dnus Jacobus de Cabanis dixit quod sibi videbatur fore satis facille et possibile ipsum dnum nostrum ducem capi in castro suo Thononii et ideo videbatur utilius dictum dnum nostrum capi debere in dicto castro, si fieri posset, cum ibidem adesset totus ejus thesaurus. Cui tunc responderunt dicti dni Guilliermus, dnus Marchiarum et Anthonius quod illud non erat facile nec possibile, et quod facilius erat eum capere in dicto loco Petre Castri. [1]

Interrogatus utrum dictus Anthonius tunc conserit et onus in se assumpserit dictos 12 homines infra dictum monasterium conducendi. Dicit quod non, nisi casu quo dictus dnus comes Clarimontis in predictis esset consentiens et ipsorum fautor et nisi prius eidem Anthonio faceret et traderet ea que et prout petierat et supra dixit quo casu et predictis sibi adimpletis ipse Anthonius se offerebat paratum eidem dno comiti Clarimontis in factis et impreysia predictis servire et facere pro eo quicquid posset.

Interrogatus quid et in quo petebat ipse Anthonius fieri sibi recompensationem dicte sue terre. Dicit in uno vel duobus fortaliciis et alia terra usque ad equipolentiam et valorem annuum dicte sue terre quam eidem dno comiti se traditurum offerebat.

Interrogatus qu...e ipse Anthonius et dictus Aynardus sperabant quod dictus Carolus de Borbonio tunc comes Clarimontis consentiret et tractaret in capiendo dictum dnum nostrum ducem Sabaudie quam alium ex principibus vicinis patrie dicti dni nostri ducis, dicit et respondet super hoc

---

[1] L'apostrophe suivante est émargée sur le document original : *Maledicte tu consentis hic, instruis et consilium das!*

quod dictus Aynardus de Cordone dnus Marchiarum, quando sibi primo fuit loqutus de dicta impreysia et conspiratione, tunc dixit ipse Aynardus eidem Anthonio quod dictus comes Clarimontis erat veridice informatus et clarus in animo suo quod prefatus dnus noster dux fuerat causa et fautor captionis ville Trevollii que fuerat capta et assacamandata per dnum Varambonis et tenuerat manum dicto dno Varambonis ad capiendum dictam villam Trevollii et quod ipse dnus noster fuerat malecontentus de hoc quod dictus dnus Varambonis delinquerat dictum locum Trevollii et hiis de causis dicebat quod dnus comes erat inimicus dicti dni nostri ducis. Et ita equidem dixerunt dicti milites juxta portum Trevollii quando fuerunt ibidem loquti tractando cum ipsis Anthonio et Aynardo de dicta conspiracione de qua confessus est, et predicta de causa dicebant etiam quod dictus dnus comes Clarimontis erat inimicus dicti dni nostri, quamvis dicerent quod ipse dnus comes non consentiret nec se juvaret in captione dicti dni nostri ducis donec prius foret apperta guerra inter eosdem vel donec ipse dnus comes prefatum dnum nostrum ducem defidasset ut alias in dicto processu deposuit.

Iteratis vicibus interrogatus de complicibus dicit quod alios nescit quam supranominatos.

Post hec autem dictis dnis judicibus ibidem adhuc pro tribunali sedentibus et dicto Anthonio de Sura coram eisdem existente, venerabilis vir dnus Petrus Carterii procurator fiscalis Sabaudie judicialiter comparens produxit et reproduxit dictas responsiones et confessiones per ipsum Anthonium factas et totum inquisitionalem processum petens in hujusmodi causa sententialiter deffiniri et jus dici.

Dicto Anthonio prout supra sibi gratiam impartiri postulante et humiliter supplicante.

Ita fuit coram predictis testibus et me Lamberto Dorerii.

DOCUMENT N° 20.

Sententia.

(Archives de la Chambre des comptes.)

In Deitatis Mirifice sublime fastigium. Deus justus judex et fortis omnes secundum sua merita judicans, superbientem illum qui ante sue tronum clemencie se gloria et honore sublimatum conspiciens sedem suam in Aquillone, ut similis videretur Altissimo ponere cogitavit de altis celorum faucibus ad inferiora terre in obprobria sempiterna demergens ipsum gracia et munere condigne privando duxit eternalibus ulcionibus exponendum. Sic ad presens justiciam respiciat et equitatem videat ipse celestium terrestrium et infernorum dominus omnia novit occulta cordium et ante cujus tribunal omnis cessat calumpnia et veritas nullius nequicie tenebris obscuratur, totalisque adsit ipsius Dei omnipotentis gracia quod leges que ipsius nuptu divino facte fuere ut earum meta humana cohercatur et in ipsis improbis formidato supplicio reffrenetur audacia et nocendi facultas totaliter incorrupte locum habeant sane pro ipsarum observacione legum sacratissimarum partibus infrascriptis dies presens subscripta assignata extitit per Nos Anthonium de Draconibus et Rodulphum de Feysigniaco legum doctores consiliarios illustrissimi principis dni nostri dni Amedei ducis Sabaudie Chablaysie et augusti principis Marchionis in Italia comitis Pedemontium et Gebennesii Valentinesiique et Diensis, commissariosque ad hanc inquisitionalem causam per magnifficum consilium ipsius dni nostri cum eo residens specialiter deputatos et delegatos prout de hujusmodi commissione nobis facta constat patentibus licteris ab eodem magniffico consilio emanatis actis ipsius cause insertis videlicet ad comparendum coram nobis jusque et deffinitivam sentenciam audiendum perhemptorie et precise in premencionata inquisitionali causa coram nobis aliquandiu ventilata prout ex ultimo memoriali actorum ipsius cause dato Thononii die 16 mensis hujus octobris latius potest apparere ad quam diem de nostri mandato ex habundanti cauthela idem inquisitus ad audiendum jus per Janynum de Nolaz servientem generalem hodie fuit citatus. Ipsa enim die subscripta 21 mensis hujus octobris assignata premencionate assignacionis vigore comparuerunt judicialiter coram nobis judicibus delegatis nec non egregio dno Guilliermo Fabri legum doctore judice Sabaudie pro uberiori decisione hujusmodi cause nobis adjuncto prout de ipsa adjunctione constat aliis licteris ab eodem magnifico consilio emanatis datis Thononii die 16 mensis hujus octobris etiam predictis actis insertis. Venerabilis vir dnus Petrus Carterii procurator fiscalis prefati dni nostri ducis pro jure et interesse fiscalibus requirens instanter in et super hujusmodi causa secundum hodiernam assignationem per nos jus dici et sentencialiter deffiniri ex una parte et Anthonius de Sura dictus Galleys inquisitus genibus flexis ad terram supplicans per prefatum dnum nostrum ducem sibi graciam et misericordiam fieri, nichil aliud opponendo quominus hec sentencia nostra ferri debeat ex altera parte. Quibus partibus auditis, visis primo ac jugiter inspectis processu et articulis principalibus et ceteris addicionalibus et indicionalibus contra predictum Anthonium de Sura inquisitum formatis unacum interrogatoriis pro uberiori veritate cernenda et patefienda eidem inquisito per nos factis. Responsionibusque eisdem processui articulis et interrogatoriis per ipsum inquisitum factis nec non attestacionibus testium super eodem processu pro parte fiscali examinatorum coram nobis debite publicatis. Visa itaque specialiter processus predicti publicacione unacum termini assignacione data procuratori et advocato dicti inquisiti ad ejus deffensiones faciendas, si quas tamen facere vellet, dicendumque et proponendum causam justam si quam haberet cur torture subici non deberet. Visis demum articulis deffensionalibus pro parte dicti inquisiti coram nobis oblatis per nos ad probandum admissis nec non actestacionibus testium super eis examinatorum coram nobis productis et publicatis. Visis ulterius articulis approbatoriis et reprobatoriis hinc inde oblatis. Ceterum visa ordinacione nostra interloquutoria data die 21 novissime fluxi mensis augusti qua fuit pronunciatum nonnullis eminentibus precedentibus judiciis ipsum inquisitum fore torquendum. Porro visa appellacione a dicta ordinacione nostra interjecta. Nec non sentencia confirmatoria per prelibatum magnificum consilium lata per quam pronunciatum extitit male fuisse parte inquisiti predicti appellatum et per nos bene pronunciatum et judicatum. Visis denique aliis interrogatoriis dicto inquisito per nos, responsionibusque ad ea per ipsum inquisitum unacum confessionibus ejusdem inquisiti sepe coram nobis in eisdem perseverando et persistendo factis. Ipso etiam coram nobis judicialiter pro tribunali sedentibus bina vice per debita temporum intervalla existente visis postremo terminis et assignacionibus tam dicto inquisito quam ejus procuratori ad suas deffensiones super toto processu faciendum et allegandum per nos datis. Quiquidem inquisitus ejusque procurator nullas deffensiones facere voluerunt sed ultimate renuerunt. Presertim visis et oculis intellectus sane consideratis omnibus et singulis hinc inde in dicta causa coram nobis dictis propositis et allegatis ab ipsius cause exordio usque ad diem presentem inclusive. Et hoc tam per nos quam per dictum dnum Guilliermum nobis assistantem et adjunctum ut supra sedentes pro tribunali more majorum Deum et sacras scripturas oculis prehabentes nichilque de contingentibus obmictentes, sed servatis in sollemnitatibus in talibus opportunis ut de vultu Dei nostrum procedat judicium nos signo sancte crucis munientes dicentes in nomine patris et filii et spiritus sancti amen, ad hanc nostram deffinitivam sententiam quam in hiis scriptis proferimus procedimus secundum formam et tenorem dicte commissionis nobis facte ac disposicionem sacratissimarum legum et imperialium constitucionum in hunc qui sequitur modum. Quoniam ex tenore predictorum legitime nobis constat et cuilibet sane predicta intuenti apparet ipsum Anthonium de Sura inquisitum, afflante dyabolico spiritu et ruptis totius in ipso debite fidelitatis habenis malivole nequiter prodicionaliter et inique consilium iniisse tractasseque et tenuisse cum certis occultis inimicis et malivolis prefati ill^{mi} Principis et dni nostri dni Amedei Sabaudie Ducis contra ipsum dnum nostrum secrete inter se consulendo, tractando, conspirando et machinando dolose de ipsum dnum nostrum ad talia non advertentem et de ipsis non diffidentem proditorie personaliter capiendo et a sua propria patria captivum cum ejusdem dni nostri nobilium militum et procerum comitiva quam perinde habere potuisset educendo. Cui quidem tractatui et nephando sceleri consenssisse apparet ipsum inquisitum tam per propriam ipsius inquisiti confessionem quam alias ex dicto processu nec non consenssisse se debere dictum dnum nostrum explorare et explare ac notifficare se debere diem qua fieri potuisset dicta captivacio et prodicio dictis suis complicibus malivolis et ita nobis constat et apparet ipsum inquisitum contra personam honorem et prosperitatem prelibati Principis ill^{mi} machinasse conspirasse et factionem iniisse etiam prestando in manibus dictorum ejus complicium sacramentum a lege dampnatum de non revelando tractatum predictum et consilium initum, in quibus conscius fuit et est sub certis penis illicitis, ipsumque tale consilium, talem conspiracionem et machinacionem nemini revelasse sed in latibulis et archanis sui pectoris nequiter celasse. Et cum nonnullis ex dictis suis complicibus occultis inimicis et malivolis prefati dni nostri post dictam machinacionem sepius conversasse tantique sceleris nephanda temeritas remanere non debeat impunita cum etiam a sacris constitucionibus imperialibus merito pugniri precipiatur, suosque pena secundum ipsas constituciones tenere debeat auctores, ut ipsius pena ceteris talia patrare annelantibus terridum pertranseat in exemplum. Propterea biis et aliis justis de causis juribus et racionibus ex dictis processu et actis resultantibus nostras mentes merito moventibus, revolutis prius sepissime libris utriusque juris, participatoque consilio cum famosis doctoribus prudencia et sciencia prefulgentibus consideratis etiam quibuscumque ut congruit considerandis per hanc nostram deffinitivam sentenciam quam in hiis scriptis proferimus dictum Anthonium de Sura inquisitum velud in premissis et circa ea criminosum, condempnamus ad ejus caput fore amputandum et a spatulis et corpore ferro cindenti videlicet in loco patibuli Thononii separandum. Nec non capite ipsius sic amputato ipsum caput in hasta infixum esse clavendum. Et ulterius ipsum corpus seu cadaver in quatuor quadrantes seu partes fore dividendum et cindendum et ipsos quadrantes in quatuor villis prefati dni nostri Ducis fore differendos et in locis eminentibus super magnis astis ad memoriam et exemplum elevandos et affigendos. Videlicet unum ipsorum quadrantium in loco Chamberiaci prope ploctum, alium vero in loco Burgi in Breyssia prope portam unam, reliquum autem in loco Melduni etiam prope portam et alterum in loco sancti Mauritii similiter prope portam locis aptis et eminentibus. Verum quia sceleris et reatus prelacti acerbitas de jure penam exigit ulteriorem, omnia bona ipsius Anthonii ubicumque sint et quocumque nomine censeantur hac eadem sentencia nostra publicamus confiscamus ac erario fisci prefati dni nostri addimus et adjudicamus nec non confiscata ab inde in antea esse declaramus. Mandantes hoc ideo Castellano Thononii seu ejus locumtenenti sub pena indignacionis ejusdem dni nostri Ducis quatenus hujusmodi sentenciam nostram secundum ipsius formam et tenorem debite exequatur, ipsumque inquisitum tute et debite custodiat usque ad predicte exequucionis complementum etiam sub pena eris et persone eumdem inquisitum ex nunc ipsi Castellano pro premissis exequendis remictentes sub eadem pena. Inhibendo ne aliquis caput predictum nec etiam cadaver a locis predictis aufferre presumat quoquomodo. A quaquidem sentencia nostra predictus Anthonius de Sura ministerio et consilio Bartholomei Burgensis ejus procuratoris presentibus nobis tamen jam a sede levatis appellavit. Quam appellacionem velud frivolam, cum ex actis et processu appareat ipsum inquisitum fuisse et esse confessum et convictum non admictimus. Data et lata fuit hec nostra sententia Thononii publice in platea nobis sedentibus super bancho ante domum dicte Musiaz pro tribunali per nos ad premissa electo presentibus egregiis dnis Francisco de Veriaco legum doctore, Boniffacio de Saxo Militibus et Anthonio de Romagniano legum doctore nec non spectabili et nobilibus Rodulpho filio Comitis Montisfortis, Johanne Martini magistro hospitii illustris dni nostri Comitis Gebennesii, Guigone de Briordo, Petro de Lugrino Viccecastellano Aquiani et quam plurimis aliis nobilibus et popularibus astantibus die 21 octobris anno dni 1434.

Per dictos dnos Commissarios judices delegatos

AVENEYRES.

Sigillum
Anthonii de Draconibus.

Sigillum
Rodulphi de Feysigniaco.

DOCUMENT N° 21.

Exécution d'Antoine de Sure dit le Galois, 21 octobre 1434.

(Archives de la chambre des comptes)

Sequuntur librate facte per me Petrum de Fracta castellanum Thononii de mandato consilii ill^{mi} principis dni nostri Sabaudie Ducis pro exequucione facta contra Anthonium de Sura dictum Galleys die externa 21 octobris 1434 decapitati. *(Ex computo Bartholomei Chabodi, tesaurarii Sabaudie generalis, n° 80, arch. cam.)*

Et 1° libravit castellanus marte proxime preterita Johanni Sucheti qui fuit apud Bonam et Gebennas ad magistrum Nycolaum lavistam... ıx den. gr.

Item dicta die Jaqueto Bernardi qui fuit apud Albonam quesitum lavistam Albone associato tribus nautoribus, tam pro jornatis quam pro expensis.. xvı den. gr.

Item libravit idem castellanus Varnerio Lathonii servienti generali qui portavit litteras dominicales apud Aquianum causa ipsum Gallesium adducendi pro suo labore et expensis....................... ıı den. gr.

Item Johanni Camarerii et ejus famulo carpentatori die mercurii ad faciendum ploctum gibeti, tam pro expensis quam pro jornatis.. v den. gr.

Item magis libravit id. castellanus die jovis sequenti dicto Johanni Camarerii carpentatori associato quinque aliis carpentatoribus ad faciendum furchas, tam pro jornatis quam expensis cuilibet ıı den. ob. gr. xv den. gr.

Item libravit Johanni Querci fabro pro una cathena ferri ab ipso Johanne empta de mandato quo supra videlicet .... 1 fl.

Item magis libravit Anthonio Apriiis fabro pro quodam ferro affixo in dicto plocto inclusa quadam brichia ferri in qua est caput dicti Galleys affixum scilicet .... 1 fl.

Item Johanni Pilliolat de Lullino pro duobus barralibus in quibus fuerunt repositi duo quadrantes dicti decapitati videlicet....... vı den. gr.

Item pro uno boceto cuidam de Antier ad reponendum alios duo quadrantes dicti decapitati videlicet .... vi den. gr.

Item Amedeo Boves pro tribus costis salis ad salsandum dictos quatuor quadrantes de quibus in duobus barralibus sunt due et in boceto una scilicet .... xxxiii den. gr.

Item Johanni Camarerii carpentatori pro quadam sua magna achia cum qua fuit dictus quondam Anthonius excarteratus, videlicet.... ii fl. p. p.

Item pro expensis mistralium et aliorum officiariorum factis die dicte exequcionis... i fl. p. p.

Item Petro Fernerii pro quatuor peciis quercus de quibus fuerunt facte dicte furche et ploctus.................................. i fl. p. p.

Item libravit idem castellanus magistro Nycodo laviste qui se juvit ad faciendum exequcionem dicti Gallesii scilicet............... v fl. p. p.

Item magis libravit idem castellanus magistro Girardo Chabelli Laviste Aubone qui se juvit ad faciendum dictam exequcionem .... v fl.

Item magistro Johanni Theobaldi servienti generali et suis expensis et dicti Nycodi laviste ad defferendum duos quadrantes dicti decapitati apud Chamberiacum .... ii fl.

Item pro jornatis dicti Johannis Theobaldi servientis generalis.... i fl.

Item magistro Girardo et Jaqueto Bernardi pro eorum expensis ad defferendum alios duos quadrantes apud Chillion, scilicet........ vi den. gr.

Item pro jornatis dicti Jaqueti Bernardi................ vi gr.

Item Johanni de Sala parochie Sancti Johannis Alpium pro empcione unius parvi equi a defferendum dictos duos quadrantes apud Chamberiacum et deinde apud Burgum inclusa tela................... v fl. p. p.

Item pro quadam corda ad ligandum dicta duo barralia super equo, incluso uno capisto existente in plocto .... xv den. gr.

Item cuilibet laviste unum *par de gans* valente quolibet pari ii den. et obol. gr. .... v den. gr.

Item pro uno cutello ad scendandum funem............ vi den. gr.

Summa omnium particularum supra scriptarum, xxxiv fl. viii den. 1/4 gross. parvi ponderis. Et allocantur per litteram dni de mandato datam Thononii die 15 novembris anno Domini 1434.

DOCUMENT N° 22.

Supplice de Pierre de Comblou dit Reliour.

Ex computo nobilis viri dni Bonifacii de Chalant militis castellani Chamberiaci a die 5ª mensis septembris anno Dni 1386 usque ad diem 18ᵐ januarii 1389 reddito per Andream de Submonte et Guidonem de Thoveria domicellos dicti castellani locumtenentes.

(Archives de la chambre des comptes.)

Libravit ad expensas magistri Johannodi carnacerii, Johannis ejus famuli et unius roncini dicti magistri Johannodi, undecim dierum finitorum die 24 exclusive mensis junii anno predicto quibus diebus stetit in castro Chamberiaci pro exequutione facta de Petro de Comblou qui dnum Rodulphum de Chissiaco Tharentasiensem archiepiscopum et ejus familiam in castro Sancti Jacobi proditorie interfecerat. Et allocantur dicte expense ad rationem 4 den. pro qualibet dictarum dierum........ 3 sol. 8 den. gr.

Libravit ad expensas magistri Galterii carnacerii 37 dierum finitorum die 24ª mensis julii anno predicto quibus stetit ibidem juvando dictum magistrum in executione dicti religatoris (Petri de Comblou) et etiam expectando ibidem executiones fiendas. Et allocantur sibi dicte expense ad rationem 1 den. gr. pro qualibet dictarum dierum..... 3 sol. 1 den. gr.

Libravit die 5ª mensis junii anno 1387 in emptione unius arboris quercus empte a Durando Mantelli de Chamberiaco veteri pro faciendo unam columnam que plantata fuit prope infradictum ploctum pro ponendo in eadem manus et caput dicti Petri de Comblou religatoris et proditoris pro tanto empte... 10 den. gr.

Item in emptione unius paris curtecarum emptarum ad opus dicti magistri Galterii carnacerii manu Taxini Bertionis Mistralis....... 1 den. gr.

Item manu dicti Taxini in emptione unius capistri dupplicis et prime corde pro Johanne Choudeti ligando et laqueo suspendendo pro tanto 2 den. gr.

Item Petro Laborerii carpentatori pro faciendo de novo ploctum in quo scinduntur capita et alia membra malefactorum videlicet de bona fusta quercus in taschiam sibi datam pro tanto presente Anthonio Barberii magistro et auditore computorum dni inclusis 2 den. pro corda empta ad levandum dictum ploctum 1 den. obol. et dimidio quarto unius den. gr. pro crochiis ibidem implicatis.

Item 1 den. et obol. gr. pro expensis plurium gentium qui juvaverunt dictum Petrum in levando dictum ploctum in loco ubi fuit positum desuper maladeriam Chamberiaci.

Item Petro Rossilionis fabro pro pretio unius ferri in dicto plocto positi et de novo per ipsum Rossillionum fabrum facti ultra ferrum antiquum quod ibidem erat quod nullius erat valoris ipsi Rossilliono traditum pro tanto.. 18 den. gr.

Item in locagio Villielmi Debocheti, dicti Durandi et Johannis de Cheveluto qui dictam buchailliam cum suis curribus de Chamberiaco veteri ad ploctum adduxerunt .... 6 den. gr.

Item in locagio Johannis de Gebennis et Mathei de Petra Castri carpentatorum qui vacaverunt una die tam eundo apud Chamberiacum vetus pro providendo omnimode et scindendo dictam buchailliam ipsamque aduci faciendo per predictos apud ploctum ipsamque chapuisando plantando et dreciando ibidem ad que vacaverunt una die ut supra capiente quolibet ipsorum de salario inclusis expensis 2 den. et obol. gr. inclusis 2 den. et obolo gr. pro expensis quinque sociorum qui dictos carpentatores juvaverunt ad plantandum et dreciandum dictam columnam 7 den. ob. gr.

Item in emptione trium ferrorum in dicta columpna positorum et fixorum pro ponendo manus et caput dicti religatoris pro tanto emptorum et solutorum manu Taxini Berlionis a Petro Branchi de Machiaco fabro, 2 den. obol. gr.

Item in emptione duorum chivronorum manu Johannis Bondini carpentatoris castri Chamberiaci emptorum a Girardo Chambonis pro faciendo unam scalam ad ascendendum in sommitate dicte columpne 2 den. ob. gr.

Item in locagio Johannis de Gebennis carpentatoris vacantis una die in faciendo dictam scalam............................. 2 den. obol. gr.

Item in emptione quatuor pannarum longitudinis trium theisiarum, trium chivronorum longitudinis trium theisiarum emptorum a Girardo Chambonis manu Johannis Bondini carpentatoris castri pro uno chaffallo fiendo apud Calces prope furchas de mandato dni Petri Godardi judicis Sabaudie majoris pro ponendo supra dictum religatorem proditorem ut visibiliter videretur et audiretur per astantes in executione facta de eodem emptorum pro tanto................................. 7 den. gr.

Item in emptione duorum chivronorum et duarum pannarum ab eodem Girardo emptorum pro faciendo quosdam gradus ad ascendendum dictum chaffallum .... 6 den. 1/4

Item in emptione septem postium in dicto chaffallo implicatorum emptorum ab Alosia uxore Pramondi menestrerii manu dicti Johannis Bondini carpentatoris .... 7 den. gr.

Item ad expensas Guigonis de Calce et Jaquemeti Perreni de Villariis Philipponis bubulcorum qui dictam fustam de Chamberiaco apud Calces charreaverunt cum suis curribus et bobus pro tanto de salario inclusis expensis............................ 5 den. dimidium quartum gr.

Item in emptione decem octo crochiarum et duarum duodenarum grossarum tachiarum in dictis chaffallo et gradibus implicatarum emptarum in operatorio Symondini Serraceni pro tanto manu dicti Johannis Bondini carpentatoris..................................... 4 den. 3/4 gr.

Item in locagio Johannis Bondini carpentatoris et etiam Johannis de Gebennis carpentatoris trium dierum quibus vacaverunt in faciendo dictum chaffallum et gradus predictos capiente quolibet ipsorum per diem inclusis expensis 2 den. et ob. gr...................... 15 den. gr.

Item in locagio Aymonis de Ravoyria, Johannis Bertheti, Perreti de Ravoyria et cujusdam alterius ipsorum socii manuoperariorum vacantium cum dictis carpentatoribus in terralliando pro ponendo dictum chaffallum dictosque carpentatores juvando ad ipsum chaffalum driciandum ad que vacaverunt quasi per unam diem capiente quolibet ipsorum de salario per diem inclusis expensis 1 den. et obol. gr................. 6 den. gr.

Item die sabati 15 mensis junii anno predicto in emptione duarum crochiarum implicatarum in cadriga super quam positus fuit dictus Petrus de Comblou religator, et fuit dicta die amputatus pugnus dester ejusdem supra dictum chaffallum prope furchas que crochie fuerunt empte a Symondino Sarraceno... obol. gr.

Item eadem die in emptione prime corde de qua fuit ligatus supra dictam cadrigam dictus Petrus religator .... 1 den. gr.

Item die mercurii 19 mensis junii in emptione unius postis de quo fuit facta una cadedra supra cadrigam in qua dictus religator fuit dicta die ductus ad furchas et eidem pugnus sinister fuit amputatus empti a Johanne Bondini, pro tanto.. 1 den. gr.

Item in emptione duarum duodenarum tachiarum emptarum a Simondo ferraterio manu dicti Johannis Bondini ipsas in dicta cadriga implicantis.. 3/4 gr.

Item in emptione corde cum qua fuit idem religator ligatus dicta die manu Taxini Berlione empte.................................. 3/4 gr.

Item die 22 mensis junii in emptione unius chivronis empti a Girardo Chambonis manu dicti Johannis carpentatoris pro uno chivaleto fiendo supra cadrigam super quam dicta die dictus Petrus de Comblou religator fuit ductus ad furchas et tinailliatus.................. 2 den. obol. gr.

Item in emptione unius duodene taichiarum in dictis chivaleto et cadriga implicatarum empte a Simondino ferraterio manu dicti Johannis carpentatoris, pro tanto............................... 1 den. obol. gr.

Item in locagio Johannis Bondini carpentatoris unius diei qua vacaverit ad predicta faciendum in pluribus particulis.......... 2 den. obol. gr.

Item in emptione quatuor capistrorum cum quibus fuerunt penduti in furchis quatuor quarteni facti de corpore dicti Petri de Comblou religatoris et prime corde qua fuit ligatus die predicta supra cadrigam, 2 den. 1/4 gr.

Item in emptione duorum parium tinaillium ferri cum quibus fuit tinaillatus dictus religator emptarum a Stephano Fouchii et Petro Branche fabris, pro tanto .... 9 den. gr.

Item in emptione unius cacabi in quo tenebatur ignis pro dictis tinailliis calefaciendis pro dicto religatore tinailliando incluso pretio unius annulli ferri positi in dicto cacabo in dicta cadriga ponendo.......... 9 den. gr.

Item in emptione unius gladii empti ad opus magistri Johannodi carnacerii pro scindendo et dividendo membra corporis dicti religatoris in quatuor partes .... obol. gr.

Item in emptione unius botoillie plene vino empte pro ipso religatore in furchis pro dando sibi potum .... 2 den. gr.

Item in emptione unius corde pro ligando scalam in columna in qua fuit positum caput dicti religatoris empte a Vulliermo Basterii de mandato Anthonii Galliardi, pro tanto............................. 3/4 gr.

Et in emptione duorum sacorum plenorum carbone pro calefaciendo tinaillias predictas, 3/4 gr.

Que quantitates ascendunt ad 16 solidos 3 den. gr.

www.ingramcontent.com/pod-product-compliance
Lightning Source LLC
Chambersburg PA
CBHW050644170426
43200CB00008B/1154